♪)英語音声

使い方
❶切り離して、リングでとじてください。
❷音声を聞いて、発音しましょう。
❸覚えたら OK! にチェックをつけましょう。
過 過去形 — 過去分詞
複 複数形
比 比較級 — 最上級

JN096338

1
above

An airplane is flying above our head.

2
across

across the river

3
afraid

I'm afraid of dogs.

4
agree

I agree with you.

5
almost

Almost all people agree with the idea.

6
already

I have already eaten lunch.

7
appear

The woman appeared suddenly.

8 an
e

below sea level

9
because

I can't go because I have a cold.

10
begin

begin the show

11
believe

I can't believe it.

13
beside

a desk beside the bed

14
break

have a break

15
bridge

a long bridge

16
bright

bright light

17
building

a tall building

18
care

take care of young children

1 OK! ～の上に[へ]

飛行機が私たちの頭上を飛んでいます。

2 OK! ～を横切って、～の向こう側に

川を横切って

3 OK! 恐れて、怖がって

私は犬が怖いです。

4 OK! 同意する、賛成する

私はあなたに賛成です。

5 OK! ほとんど、たいてい

ほとんど全員がその考えに賛成です。

6 OK! すでに、もう

私はすでに昼食を食べました。

7 OK! 現れる

その女性は突然現れました。

8 OK! 記事

興味深い記事

9 OK! (なぜなら)～だから

私は風邪をひいているので行けません。

10 OK! ～を始める

ショーを始める
began - begun

11 OK! ～を信じる

信じられません。

12 OK! ～より下に

海水面より下に

13 OK! ～のそばに[の]

ベッドのそばの机

14 OK! 休憩

休憩をとる

15 OK! 橋

長い橋

16 OK! 明るい

明るい光
brighter - brightest

17 OK! 建物

高い建物

18 OK! 注意、世話、心配

幼い子どもたちの世話をする

19 carefully — Listen carefully.

20 carry — carry the bag

21 century — over the centuries

22 character — main characters of the movie

23 close — close the door

24 college — go to college

25 common — a common language in the country

26 company — a big company

27 cry — Don't cry.

28 culture — Japanese culture

29 cut — cut the paper

30 daughter — Mr. White has a daughter.

31 develop — develop my skill

32 drive — drive my car

33 each — They looked at each other.

34 earth — the earth

35 effort — make an effort

36 either — I don't like coffee, either.

37 elementary school — an elementary school student

38 else — Anything else?

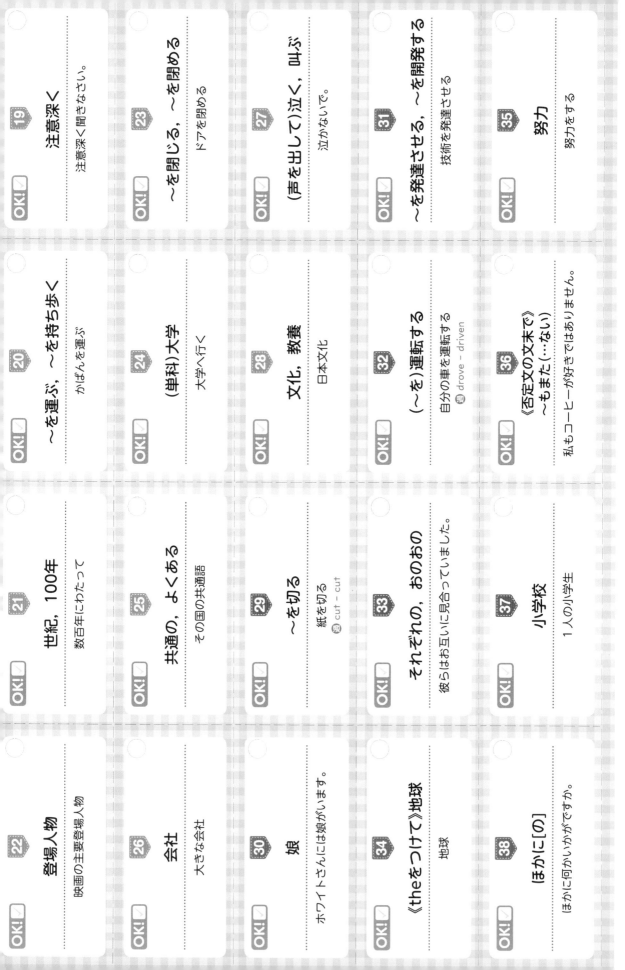

19 注意深く
注意深く聞きなさい。
OK!

20 ～を運ぶ、～を持ち歩く
かばんを運ぶ
OK!

21 世紀、100年
数百年にわたって
OK!

22 登場人物
映画の主要登場人物
OK!

23 ～を閉じる、～を閉める
ドアを閉める
OK!

24 (単科)大学
大学へ行く
OK!

25 共通の、よくある
その国の共通語
OK!

26 会社
大きな会社
OK!

27 (声を出して)泣く、叫ぶ
泣かないで。
OK!

28 文化、教養
日本文化
OK!

29 ～を切る
紙を切る
cut - cut
OK!

30 娘
ホワイトさんには娘がいます。
OK!

31 ～を発達させる、～を開発する
技術を発達させる
OK!

32 (～を)運転する
自分の車を運転する
drove - driven
OK!

33 それぞれの、おのおの
彼らはお互いに見合っていました。
OK!

34 《theをつけて》地球
地球
OK!

35 努力
努力をする
OK!

36 《否定文の文末で》～もまた(…ない)
私もコーヒーが好きではありません。
OK!

37 小学校
1人の小学生
OK!

38 ほかに[の]
ほかに何かいかがですか。
OK!

39	e-mail
write an e-mail	

40	encourage
encourage her to try	

41	end
at the end of the year	

42	enough
enough food to share	

43	ever
Have you ever eaten natto?	

44	everywhere
There are flowers everywhere on the hill.	

45	expensive
an expensive bag	

46	explain
explain the story	

47	fact
a surprising fact	

48	feeling
understand her feelings	

49	fight
fight hard	

50	finally
We finally arrived at the house.	

51	find
find the key	

52	finish
finish my homework	

53	gift
a special gift	

54	ground
draw a picture on the ground	

55	grow
grow up	

56	health
good for your health	

57	heavy
a heavy stone	

58	hold
hold large balls	

39 Eメール

メールを書く

40 ～を勇気づける、～するようにすすめる

彼女に挑戦するようにすすめる

41 終わる／終わり、端

年の終わりに

42 十分な、必要なだけの

分けるのに十分な食料

43 《疑問文で》これまでに、かつて

あなたはこれまでに納豆を食べたことがありますか。

44 どこでも、いたるところで

丘の上のいたるところに花が咲いています。

45 高価な

高価なかばん

46 (～を)説明する

物語を説明する

47 事実、真実

驚くべき事実

48 感情、気持ち

彼女の感情を理解する

49 (～と)戦う／戦い、けんか

懸命に戦う

fought - fought

50 ついに、とうとう

私たちはついにその家に到着しました。

51 ～を見つける、～がわかる

カギを見つける

found - found

52 ～を終える、終わる

宿題を終える

53 贈り物

特別な贈り物

54 地面、土地

地面に絵を描く

55 成長する、～を栽培する、～を育てる

成長する

grew - grown

56 健康

健康によい

57 重い

重い石

heavier - heaviest

58 ～を持つ、つかむ、～を開く、～を行う

大きなボールを抱える

held - held

59 hole
a hole in the sock

60 human
the human body

61 hurt
hurt my leg

62 husband
He is Meg's husband.

63 imagine
imagine the future

64 improve
improve English skills

65 increase
The number of travelers is increasing.

66 international
an international school

67 Internet
on the Internet

68 interview
interview an actor

69 into
go into the woods

70 introduce
introduce myself

71 invite
invite her to the party

72 judge
a judge in the tennis match

73 keep
keep a promise

74 land
private land

75 large
a large park

76 law
study the law

77 lead
lead the children

78 light
a light suitcase

59 穴
くつ下の穴

60 人間の／人間、人
人間の体

61 ～を傷つける
脚を痛める
hurt - hurt

62 夫
彼はメグの夫です。

63 ～を想像する
未来を想像する

64 ～を改善する、よくなる
英語力を上達させる

65 ～を増やす、増える
旅行者の数は増加を続けています。

66 国際的な
インターナショナルスクール

67 《the Internetで》インターネット
インターネットで

68 ～にインタビューする
俳優にインタビューする

69 ～の中へ[に]、～に向かって、～に（なる）
森の中に行く

70 ～を紹介する
自己紹介をする

71 ～を招待する、招く
彼女をパーティーに招待する

72 審判員／審査をする
テニスの試合の審判

73 ～を持っている、(約束)を守る、(日記など)をつける
約束を守る
kept - kept

74 土地、陸地
私有地

75 大きい、多い
大きい公園
larger - largest

76 法律
法律を学ぶ

77 ～を導く、先導する
こどもたちを先導する
led - led

78 軽い
軽いスーツケース
lighter - lightest

OK!

79 line
Students are standing in a line.

80 lucky
He is lucky.

81 match
a badminton match

82 memory
a happy memory

83 moment
Just a moment.

84 money
I have no money.

85 move
move the chair

86 natural
natural resources

87 near
a clock near the door

88 necessary
necessary things

89 neighbor
my neighbor

90 never
I have never been to Italy.

91 news
good news

92 note
a note for shopping

93 once
I once lived in Okinawa.

94 opinion
in my opinion

95 own
my own bag

96 past
in the past

97 pay
pay 100 yen

98 peace
hope for peace

79 線、列
生徒たちが一列に並んでいます。

80 幸運な
彼は運がいいです。

81 試合
バドミントンの試合

82 思い出
幸せな思い出

83 瞬間、一瞬
ちょっと待って。

84 金、金銭
私はお金を持っていません。

85 動く、移動する、(物)を動かす、(人)を感動させる
イスを動かす

86 自然の、天然の
天然資源

87 ～の近くに[で]
ドアの近くのかけ時計

88 必要な
必要な物

89 近所の人、隣人
私のご近所さん

90 決して～ない、今までに～したことがない
私はイタリアに行ったことがありません。

91 ニュース、知らせ
良い知らせ

92 メモ、覚え書き
買い物のメモ

93 かつて、以前、1度、1回
私はかつて沖縄に住んでいました。

94 意見、考え
私の意見では

95 自分自身の
自分のかばん

96 過去
過去には

97 (代金など)を支払う
100円を払う

98 平和、平穏
平和を願う

99 period
the Edo period

100 person
a kind person

101 plan
plan to visit Kyoto

102 pleasure
Thank you for inviting me. — My pleasure.

103 price
a low price

104 produce
produce a new product

105 quarter
one quarter of a cake

106 rain
heavy rain

107 reach
reach the top of the mountain

108 ready
I'm ready to go.

109 real
This is not a real jewel.

110 realize
realize the situation

111 reason
explain the reason

112 receive
receive a letter

113 report
read a report

114 research
a research on American history

115 result
have good results

116 return
return a book

117 road
cross the road

118 row
sit in the second row

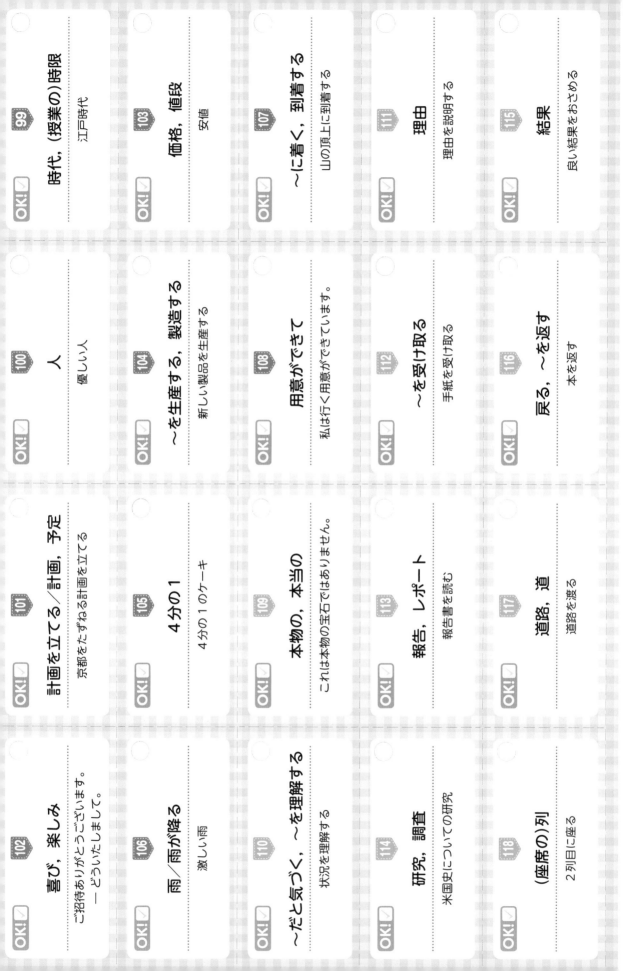

099 OK! ✓ 時代、(授業の)時限
江戸時代

100 OK! ✓ 人
優しい人

101 OK! ✓ 計画を立てる/計画、予定
京都をたずねる計画を立てる

102 OK! ✓ 喜び、楽しみ
ご招待ありがとうございます。
—どういたしまして。

103 OK! ✓ 価格、値段
安値

104 OK! ✓ ～を生産する、製造する
新しい製品を生産する

105 OK! ✓ 4分の1
4分の1のケーキ

106 OK! ✓ 雨/雨が降る
激しい雨

107 OK! ✓ ～に着く、到着する
山の頂上に到着する

108 OK! ✓ 用意ができて
私は行く用意ができています。

109 OK! ✓ 本物の、本当の
これは本物の宝石ではありません。

110 OK! ✓ ～だと気づく、～を理解する
状況を理解する

111 OK! ✓ 理由
理由を説明する

112 OK! ✓ ～を受け取る
手紙を受け取る

113 OK! ✓ 報告、レポート
報告書を読む

114 OK! ✓ 研究、調査
米国史についての研究

115 OK! ✓ 結果
良い結果をおさめる

116 OK! ✓ 戻る、～を返す
本を返す

117 OK! ✓ 道路、道
道路を渡る

118 OK! ✓ (座席の)列
2列目に座る

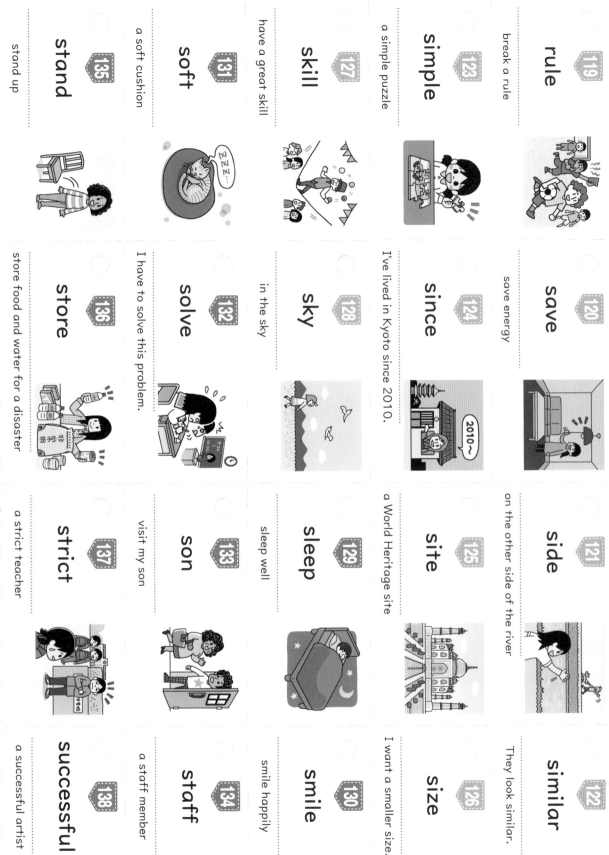

119 rule — break a rule

120 save — save energy

121 side — on the other side of the river

122 similar — They look similar.

123 simple — a simple puzzle

124 since — I've lived in Kyoto since 2010.

125 site — a World Heritage site

126 size — I want a smaller size.

127 skill — have a great skill

128 sky — in the sky

129 sleep — sleep well

130 smile — smile happily

131 soft — a soft cushion

132 solve — I have to solve this problem.

133 son — visit my son

134 staff — a staff member

135 stand — stand up

136 store — store food and water for a disaster

137 strict — a strict teacher

138 successful — a successful artist

119 OK!
規則、支配
ルールを破る

120 OK!
～を救う、～を節約する
エネルギーを節約する

121 OK!
側、側面
川の向こう岸に

122
同様の、同じような
彼らは似ています。

123 OK!
簡単な、単純な
簡単なパズル
簡 simpler – simplest

124 OK!
～以来、～から
私は京都に2010年から住んでいます。

125 OK!
用地、(インターネットの)サイト
世界遺産

126
サイズ、大きさ
もっと小さなサイズがほしいです。

127 OK!
技量、技術
素晴らしい技術を持つ

128 OK!
空
空に

129 OK!
眠る
よく眠る
過 slept – slept

130
ほほえむ、微笑する
幸せそうに笑う

131 OK!
やわらかい
やわらかいクッション

132 OK!
～を解決する、解く
私はこの問題を解かないといけません。

133 OK!
息子
息子をたずねる

134
職員、従業員
スタッフの一員

135 OK!
立っている、立つ、
～をがまんする
立ち上がる
過 stood – stood

136 OK!
～を蓄える／店
災害に備えて食料と水を備蓄する

137 OK!
厳しい
厳しい先生

138
成功した
成功した芸術家

139 support
I support your idea.

140 survey
According to the survey, A is the most.

141 technology
new technology

142 terrible
It tastes terrible.

143 thick
a thick book

144 though
Though it was raining, I went out.

145 topic
hot topics

146 type
different blood type

147 understand
Do you understand?

148 university
study at the university

149 until
study until nine

150 wake
Wake up!

151 way
the way to open this box

152 wear
wear a uniform

153 while
Please wait for a while.

154 wide
a wide room

155 wife
She is Tom's wife.

156 wind
a strong wind

157 wonder
I wonder why you are here.

158 yet
I have not finished my work yet.

139 OK!✓ 〜を支持する、支援する あなたの考えを支持します。	**142** OK!✓ ひどい、恐ろしい それはひどい味がします。
140 OK!✓ 調査 調査によると、A が最多です。	
141 OK!✓ 科学技術、テクノロジー 新しいテクノロジー	

139 OK!✓ 〜を支持する、支援する
あなたの考えを支持します。

140 OK!✓ 調査
調査によると、A が最多です。

141 OK!✓ 科学技術、テクノロジー
新しいテクノロジー

142 OK!✓ ひどい、恐ろしい
それはひどい味がします。

143 OK!✓ 厚い、濃い
厚い本
比 thicker – thickest

144 OK!✓ (〜だ)けれども
雨が降っていましたが、私は外出しました。

145 OK!✓ 話題、トピック
新着の話題

146 OK!✓ 型、タイプ
異なる血液型

147 OK!✓ 〜を理解する、わかる
わかりますか？
過 understood – understood

148 OK!✓ 大学
大学で勉強する

149 OK!✓ 〜まで(ずっと)
9時まで勉強する

150 OK!✓ 目を覚ます
起きて！
過 woke – woken

151 OK!✓ 方法、道
この箱を開ける方法

152 OK!✓ 〜を着ている、身に付けている
制服を着ている
過 wore – worn

153 OK!✓ しばらくの間／〜している間に
しばらくの間お待ちください。

154 OK!✓ 幅の広い
間口の広い部屋
比 wider – widest

155 OK!✓ 妻
彼女はトムの妻です。

156 OK!✓ 風
強い風

157 OK!✓ 〜だろうかと思う、不思議に思う
なぜあなたがここにいるのでしょう。

158 OK!✓ 《疑問文で》もう、《否定文で》まだ
私はまだ仕事を終えていません。

三省堂版 英語3年 もくじ

ステージ1 ステージ2 ステージ3

英語音声

この本の特長と使い方
3ステップと予想問題で実力をつける!

●文法や表現，重要語句を学習します。
●基本的な問題を解いて確認します。
●基本文には音声がついています。

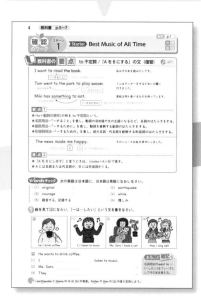

●ステージ1で学習したことを，さらに問題を解くことで定着させます。
●ヒントがついているので学習しやすいです。
●リスニング問題もあります。

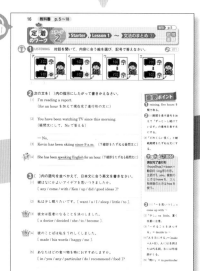

文法のまとめ
●ここまでに学習した文法をまとめて学習します。

Try! READING
●教科書の長めの文章に対応するページです。読解力をつけます。

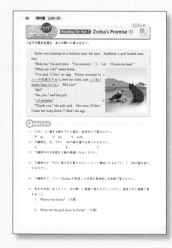

実力判定テスト ステージ 3

- ステージ1で学習したことが身についたかをテスト形式で確認します。
- リスニング問題もあります。

ホームページテスト

- 文理のウェブサイトからテストをダウンロード。たくさん問題を解いて，実力アップ！ リスニング問題もあります。　くわしくは巻末へ➡

アクセスコード　C064347

定期テスト対策　予想問題

- 定期テスト前に解いて，実力を確かめます。
- リスニング問題もあります。

Challenge! SPEAKING

- アプリを使って会話表現の発音練習をします。AIが採点！

くわしくはChallenge! SPEAKINGの最初のページへ➡

英語音声について

- 英語音声があるものには a00 がついています。
- 音声はスマートフォン，タブレット，またはパソコンで聞くことができます。
- また文理のウェブサイトから音声ファイルをダウンロードすることもできます。

▶スマホで聞く　　　　　　　[使い方]

▶パソコンで聞く　https://listening.bunri.co.jp/
▶ダウンロードする　[ダウンロード方法]

※この本にはCDはついていません。

音声用アクセスコード　77UUY

確認のワーク　ステージ1　**Starter** Best Music of All Time

読 聞 書 話

教科書の 要点　to 不定詞 / 「A を B にする」の文（復習）　♪ a01

I want **to read** the book.　　　　　　　私はその本を読みたいです。
「〜すること」　「〜することを望む」→「〜したい」

Tom went to the park **to play** soccer.　　トムはサッカーをするために公園に
動詞を修飾▼　　　　　　　　　　　　　　　行きました。
　　　　　　　　　「〜するために」

Miki has something **to eat**.　　　　　　美紀は何か食べるものを持っています。
（代）名詞を修飾▼
　　　　　　　　「〜するための」　「食べるための何か」→「何か食べるもの」

要点 1
● 〈to ＋動詞の原形〉の形を to 不定詞という。
● 名詞用法…「〜すること」を表し，動詞の目的語や文の主語になるなど，名詞のはたらきをする。
● 副詞用法…「〜するために」を表し，動詞を修飾する副詞のはたらきをする。
● 形容詞用法…「〜するための」を表し，前の名詞・代名詞を修飾する形容詞のはたらきをする。

The news **made me happy**.　　　　　　　そのニュースは私を幸せにしました。
「AをBにする」　A　　B　A＝Bの関係が成り立つ

要点 2
● 「A を B にします」と言うときは，〈make＋A＋B〉で表す。
● A には名詞または代名詞が，B には形容詞がくる。

Words チェック　次の英語は日本語に，日本語は英語になおしなさい。

□(1) original　（　　　　　　　）　□(2) earthquake　（　　　　　　　）
□(3) courage　（　　　　　　　）　□(4) while　（　　　　　　　）
□(5) 録音する，記録する _____　□(6) 憎しみ _____

1 絵を見て例にならい，「〜は…したい」という文を書きなさい。

例
he / drink coffee

(1)
I / listen to music

(2)
Ms. Sato / have a cat

(3)
they / sing well

例　He wants to drink coffee.
(1) I _____ listen to music.
(2) Ms. Sato _____ .
(3) They _____ .

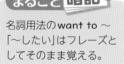
まるごと暗記
名詞用法のwant to 〜
「〜したい」はフレーズと
してそのまま覚える。

earthquake と theme の th は [θ] の発音。father や then の [ð] の音と区別しよう。

2 次の動詞の過去形を書きなさい。

(1) become ＿＿＿＿＿＿＿＿ (2) sing ＿＿＿＿＿＿＿＿

(3) sell ＿＿＿＿＿＿＿＿ (4) hear ＿＿＿＿＿＿＿＿

思い出そう

一般動詞の過去形
一般動詞の過去形には，-ed で終わる規則動詞と，see→saw のように形が不規則に変化する不規則動詞がある。

3 次の日本文に合うように，＿＿＿に適する語を書きなさい。

(1) 私にはすべき宿題がたくさんあります。

I have a lot of homework ＿＿＿＿＿＿＿＿ ＿＿＿＿＿＿＿＿ .

(2) 彼はテレビを見るために家へ早く帰ってきました。

He came home early ＿＿＿＿＿＿＿＿＿＿＿＿ TV.

(3) 舞台で歌うことは，彼女を不安にします。

＿＿＿＿＿＿＿＿ sing on the stage ＿＿＿＿＿＿＿＿

＿＿＿＿＿＿＿＿ nervous.

ここが ポイント

to 不定詞
〈to ＋動詞の原形〉
①名詞用法
　「～すること」
②副詞用法
　「～するために」
③形容詞用法
　「～するための」

4 （ ）内の語句を並べかえて，日本文に合う英文を書きなさい。

(1) 私は写真を撮ることが好きです。

[like / pictures / I / take / to].

＿＿＿＿＿＿＿＿＿＿＿＿＿＿＿＿＿＿

(2) あなたがイヌを散歩させている間に私は夕食を料理します。

[while / your dog / cook / walk / I'll / dinner / you].

＿＿＿＿＿＿＿＿＿＿＿＿＿＿＿＿＿＿

(3) その話は彼を悲しくさせました。

[made / sad / the story / him].

＿＿＿＿＿＿＿＿＿＿＿＿＿＿＿＿＿＿

まるごと 暗記

● take pictures
 ＝take a picture
 「写真をとる」
● walk my dog
 「イヌを散歩させる」

5 次の日本文に合うように，＿＿＿に適する語を書きなさい。

(1) たくさんのアメリカ人がその歌を歌ってきました。

Many Americans ＿＿＿＿＿＿＿＿＿＿＿＿ the song.

(2) 私を信頼してください。

Please ＿＿＿＿＿＿＿＿＿＿＿＿ me.

(3) この写真は私に古い友達を思い起こさせます。

This picture ＿＿＿＿＿＿＿ me ＿＿＿＿＿＿＿ my old friend.

(4) 彼の新しいアルバムはきのう発表されました。

His new album ＿＿＿＿＿＿＿＿＿＿＿＿ yesterday.

表現メモ

● sing
 「歌う」
 sing-sang-sung
● believe in ～
 「～を信頼する」
● remind ～ of ...
 「～に…を思い起こさせる」
● come out
 「出る，発表される」

6 （ ）内の日本語を参考に，＿＿＿に適する語を書きなさい。

(1) I have some words ＿＿＿＿＿＿＿ ＿＿＿＿＿＿＿ her. （勇気づけるための）

(2) I want ＿＿＿＿＿＿＿＿＿＿＿＿ all the problems. （取り除きたい）

(3) I will do anything ＿＿＿＿＿＿＿＿＿＿ him. （支持するために）

Starter

 ステージ **1** Lesson 1 Stand by Me ①

解答 p.1

 読 聞 書 話

教科書の 要点 「(ずっと) 〜し続けています」 ♪ a02

It **has been raining** since this morning.　　今朝からずっと雨が降り続いています。

[3 人称単数]　[since + 起点を表す語句]

I **have been playing** soccer for two hours.　　私は 2 時間ずっとサッカーをし続けて

have[has] + been + 動詞の -ing 形　[for + 期間を表す語句]　います。

要点

● 〈have[has] + been + 動詞の -ing 形〉の形を現在完了進行形という。

● 「(ずっと)〜し続けています」 という意味を表す。

● 主語が 3 人称単数のときは have ではなく has を使う。

プラス 現在完了進行形は，過去のある時点に始まった動作が現在も進行していることを表す。

現在進行形 I am studying English. （私は英語を勉強しています。）
← 今勉強中である

現在完了形（完了用法） I have already studied English. （私はもう英語を勉強しました。）
← すでに勉強し終わっている

現在完了進行形 I have been studying English. （私はずっと英語を勉強し続けています。）
← 過去のある時点から始めて，現在も勉強中である

Words チェック 次の英語は日本語に，日本語は英語になおしなさい。

□(1) narrow　　　（　　　　　　）　□(2) trumpet　　　（　　　　　　）

□(3) 話し合う，討議する ＿＿＿＿＿　□(4) 投手，ピッチャー ＿＿＿＿＿

1 絵を見て例にならい，「〜は 2 時間（ずっと）…し続けています」 という文を書きなさい。

play tennis

(1) watch TV

(2)  read a book

(3)  run

例　Mika has been playing tennis for two hours.

(1) I ＿＿＿＿＿＿＿＿＿＿＿ watching TV for two hours.

(2) Shin ＿＿＿＿＿＿＿＿＿＿＿＿＿＿＿ .

(3) We ＿＿＿＿＿＿＿＿＿＿＿＿＿＿＿ .

ミス注意

現在完了進行形
● 〈have[has] + been + 動詞の -ing 形〉で表す。
● 主語によって have と has を使い分ける。
● been に続く動詞は -ing 形にする。

2 次の（　）内から適する語句を選んで，〇で囲みなさい。

(1) They (are / have been) using computers now.

よく出る (2) Ms. Green (have / has) been sleeping since 2:00 p.m.

(3) I (have just cooked / have been cooking) lunch for an hour.

 discuss[diskʌ́s] は u を強く発音するよ。

③ 次の動詞の -ing 形を書きなさい。

(1) climb _____ (2) make _____

(3) dance _____ (4) swim _____

思い出そう
動詞の -ing 形の作り方
①そのまま ing をつける
　do → doing
②最後の e をとって ing
をつける
　use → using
③最後の子音字を重ねて
ing をつける
　swim → swimming

④ 次の文を（ ）内の語句を加えて「（ずっと）～し続けています」の意味を表す現在完了進行形の文に書きかえなさい。

(1) It is snowing. （since yesterday）

_____

(2) Kana is cleaning her room. （since this morning）

_____

(3) We are practicing judo. （for a long time）

_____

ここがポイント
現在完了進行形
〈have[has] + been + 動詞の -ing 形〉で表す。

⑤ （ ）内の語句を並べかえて，日本文に合う英文を書きなさい。

(1) カレンはちょうど絵をかいたところです。
Karen 〔 just / a picture / has / painted 〕.
Karen _____ .

(2) 私は 3 時間ずっと宿題をし続けています。
I 〔 been / my homework / for / have / three hours / doing 〕.
I _____ .

(3) 私の父は 10 時からずっとスキーをし続けています。
My father 〔 ten o'clock / been / since / has / skiing 〕.
My father _____ .

思い出そう
⑴現在完了形（完了用法）
●〈have[has] +動詞の
過去分詞〉で「～したと
ころだ」を表す。
● just「ちょうど」や
already「すでに」は
have[has] のあとに置
く。

⑥ 次の日本文に合うように，＿＿＿に適する語を書きなさい。

(1) 健はよいアイデアを思いつきました。
Ken _____ up _____ a good idea.

(2) わかりました 〔なるほど〕。
_____ .

(3) 私は問題を 5 つまでにしぼりました。
I _____ down the questions _____ five.

表現メモ
● come up with ～
「～を思いつく」
● narrow down ～ to ...
「～を…までにしぼる」

⑦ （ ）内の日本語を参考に，＿＿＿に適する語を書きなさい。

(1) It has been raining _____ three hours. （3 時間）

(2) My father has been working _____ nine this morning. （今朝 9 時から）

(3) I have been playing the piano _____

month. （1 か月未満の間）

a

(4) Ms.Jones has been learning Japanese _____

eight years old. （8 歳のときから）

  **Lesson 1** Stand by Me ②

教科書の 要点 「(ずっと)〜し続けていますか」/「どれくらい長く〜し続けていますか」 ♪ a03

I have been playing soccer for a long time.
私は長い間サッカーをし続けています。

Have you ⬚ been playing soccer for a long time?
Have を主語の前に置く
あなたは長い間サッカーをし続けていますか。

—Yes, I have. / No, I **have not**.
=haven't
— はい, し続けています。/ いいえ, し続けていません。

要点 1
- ●「(ずっと)〜し続けていますか」とたずねる疑問文は, have[has] を主語の前に出す。
- ●答えるときは Yes, 〜 have[has]. か No, 〜 have[has] not. を使う。

How long have you been playing soccer?
文頭に置く　疑問文の語順
あなたはどれくらい長くサッカーをし続けていますか。

—**For** two hours. / **Since** this morning. — 2時間し続けています。/ 今朝からし続けています。

要点 2
- ●「どれくらい長く〜し続けていますか」とたずねる疑問文は,〈How long + have[has] +主語 + been +動詞の -ing 形 〜?〉の形で表す。
- ●答えの文では, Yes, No は使わず, for や since を使って答える。

Words チェック 次の英語は日本語に, 日本語は英語になおしなさい。

- ☐(1) friendship （　　　　　　） ☐(2) rough （　　　　　　）
- ☐(3) mirror （　　　　　　） ☐(4) stamp （　　　　　　）
- ☐(5) 始め, 最初 ＿＿＿＿＿＿ ☐(6) 休む, 休息する ＿＿＿＿＿＿

1 絵を見て例にならい, 「〜は長い間…し続けていますか」という文を書きなさい。

例 you / play the piano

(1) Yuta / skate

(2) Ryo / use a computer

(3) they / play baseball

例 Have you been playing the piano for a long time?

(1) ＿＿＿＿＿ Yuta been ＿＿＿＿＿ for a long time?

(2) ＿＿＿＿＿＿＿＿＿＿＿ for a long time?

(3) ＿＿＿＿＿＿＿＿＿＿＿ ?

思い出そう
(1)(2)動詞の -ing 形の作り方
最後の e をとって ing をつける。

 song「歌」, soccer「サッカー」, shoe「くつ」, picture「絵, 写真」, friend「友人, 友達」

よく出る 2 次の対話が成り立つように， ___ に適する語を書きなさい。

(1) *A:* Has it been raining since yesterday?

B: No, it _____ .

(2) *A:* _____ _____ has he been dancing?

B: For an hour.

3 次の英文を下線部に注意して日本語になおしなさい。

(1) Have you <u>been washing</u> the dishes <u>since</u> one o'clock?

( )

(2) <u>How long has</u> your father <u>been taking</u> a bath?

( )

よく出る 4 次の文を疑問文に書きかえ，答えの文も書きなさい。

(1) My sister has been collecting stamps since January.

_____ ?

— Yes, _____ .

(2) You have been watching TV for fifty minutes.

_____ ?

— No, _____ .

(3) They have been taking pictures. (How long を使って)

_____ ?

— _____ ten o'clock this morning.

(4) Ms. Ito has been practicing kendo. (How long を使って)

_____ ?

— _____ three hours.

5 次の日本文に合うように， ___ に適する語を書きなさい。

(1) 私の母は少し疲れています。

My mother is _____ tired.

よく出る (2) 香奈は彼女の友達を待っていました。

Kana was _____ her friend.

(3) よろしい，みなさん。 _____ , everybody.

6 Word Box （ ）内の日本語を参考に， ___ に適する語を書きなさい。

(1) Kei has been using this _____ . （腕時計）

(2) Kei has been using this _____ . （マーカー）

(3) Kei has been using this _____ .

（筆箱）

解答 p.3

 ステージ **1** 〔 Lesson 1 〕 **Stand by Me ③**

読 聞
書 話

📖 教科書の **要点** 接続詞 when, if, that（復習） ♪ a04

| when の文 | I was eating dinner **when** my father came home. |

「〜（した）とき」のまとまり
父が家に帰ってきたとき，私は夕食を食べていました。

| if の文 | I will be happy **if** Ken comes to the party. |

「もし〜ならば」のまとまり 未来も現在形で表す
もし健がパーティーに来たら，私はうれしいです。

| that の文 | I think **(that)** Kate is kind. 私はケイトは親切だと思います。

I realized **(that)** she was right. 私は彼女が正しいと理解しました。

「〜ということ」のまとまり

要点
● ある文に「〜（する）とき」，「〜（した）とき」という文をつなぐときは，when 〜で表す。
● 「もし〜（する）ならば」と条件を表す文をつなぐときは，if 〜で表す。
● when や if の作るまとまりを文の前半に置くときは，まとまりの最後にコンマ (,) を入れる。
  例 When my father came home, I was eating dinner.
● 「〜ということ」と伝えたい内容をつなぐときは，that 〜で表す。この that は省略できる。

Words チェック 次の英語は日本語に，日本語は英語になおしなさい。

□(1)	move	(	)	□(2)	unfortunately	(	)
□(3)	issue	(	)	□(4)	trust	(	)
□(5)	stage	(	)	□(6)	day by day	(	)
□(7)	腕			□(8)	〜のように見える		
□(9)	親しい，（ごく）近い			□(10)	議論，口論		

よく出る **1** 〔 〕内の語句を並べかえて，日本文に合う英文を書きなさい。

(1) 私が彼の家に行ったとき，ピーターは絵をかいていました。
  Peter〔 when / was / I / a picture / drawing / went to 〕
  his house.
  Peter _____ his house.

(2) もし晴れたら，その山に登りましょう。
  〔 let's / clear / if / , / climb / it's 〕 the mountain.
  _____ the mountain.

(3) 私はその本はおもしろいと知っています。
  〔 I / that / the book / know / is / interesting 〕.

ここが ポイント
接続詞 when
when のあとは〈主語＋動詞 〜〉の文が続く。
接続詞 if
if「もし〜ならば」

まるごと 暗記
● know that 〜
  「〜と知っている」
● say that 〜
  「〜と言う」
● hope that 〜
  「〜を願う〔望む〕」

though は [ðóu] と発音するよ。最後の gh は発音しないんだ。

2 次の英文を読んで，あとの問いに答えなさい。

I really like the song "Stand by Me". ①Recently, [it / have / listening / I / been / to] again. The lyrics are very powerful. The song starts in darkness. (②), the lyrics move on from that. They say that (③) your friend is next to you, you do not need to be afraid. Together, you can bravely face darkness, dangers, and troubles. Together, you will be strong.

(1) 下線部①が「最近，私はまたそれを聞き続けています」という意味になるように，[ ]内の語を並べかえなさい。

(2) ②，③の（ ）に適する語を下から選び，記号を○で囲みなさい。
② ア Unfortunately　イ However　ウ Because
③ ア though　イ that　ウ if

(3) 筆者は友達と一緒に何に立ち向かうことができると言っていますか。本文から３つ抜き出しなさい。

ミス注意

(3) 本文中から語句を抜き出す問題では，複数形のsなど，つづりの一部を書き落とさないように気をつけること。

ことばメモ
● listen to ～
「～を聞く」
● move on
「先へ進む」
● next to ～
「～のとなりに[の]」
● need to ～
「～する必要がある」
● face
「立ち向かう」

思い出そう
to不定詞（名詞用法）
〈to＋動詞の原形〉の形で「～すること」という意味を表す。

3 次の日本文に合うように，　　に適する語を書きなさい。

(1) 決して諦めないで。　Never ＿＿＿＿＿＿＿＿＿＿ .

(2) 彼女は手術を受けることを決心しました。
She ＿＿＿＿＿＿＿＿＿＿ have an operation.

(3) 太郎は早く走って疲れました。
Taro ran fast and ＿＿＿＿＿＿＿＿ .

(4) 彼は裕福ですが，幸せではありません。
＿＿＿＿＿＿＿ he is rich, he is not happy.

WRITING Plus
次の各問いに対して，あなた自身の答えを英語で書きなさい。

(1) What do you like to do when you are free?

(2) Where do you want to go if you have a long vacation?

(3) What will you do if it is rainy tomorrow?

like to ～：～することが好き　vacation：休暇　rainy：雨降りの

確認のワーク　ステージ1　Take Action!　Listen 1　避難訓練のアナウンス　Talk 1　おすすめの場所は？　読 聞 書 話

解答 ▶ p.4

📖 教科書の 要点　「あなたはどの〜をおすすめしますか」　♪ a05

Do you recommend any countries in particular?
「あなたはどの〜をおすすめしますか」　any のあとは名詞の複数形
あなたはどの国を特におすすめしますか。

The U.S.A. You can visit many famous places.
アメリカ合衆国です。たくさんの有名な場所を訪れることができます。

要点

● おすすめの場所やものなどをたずねるときは，Do you recommend any 〜?「あなたはどの〜をおすすめしますか」とたずねる。

● 答えるときには，おすすめの場所やものの名前を簡潔に答えたあとで，情報を付け加えるとよい。

プラス 質問する / 情報を付け加える場合のほかの言い方

質問する	・What did you do then?	あなたはその時何をしましたか。
	・Which park do you recommend?	あなたはどちらの公園をおすすめしますか。
情報を付け加える	・You can see many flowers.	たくさんの花を見ることができます。
	・I recommend Midori Park.	私はミドリ公園をおすすめします。
	・It's near the sea.	それは海の近くです。

Words チェック　次の英語は日本語に，日本語は英語になおしなさい。

□(1) drill （　　　　）　　□(2) instruction （　　　　）

□(3) season （　　　　）　　□(4) parking lot （　　　　）

□(5) 西(の) ＿＿＿＿　　□(6) 押す ＿＿＿＿

1 絵を見て例にならい，「あなたはどの〜をおすすめしますか」「…です。それは一です」という文を書きなさい。

food / delicious

(1) books / exciting

(2) places / interesting

ここが ポイント

会話の進め方
質問に対して一言だけで答えると，そこで会話が止まってしまう。
相手との会話を広げるためには，情報を付け加えて話を広げるとよい。

例　Do you recommend any food?

　　— Pizza. It's delicious.

(1) ＿＿＿＿ you ＿＿＿＿ any books?

　　— Comics. They are ＿＿＿＿.

(2) ＿＿＿＿＿＿＿＿＿＿＿＿＿＿ ?

　　—A zoo. ＿＿＿＿＿＿＿＿＿＿＿ .

🦫 drill[dríl] は i を，instruction[instrʌ́kʃən] は u を強く発音するよ。カタカナ読みにならないように注意！

② 次の（　）内から適する語を選んで，〇で囲みなさい。

(1)　My sister can (swim / swims) well.

(2)　Does he know (some / any) good places?

(3)　Did Kana eat any (hamburger / hamburgers)?

(4)　I recommend (go / goes / going) to Hawaii.

ミス注意

some と any
●「いくつかの〜」と言うとき，肯定文では some を，疑問文では any を使う。
● some, any のあとの名詞は複数形になる。

③ 次の対話文の（　）に入るものを下から選び，記号で答えなさい。

(1)　A: I want to go to a foreign country.
　　　　Do you know any good countries to visit?
　　　B: Australia.　（　　　　）
　　　ア　You can send a letter to him.
　　　イ　You cannot go there.
　　　ウ　You can see kangaroos.

(2)　A: I want to visit Hokkaido.　Which season is good to visit there?
　　　B: The summer is the best.　（　　　　）
　　　ア　I don't like summer.
　　　イ　It is cooler in summer there.
　　　ウ　You can enjoy skiing in winter.

ここが ポイント

質問に対する答えに，さらに情報を付け加えて説明しているものを選ぶ。
(1) オーストラリアをすすめた理由を付け加える。
(2) 夏がいちばんよいと思う理由を付け加える。

④ 次の日本文に合うように，　　　に適する語を書きなさい。

(1)　ピーターは一度そこへ行ったことがあります。
　　　Peter ＿＿＿＿＿＿＿＿ ＿＿＿＿＿＿＿＿ there once.

(2)　私たちは富士山に登ったことが何度もあります。
　　　We have climbed Mt. Fuji ＿＿＿＿＿ ＿＿＿＿＿.

(3)　あなたはシアトルで何をしましたか。
　　　＿＿＿＿＿＿ did you ＿＿＿＿＿＿ in Seattle?

(4)　ほかの人たちを押さないでください。
　　　Don't ＿＿＿＿＿＿＿＿＿＿＿.

(5)　ジェーンは果物が好きです。彼女は特にオレンジが好きです。
　　　Jane likes fruit.　She likes oranges ＿＿＿＿＿＿＿＿
　　　＿＿＿＿＿＿＿.

(6)　その建物は私たちの市の西部にあります。
　　　That building is ＿＿＿＿＿＿＿ the ＿＿＿＿＿＿＿
　　　＿＿＿＿＿＿＿ our city.

(7)　あなたたちはこのドアから退出することができます。
　　　You can ＿＿＿＿＿＿＿＿ this door.

思い出そう

現在完了形（経験用法）
●〈have[has]＋動詞の過去分詞〉で「〜したことがある」を表す。
● once「一度」
　twice「二度」
　〜 times「〜回」

ことばメモ

方角を表す語
east「東(の)」
west「西(の)」
south「南(の), 南部(の)」
north「北(の)」

Take Action!

文法 のまとめ① 現在完了進行形

まとめ

① **現在完了進行形**

● 過去のある時点で始まった動作が現在も進行している最中であることを表して「（ずっと）〜し続けています」と言うときは，現在完了進行形〈have[has] ＋ been ＋動詞の -ing 形〉を使う。

● 主語が３人称単数のときは has を使う。

肯定文　　　Ken has been using this computer since this morning.

I have been using this computer for an hour.

〔since や for がよく用いられる〕

疑問文　Have you ▢ been using this computer since this morning?

〔have[has] を主語の前に置く〕

— Yes, I have. / No, I have not.

〔have[has] を使って答える〕　　〔haven't〕

継続期間をたずねる疑問文　How long have you been using this computer?

〔文頭に置く〕

— Since this morning. / For an hour.

〔since や for で答える〕

練習

よく出る ① 次の（ ）内から適する語句を選んで，○で囲みなさい。

(1) I (have / has) been studying math for forty-five minutes.

(2) (Have / Has) Kana been swimming since this morning?

(3) We have been playing rugby (for / since) 10 o'clock.

(4) Mike has been talking on the phone (for / since) two hours.

(5) (How many / How long) have you been listening to music?

have か has のどちらを使うかは，主語によって決まるよ。

よく出る ② 次の日本文に合うように，＿＿＿ に適する語を書きなさい。（現在完了進行形を使って）

(1) 結衣は自分の部屋を２日間ずっとそうじし続けています。

Yui ＿＿＿＿＿ ＿＿＿＿＿ cleaning her room ＿＿＿＿＿ two days.

(2) あなたは長い間，彼を待ち続けていますか。 — いいえ，待ち続けていません。

＿＿＿＿＿ you been waiting for him ＿＿＿＿＿ a long ＿＿＿＿＿ ?

— No, ＿＿＿＿＿ ＿＿＿＿＿ .

(3) あなたのお母さんはどれくらい長くカレーを作り続けていますか。— 今朝からし続けています。

＿＿＿＿＿ ＿＿＿＿＿ has your mother been cooking curry?

— ＿＿＿＿＿ this morning.

(4) 彼らは最近そのことについてずっと話し続けています。

They ＿＿＿＿＿ ＿＿＿＿＿ about it recently.

3 次の対話が成り立つように，＿＿に適する語を書きなさい。（現在完了進行形を使って）

(1) A: ＿＿＿＿＿ you ＿＿＿＿＿ dancing for an hour?

    B: Yes, we have.

(2) A: Has Miki been drawing a picture ＿＿＿＿＿ noon?

    B: No, she ＿＿＿＿＿ ＿＿＿＿＿ .

(3) A: ＿＿＿＿＿ ＿＿＿＿＿ has Ken been playing the video game?

    B: For two hours.

(4) A: How long has Mr. Sato been teaching English?

    B: ＿＿＿＿＿ he was twenty-two years old.

4 次の英文を日本語になおしなさい。

(1) My mother has been washing the dishes since 11 o'clock.

    (   )

(2) How long has he been walking his dog?

    (   )

5 次の文を（ ）内の指示にしたがって書きかえなさい。

(1) I'm reading a book. （since this morning を用いて現在完了進行形の文に）

(2) They have been practicing judo for three hours. （疑問文に）

(3) Your father has been working here for a long time. （下線部をたずねる疑問文に）

6 〔 〕内の語句を並べかえて，日本文に合う英文を書きなさい。

(1) 私の祖母は長い間ずっと花を育て続けています。

My grandmother 〔 been / flowers / has / a / time / growing / long / for 〕.

My grandmother ＿＿＿＿＿＿＿＿＿＿＿＿＿ .

(2) 健とジェーンは今日の午後からずっとテニスをし続けていますか。

〔 since / been / have / tennis / this afternoon / playing / Ken and Jane 〕?

(3) エマは1時間未満の間，ずっと歌を歌い続けています。

Emma 〔 an hour / has / songs / less / singing / than / been / for 〕.

Emma ＿＿＿＿＿＿＿＿＿＿＿＿＿ .

(4) あなたはどれくらい長く入浴し続けていますか。

〔 long / a bath / how / you / taking / been / have 〕?

解答 ▶ p.5

定着のワーク ステージ**2** **Starter ,** **Lesson 1** 〜 文法のまとめ ① 読 聞 書 話

🎧 **1** LISTENING 対話を聞いて，内容に合う絵を選び，記号で答えなさい。 ♪ l01

ア　　　　　　　　イ　　　　　　　　ウ　　　　　　　　エ

(　　　　)

2 次の文を（　）内の指示にしたがって書きかえなさい。

(1) I'm reading a report.
　　（for an hour を加えて現在完了進行形の文に）
　　_____

(2) You have been watching TV since this morning.
　　（疑問文にして，No で答える）
　　— No, _____.

(3) Kevin has been skiing since 9 a.m. （下線部をたずねる疑問文に）
　　_____

(4) She has been speaking English for an hour. （下線部をたずねる疑問文に）
レベルUP
　　_____

3 〔　〕内の語句を並べかえて，日本文に合う英文を書きなさい。

(1) 健はなにかよいアイデアを思いつきましたか。
　　〔 any / come / with / Ken / up / did / good ideas 〕?
　　_____

(2) 私は少し眠りたいです。〔 want / a / I / sleep / little / to 〕.
　　_____

よく出る(3) 彼女は医者になることを決心しました。
　　〔 a doctor / decided / she / to / become 〕.
　　_____

よく出る(4) 彼のことばは私をうれしくしました。
　　〔 made / his words / happy / me 〕.
　　_____

(5) あなたはどの食べ物を特におすすめしますか。
　　〔 in / you / any / particular / do / recommend / food 〕?
　　_____

重要ポイント

1 raining, five hours を聞き取る。

2 (1)期間を表す語句を加えて「ずっと〜し続けています」の意味を表す文にする。

(3)「どれくらい長く」と継続期間をたずねる文にする。

テストに出る!
現在完了進行形
〈have[has]＋been＋動詞の-ing形〉の形。主語がI, you, 複数のときはhaveを，3人称単数のときはhasを使う。

3 (1)「〜を思いつく」= come up with 〜

(2)「少し」=a little。置く位置に注意。

(3)「〜することを決心する」= decide to 〜

(4)「A を B にする」=〈make＋A＋B〉。A には名詞または代名詞，B には形容詞がくる。

(5)「特に」= in particular

4 次の対話文を読んで，あとの問いに答えなさい。

Ms. Brown: What is your band going to play at the school festival?

Riku: ①Well, we (　　　　) decided (　　　　). We have been discussing ②it since last week.

(1) 下線部①が「ええと，私たちはまだ決めていません」という意味になるように，（　）内に適する２語を書きなさい。

(2) 下線部②が指すものを日本語で書きなさい。

(　　　　　　　　　　　　　　　　　　　　　　　　　　　)

5 次の日本文に合うように，＿＿＿に適する語を書き，現在完了進行形の文にしなさい。

(1) 彼らは日本の歴史を５時間ずっと勉強し続けています。

They ＿＿＿＿＿＿＿＿＿＿＿＿＿＿＿＿＿＿＿＿＿

Japanese history ＿＿＿＿＿＿＿＿＿ five hours.

(2) エマは10時からずっと泳ぎ続けていますか。

―いいえ，泳ぎ続けていません。

＿＿＿＿＿＿＿＿＿ Emma ＿＿＿＿＿＿＿＿＿＿

＿＿＿＿＿＿＿＿＿ ten o'clock? — No, she ＿＿＿＿＿＿＿＿.

(3) 私はこの自転車を12歳のときからずっと乗り続けています。

I ＿＿＿＿＿＿＿＿＿＿＿＿＿＿＿＿＿＿＿＿ this bike

＿＿＿＿＿＿＿＿＿ I was twelve years old.

(4) 幸は長い間ずっとフルートを習い続けています。

Sachi ＿＿＿＿＿＿＿＿＿＿＿＿＿＿ learning the flute

＿＿＿＿＿＿ a ＿＿＿＿＿＿＿＿＿＿＿＿＿＿＿.

6 次の日本文を英語になおしなさい。ただし，(1)〜(3)は been を用いること。

(1) 彼は2時間ずっとギターをひき続けていますか。

ﾚﾍﾞﾙ UP (2) 私は東京に１か月以上の間ずっと滞在し続けています。

よく出る (3) どれくらい長く雪が降り続いていますか。— 今朝からです。

―

(4) 私の兄は野球をするために公園に行きました。

重要ポイント

4 (2) it の内容は，ブラウン先生の発言から読み取る。

得点力を UP

指示語（代名詞）
指示語は前に出てきたものを指して使われる。it, this, that は，前の文の内容を指すこともできる。

5 (2)答えの文は，空所の数より，短縮形を使う。
(4)「長い間」は期間を表す。

テストに 出る！

since, for の使い分け
起点を表す語句
● since ＋(形容詞＋)名詞
● since ＋文(主語＋動詞〜)
期間を表す語句
● for ＋(形容詞＋)名詞

6 (1)〜(3) 現在完了進行形の文にする。
(2)「〜以上」は more than 〜。
(3)継続期間をたずねる疑問文は How long 〜? を使い，答えるときは For 〜. か Since 〜. を使う。天候を表す it を主語にすること。
(4)副詞用法の to 不定詞で表す。〈to＋動詞の原形〉

ちょっと **BREAK** 「公園」は英語で park。では，なぜ parking は「駐車」なのでしょうか？　➡答えは次のページ

解答　p.6

実力判定テスト　ステージ3　Starter, Lesson 1 〜 文法のまとめ① 　30分　/100　読聞書話

🎧 **1** LISTENING　対話と質問を聞いて，その答えとして適するものを一つ選び，記号で答えなさい。

♪ 102　2点×3（6点）

(1)　ア　Yes, he does.　　　　イ　No, he doesn't.
　　　ウ　Yes, he has.　　　　エ　No, he hasn't.　　　　（　　）

(2)　ア　For six hours.　　　　イ　For ten hours.
　　　ウ　Since 6 a.m.　　　　エ　Since 8 p.m.　　　　（　　）

(3)　ア　For a week.　　　　イ　For less than a month.
　　　ウ　Since this morning.　　　　エ　Since last year.　　　　（　　）

2 次の日本文に合うように，　　に適する語を書きなさい。　　3点×4（12点）

(1)　諦めないで！　Don't ＿＿＿＿＿＿＿＿＿＿＿＿＿＿＿！

(2)　彼らはボランティア活動をするために病院に行きました。
　　　They went to the hospital ＿＿＿＿＿＿＿＿＿＿＿＿＿＿ volunteer work.

(3)　私は特に北海道をおすすめします。
　　　I recommend Hokkaido ＿＿＿＿＿＿＿＿＿＿＿＿＿＿.

レベルUP (4)　この紙には，もし質問があれば彼に電話しなさいと書いてあります。
　　　This paper says ＿＿＿＿＿＿＿＿＿＿＿＿＿＿ you have a question, call him.

3 次の文を（　）内の指示にしたがって書きかえなさい。　　3点×3（9点）

よく出る (1)　It is raining <u>now</u>.　（下線部を since last week にかえて現在完了進行形の文に）

(2)　Karen has been using this computer since this morning.　（疑問文に）

よく出る (3)　Tom has been writing fiction <u>for four years</u>.　（下線部をたずねる疑問文に）

4 〔　〕内の語句を並べかえて，意味の通る英文を書きなさい。　　5点×4（20点）

(1)　〔 excited / made / her / the news 〕.

(2)　〔 has / to / Mr. Green / many / things 〕 teach.
　　　　　　　　　　　　　　　　　　　　　　　　　　teach.

(3)　Kumi was 〔 I / to / eating / when / her house / lunch / went 〕.
　　　Kumi was ＿＿＿＿＿＿＿＿＿＿＿＿＿＿＿＿＿＿＿.

(4)　〔 been / long / looking / Shin / has / how / for 〕 his cat?
　　　　　　　　　　　　　　　　　　　　　　　　　　his cat?

ちょっとBREAKの答え　park には動詞「駐車する」という意味もあるからです。

●現在完了進行形の意味や用法を理解し，
適切に使うことができるようになりま
しょう。

目標

自分の得点まで色をぬろう！

😣がんばろう！　😐もう一歩　😄合格！

0　　　　　　　　60　80　100点

5 次の対話文を読んで，あとの問いに答えなさい。　　　　　　　　　　　　　(計13点)

Ms. Brown: Wait.　Your　voice　is　①(　　　　)(　　　　) rough.
　　　　　　②How long have you been practicing?

Riku:　　　③(　　　　) ten o'clock this morning.

Ms. Brown: That long?　You should rest ④(　　　　)(　　　　).

(1) 下線部①，④が「少し」という意味になるように，(　)内に共通して適する2語を書きなさい。　　　　　　　　　　　　　　　　　　　　　　　(3点)

＿＿＿＿＿＿　＿＿＿＿＿＿

(2) 下線部②を日本語になおしなさい。　　　　　　　　　　　　　　　　　(3点)
　(　　　　　　　　　　　　　　　　　　　　　　　　　　　　　　　　　　)

(3) ③の(　)内に適する語を書きなさい。　　　　　　　　　(3点)　＿＿＿＿＿＿

(4) 次の文が本文の内容と合っていれば○，異なっていれば×を書きなさい。　(4点)
　Ms. Brown thinks Riku has been practicing for a long time.　　　(　　　)

6 次の日本文を英語になおしなさい。ただし，(　)内の語を使用すること。　5点×6(30点)

(1) 彼女は30分間ずっと彼女の友達を待ち続けています。(been)

(2) きのうからずっと雪が降り続いています。(been)

(3) 私は夏にかぶるための帽子を2つ持っています。(caps)

よく出る(4) あなたはどれくらい長く走り続けていますか。(been)

(5) 日ごとに寒くなってきています。(getting)

レベルUP(6) 彼は若いけれども，疲れやすいです。(though, easily)

7 次の質問に，あなた自身の答えを英語で書きなさい。　　　　　　　5点×2(10点)

(1) Have you been playing any sports?

レベルUP(2) Do you recommend any places to visit in Japan?　Why?

教科書の 要点　受け身形「〜され（てい）ます」の文 ♪ a06

The kitchen **is cleaned** every day.　　その台所は毎日そうじされます。

＜be動詞＋動詞の過去分詞＞「〜され（てい）ます」

要点

●「〜され（てい）ます」と言うときは，〈be動詞＋動詞の過去分詞〉で表す。

●過去分詞は動詞の変化形の１つで，過去形と同じく過去分詞の語尾が –ed で終わる「規則動詞」
　と，不規則に変化する「不規則動詞」がある。

規則動詞

原形	過去形	過去分詞
play	played	played
use	used	used

不規則動詞

原形	過去形	過去分詞
speak	spoke	spoken
make	made	made

Words チェック 次の英語は日本語に，日本語は英語になおしなさい。

□(1) deliver （　　　　　　）　　□(2) flag （　　　　　　）

□(3) 印刷する ＿＿＿＿＿＿＿　　□(4) 集会，集まり，会 ＿＿＿＿＿＿＿

1 絵を見て例にならい，「…は〜され（てい）ます」という文を書きなさい。

the park / clean

(1)
soccer / play

(2) English / study

(3)  these cars / wash

＊car 車

例　The park is cleaned every week.

(1) Soccer ＿＿＿＿＿ ＿＿＿＿＿ around the world.

(2) English ＿＿＿＿＿＿＿＿＿＿＿＿ in Japan.

(3) ＿＿＿＿＿＿＿＿＿＿＿＿ on Fridays.

ミス注意

規則動詞の過去分詞
〈子音字＋y〉
yをiにかえてedをつける。

2 次の日本文に合うように，（　）内から適する語句を選んで，○で
囲みなさい。

(1) 相撲は日本で楽しまれています。

Sumo is (enjoys / enjoyed / enjoying) in Japan.

(2) 腕時計はあの店で売られています。

Watches (is sold / are sold / are selling) at that store.

ここが ポイント

「〜され（てい）る」の文
●〈be動詞＋動詞の過去
分詞〉で表す。
●be動詞は主語になる
(代)名詞の人称・数に合
わせる。

 soap は [sóup] と発音するよ。「ソープ」と読まないように気をつけよう。

3 次の日本文に合うように，＿＿＿に適する語を書きなさい。ただし，
（ ）内の語を正しい形にかえて使うこと。

(1) その標識には日本語が使われています。(use)

Japanese ＿＿＿＿＿＿＿＿＿＿ on the sign.

(2) そのテレビ番組は，オーストラリアで見られています。(watch)

The TV program ＿＿＿＿＿＿＿＿＿＿ in Australia.

(3) あれらの窓は毎朝，あけられます。(open)

Those windows ＿＿＿＿＿＿＿＿＿＿ every
morning.

4 〔 〕内の語句を並べかえて，日本文に合う英文を書きなさい。

(1) 私たちの昼食は午前11時に料理されます。

〔 at / our lunch / cooked / is 〕eleven a.m.

＿＿＿＿＿＿＿＿＿＿ eleven a.m.

(2) その国では2つの言語が話されています。

〔 spoken / two / in / are / languages 〕the country.

＿＿＿＿＿＿＿＿＿＿ the country.

(3) 夏祭りは7月に開催されます。

〔 is / in / the summer festival / held 〕July.

＿＿＿＿＿＿＿＿＿＿ July.

5 次の日本文に合うように，＿＿＿に適する語を書きなさい。

(1) あなたは向こうに何本の旗が見えますか。

＿＿＿＿＿＿＿＿＿＿ do you see
over there?

(2) それはあなたたちの意見次第です。

It ＿＿＿＿＿＿＿＿＿＿ your opinions.

6 次の日本語を英語になおしなさい。

(1) やかん ＿＿＿＿
(2) フォーク ＿＿＿＿
(3) せっけん ＿＿＿＿
(4) 毛布 ＿＿＿＿
(5) まくら ＿＿＿＿
(6) 寝室 ＿＿＿＿
(7) 浴室，トイレ ＿＿＿＿
(8) リビング ＿＿＿＿
(9) ダイニング ＿＿＿＿

 ステージ 1 　Lesson 2 　Languages in India ②

解答 p.8

教科書の 要点　受け身形「…によって〜され（てい）ます」の文 ♪ a07

ふつうの文　Picasso　　　painted　　this picture.　ピカソがこの絵を描きました。
主語　　　　　　　　　　　目的語

受け身形の文　This picture was painted by Picasso.　この絵はピカソによって描かれました。
主語　〈be動詞＋動詞の過去分詞〉
by＋その動作をした人

要点

● ふつうの文の目的語を主語にし，動詞を〈be動詞＋動詞の過去分詞〉にすると受け身形の文になる。その動作をした人（ふつうの文の主語）は，by …（…によって）で表す。

● その動作をした人が，①一般的な人々を表す場合，②だれか特定できない場合，③言う必要がない場合は，by … は省略される。

● 受け身形の過去の文は be動詞を過去形にし，〈was［were］＋動詞の過去分詞〉で表す。

プラス 受け身形の疑問文は〈be動詞＋主語＋動詞の過去分詞 〜?〉で表し，答えるときも be動詞を使う。
疑問文 Was this picture painted by Picasso?　　この絵はピカソによって描かれましたか。
　　— Yes, it was. / No, it was not［wasn't］.—はい，描かれました。/いいえ，描かれませんでした。

Wordsチェック　次の英語は日本語に，日本語は英語になおしなさい。

□(1)　film　　　　　　　　（　　　　　　）　　□(2)　tale　　　　　　　（　　　　　　）
□(3)　監督する　　　＿＿＿＿＿＿＿　　□(4)　作曲する　　　＿＿＿＿＿＿＿

1 絵を見て例にならい，「—は…によって〜され（てい）ました」という文を書きなさい。

clean / students

(1) wash / Kevin

(2) build / my grandfather

(3) create / Yui

例　The classroom was cleaned by the students.

(1)　The bicycle ＿＿＿＿＿＿＿＿＿＿＿ by Kevin.

(2)　The house ＿＿＿＿＿＿＿＿＿＿＿ my grandfather.

(3)　This website ＿＿＿＿＿＿＿＿＿＿＿ .

ここがポイント
動作主を示す受け身形の文
〈be動詞＋動詞の過去分詞＋by …〉で示す。

2 次の（　）内から適する語句を選んで，○で囲みなさい。

(1)　The piano (is / are / was) played by Miki yesterday.

(2)　These sandwiches (are made / were made / were making) last night.

ミス注意
受け身形の過去の文
受け身形の過去の文では，be動詞を過去形にする。

 this「これに［を］」, enjoy「楽しむ」, famous「有名な」, like「〜を好む」

3 次の文を，下線部を主語にした受け身形の文に書きかえるとき，
___ に適する語を書きなさい。

(1) Jun took the picture.

The picture _____ by Jun.

(2) A famous actor wrote this book.

This book _____

a famous actor.

(3) He directed these movies.

These movies _____ by _____ .

ここが ポイント

ふつうの文(A)と受け身
形(B)の文の書きかえ方
①(A)目的語→(B)主語
②(A)動詞→(B)〈be動
詞＋動詞の過去分詞〉
③(A)主語→(B)by …

4 〔 〕内の語句や符号を並べかえて，日本文に合う英文を書きなさ
い。

(1) グリーン先生は彼の生徒に好かれていますか。

〔 liked / is / by / Mr. Green 〕his students?

_____ his students?

(2) 〔(1)に答えて〕— はい，好かれています。 〔 is / yes / he / , 〕.

— _____

(3) そのインド映画は2008年に公開されましたか。

〔 in / that / was / released / Indian film 〕2008?

_____ 2008?

(4) 〔(3)に答えて〕— いいえ，公開されませんでした。〔 not / was /
no / it / , 〕.

— _____

ここが ポイント

受け身形の疑問文
●〈be動詞＋主語＋動詞
の過去分詞 ～?〉「～さ
れていますか」
●答えの文は，〈Yes, 主
語＋be動詞.〉〈No, 主
語＋be動詞＋not.〉

5 次の日本文に合うように，___ に適する語を書きなさい。

(1) 私はあなたの家を訪れるのを楽しみに待っています。

I'm _____

_____ your house.

(2) 彼女は富士山に一度も登ったことがありません。

She _____ Mt. Fuji.

(3) あなたはきっと賞を受賞するでしょう。

I'm _____ win a prize.

ミス注意

(1) be looking forward
toのあとは，名詞または
動名詞がくる。
(3)「賞を受賞する」は未来
のことなので，2つめの
空所にはyou willの短縮
形が入る。

6 下の表を見て例にならい，どんな曲かを説明する文を書きなさい。

曲名	"Hello, Goodbye"	"Let's Go"	"Tomorrow"	"At the Park"
説明	覚えやすい	気持ちを高揚させる	元気のいい	メロディが美しい

例 "Hello, Goodbye" is a catchy song.

(1) "Let's Go" is an _____ song.

(2) "Tomorrow" is a _____ song.

(3) "At the Park" has a _____ .

確認のワーク　ステージ **1**　Lesson 2　Languages in India ③

解答 ▶ p.9

読 聞 書 話

教科書の **要点**　受け身形「〜され（てい）ません」の文　♪ a08

肯定文 English is spoken in this country.　この国では英語が話されています。

否定文 English is **not spoken** in this country.　この国では英語が話されていません。

be 動詞のあとに not を入れる　〈be 動詞＋not＋過去分詞〉

要点
- ●「〜され（てい）ません」と言うときは，〈be 動詞＋ not ＋過去分詞〉で表す。
- ●be 動詞の否定文と同じように，be 動詞＋ not を短縮形にできる。
  is not → isn't, are not → aren't, was not → wasn't, were not → weren't

Words チェック　次の英語は日本語に，日本語は英語になおしなさい。

- □(1)　locate　(　　　　　)
- □(2)　literature　(　　　　　)
- □(3)　diversity　(　　　　　)
- □(4)　blank　(　　　　　)
- □(5)　10億　＿＿＿＿＿
- □(6)　主要な　＿＿＿＿＿
- □(7)　体系　＿＿＿＿＿
- □(8)　〜まで　＿＿＿＿＿
- □(9)　残る　＿＿＿＿＿
- □(10)　〜のいたる所に　＿＿＿＿＿

1 次の日本文に合うように，（　）内から適する語句を選んで，○で囲みなさい。

(1)　この歌は日本ではあまり歌われていません。
This song is not (sing / sang / sung) very often in Japan.

(2)　その部屋は日曜日には使われていません。
The room is not (use / used / using) on Sunday.

(3)　この場所はたくさんの観光客に訪れられていません。
This place is (visit / not visited / visiting) by many tourists.

(4)　アラビア語はこの学校では勉強されていません。
Arabic is (not study / studies / not studied) at this school.

まるごと暗記

sing（歌う）の語形変化
過去形　　sang
過去分詞　sung
ing形　　singing

ここがポイント

「〜され（てい）ない」
受け身形の否定文は〈be 動詞＋not＋動詞の過去分詞〉で表す。

2 次の文を否定文に書きかえるとき，＿＿に適する語を書きなさい。

(1)　Shampoos were sold here.
Shampoos ＿＿＿＿＿ ＿＿＿＿＿ ＿＿＿＿＿ here.

(2)　His poetry is liked by my friends.
His poetry ＿＿＿＿＿ ＿＿＿＿＿ by my friends.

ミス注意

短縮形
- ●is[was] not
　→isn't[wasn't]
- ●are[were] not
　→aren't[weren't]

 speak「話す」, many「多くの」, great「すばらしい」, but「しかし」, friend「友達」, visit「訪れる」

3 次の英文を読んで，あとの問いに答えなさい。

English is also commonly used.　①English was not spoken in India until the British came.　②〔 from / them / India / the 1600s / to / ruled / by / was 〕 the mid-1900s.　Many people needed to learn English.　Later, the British left, but ③their language remained.　Now English is used across the country in schools and businesses.　Some people use it to talk with friends from other places.

What do you think of…?
Can I ask you a question?
Oh,I…
OK…

よく出る

(1) 下線部①を日本語になおしなさい。

（　　　　　　　　　　　　　　　　　　　　　）

(2) 下線部②が「インドは1600年代から1900年代半ばまで，彼らによって支配されていました」という意味になるように，〔　〕内の語句を並べかえなさい。

_____ the mid-1900s.

(3) 下線部③が指すものを本文中の1語で書きなさい。

_____

(4) 次の文が本文の内容と合っていれば〇，異なっていれば×を書きなさい。

　　１．インドでは，現在では英語は話されていません。（　　）
　　２．インドでは，ほかの場所から来た友達と話すときにはウルドゥー語を使う。　　　　　　　　　　　　　　　（　　）

よく出る 4 次の日本文に合うように，＿＿＿に適する語を書きなさい。

(1) その町はすばらしい景色で知られています。

The town is ＿＿＿＿＿＿ ＿＿＿＿＿＿ its great view.

(2) 私は公園の近くにすてきなカフェを偶然見つけました。

I ＿＿＿＿＿＿ ＿＿＿＿＿＿ a nice cafe near the park.

WRITING Plus

次のようなときにどのように言うか，英語で書きなさい。

(1) 自分の部屋が先週の土曜日にそうじされた，と言うとき。

(2) 相手に，近くにあるカップがきのう洗われたかどうかたずねるとき。

(3) 自分の国ではラグビーが楽しまれている，と言うとき。

room：部屋　clean：そうじする　cup：カップ　rugby：ラグビー

ここが ポイント

● 「～され（てい）る」〈be動詞＋動詞の過去分詞〉
● 「～され（てい）ない」〈be動詞＋not＋動詞の過去分詞〉

まるごと 暗記

from ～ to …「～から…まで」

ここが ポイント

(3) their language「彼らの言語」のtheirは，同じ文の前半にある英国人を指す。

表現メモ

be known for ～「～で知られている」byではなくforを使う。

Lesson 2

確認のワーク ステージ1 Take Action! Listen 2 旅行の行き先の相談 Talk 2 どうしてそう思うの？ 読聞書話

解答 ▶ p.9

教科書の 要点 理由や説明の求め方と答え方 ♪a09

Why? どうしてですか。

理由や説明を求める

This guidebook says we can eat special food there.

なぜそう思うか説明する
このガイドブックには，そこでは特別な食べ物を食べることができると書いてあります。

要点

● 相手にどうしてそう思うのか理由や説明を求めるときは，Why?「どうしてですか」とたずねる。What are your reasons?「理由は何ですか」や Please tell me more.「もっと話してください」などと言ってもよい。

● 答えるときには，そう思う理由を根拠を示して説明する。

根拠を示すときの表現例：The book says 〜.（本には，〜と書いてあります。）

It shows 〜.（それは〜を示しています。）/ According to the article, 〜.（その記事によると〜。）

Wordsチェック 次の英語は日本語に，日本語は英語になおしなさい。

□(1) deer （　　　　　）　　□(2) suggestion （　　　　　）

□(3) どこかで[へ] ＿＿＿＿＿　　□(4) 通り抜けて ＿＿＿＿＿

1 次の対話文の（　）に入るものを下から選び，記号で答えなさい。

よく出る (1) A: I want to go to India.

B:（　　　　）

A: I want to eat Indian curry.

ア　Do you think so?　　イ　Why?

ウ　Sorry, but I don't know.

(2) A: I think we should go to the Sakura Zoo.

B: What are your reasons?

A:（　　　　）

ア　I think he will be glad if we do that.

イ　The guidebook says it is closed on Sundays.

ウ　According to this article, we can see white lions there.

ここがポイント

(1)直後でインドに行きたい理由を説明しているので，理由をたずねる文を選ぶ。
(2)直前で理由をたずねているので，理由を説明している文を選ぶ。

よく出る **2** 次の日本文に合うように，＿＿＿に適する語を書きなさい。

(1) 私はどこか新しい場所に行きたいです。

I want to go ＿＿＿＿＿ ＿＿＿＿＿ .

(2) 新聞によると，今朝，事故がありました。

＿＿＿＿＿ ＿＿＿＿＿ the newspaper, there was an accident this morning.

表現メモ

〈some-＋形容詞〉
somethingやsomewhereのようなsome-のついた語に修飾語をつけるときは，some-のついた語のあとに修飾語を置く。

⌣ through は [θrúː] と発音するよ。gh は発音しないので注意してね。

解答　p.9

ステージ **1**　**Project 1** 日本限定アイスクリームを提案しよう　読 聞 書 話

Take Action! Project 1

教科書の 要点　接続詞 since（理由を説明する） a10

Since these cookies are sweet, I love them.　これらのクッキーは甘いので，
私はそれらが大好きです。

　「〜なので」のまとまりを作る　　　コンマを入れる

要点
- since には「〜から（ずっと）」という意味のほかに「〜なので」という意味があり，理由を表す文をつなぐことができる。
- since の作るまとまりは文の前半にも後半にも置くことができる。文の前半に置くときは，まとまりの最後にコンマ(,)を入れるが，後半に置くときは入れない。
  例 I love these cookies <u>since</u> they are sweet.

Words チェック　次の英語は日本語に，日本語は英語になおしなさい。

□(1) cone　　（　　　　　　）　　□(2) contain　　（　　　　　　）

□(3) seaweed　（　　　　　　）　　□(4) texture　　（　　　　　　）

□(5) premium　（　　　　　　）　　□(6) 断片，破片　_____

1 絵を見て例にならい，「—は〜なので私は…です」という文を書きなさい。

| 例  I / get a present | (1)  やさしいな Ben / kind | (2)  おもしろそう this book / interesting | (3)  きれい the picture / beautiful |

例　Since I got a present, I'm surprised.

(1) _____ Ben is kind, I like him.

(2) _____ this book looks interesting, I want to read it.

(3) _____ , I like it.

思い出そう

文をつなぐ接続詞
- when「〜(する)とき」
- if「もし〜 (する)ならば」
- because「(なぜなら)〜だから」
- that「〜ということ」

2 次の日本文に合うように，_____に適する語を書きなさい。

よく出る (1) 香奈は中国語と日本語のどちらも書くことができます。

Kana can write _____ Chinese _____ Japanese.

(2) 彼はきっとその試合に勝つでしょう。

_____ he will win the match.

(3) そのアイスクリームはコーヒーと調和しました。

The ice cream _____ well _____ coffee.

ここがポイント

(2)空所と he の間には that が省略されている。
be sure that 〜
「〜ということを確信している，きっと〜」

 受け身形

まとめ

① 受け身形

● 「～され（てい）ます」と言うときは，受け身形〈be 動詞＋動詞の過去分詞〉を使う。

● 動作をした人（動作主）を示すときは，by ...（…によって）を使う。

肯定文   The park   is   cleaned by the students.

[過去の文は be 動詞を過去形に]   [by ...「…によって」]

The park was cleaned by the students.

[be 動詞を主語の前に置く]

疑問文   Was the park   cleaned by the students?

— Yes, it was. / No, it was not.

[be 動詞を使って答える]   [wasn't]

否定文   The park was not cleaned by the students.

[wasn't]   [be 動詞のあとに not を入れる]

練習

1 次の日本文に合うように，＿＿＿に適する語を書きなさい。

(1) 私たちのイヌは毎月洗われています。

Our dog ＿＿＿＿＿ ＿＿＿＿＿ every month.

(2) その本は夏目漱石によって書かれました。

That book ＿＿＿＿＿ ＿＿＿＿＿ ＿＿＿＿＿ Natsume Soseki.

(3) この鍵はカレンによって見つけられましたか。— いいえ，見つけられませんでした。

＿＿＿＿＿ this key ＿＿＿＿＿ Karen?

— No, ＿＿＿＿＿ ＿＿＿＿＿ ＿＿＿＿＿.

(4) あれらのかばんは日本で作られたのではありません。

Those bags ＿＿＿＿＿ ＿＿＿＿＿ in Japan.

2 次の文を（ ）内の指示にしたがって書きかえるとき，＿＿＿に適する語を書きなさい。

(1) Ryo uses this computer every week. （受け身形の文に）

This computer ＿＿＿＿＿ ＿＿＿＿＿ ＿＿＿＿＿ Ryo every week.

(2) We are supported by a lot of people. （過去を表す文に）

We ＿＿＿＿＿ ＿＿＿＿＿ by a lot of people.

(3) A lot of comics are read in Japan. （疑問文にして，Yes で答える）

＿＿＿＿＿ a lot of comics ＿＿＿＿＿ in Japan?

— Yes, ＿＿＿＿＿ ＿＿＿＿＿.

(4) These movies were directed by Mr. Kuroda. （否定文に）

These movies ＿＿＿＿＿ directed by Mr. Kuroda.

3 次の対話が成り立つように，下線部に注意して＿＿に適する語を書きなさい。

(1) A: What did Mr. Sato buy for his daughter as a birthday present?

B: ＿＿＿＿＿ bought ＿＿＿＿＿ a nice hat.

＿＿＿＿＿ was sold at the store near the station.

(2) A: I like this music.

B: Me, too. ＿＿＿＿＿ was composed by Mozart.

＿＿＿＿＿ composed a lot of beautiful music.

(3) A: Who invented that machine?

B: Ms. Green did. ＿＿＿＿＿ invented ＿＿＿＿＿ ten years ago.

4 次の英文を日本語になおしなさい。

(1) Mt. Fuji is seen from here.

(　　　　　　　　　　　　　　　　　　　　　)

(2) Math is not taught by him.

(　　　　　　　　　　　　　　　　　　　　　)

(3) That singer is loved around the world.

(　　　　　　　　　　　　　　　　　　　　　)

(4) This building wasn't built by them.

(　　　　　　　　　　　　　　　　　　　　　)

(5) Is India located in South Asia?

(　　　　　　　　　　　　　　　　　　　　　)

5 〔　〕内の語句を並べかえて，日本文に合う英文を書きなさい。

(1) このテレビ番組は中国で見られています。

〔 this / China / watched / in / is / TV program 〕.

(2) その箱はトムによって運ばれました。

〔 the box / by / carried / was / Tom 〕.

(3) そのレストランは多くの人々に訪れられていましたか。

〔 visited / the restaurant / many people / was / by 〕?

(4) この朝食は私の母によって作られませんでした。

〔 by / made / this breakfast / my mother / was / not 〕.

(5) あなたの国ではどんなスポーツが楽しまれていますか。

〔 enjoyed / in / what / are / your country / sports 〕?

定着のワーク ステージ2　Lesson 2 〜 Project 1

解答 p.10

読 聞 書 話

1 LISTENING　対話を聞いて，絵の内容に合っていれば〇，異なっていれば×を書きなさい。

🎵 103

(1) ［月曜 定休日 の店の絵］

(2) ［帽子に×印の絵］

(3) ［I can の絵］

(1) (　　　)　(2) (　　　)　(3) (　　　)

2 次の各組がほぼ同じ内容になるように，＿＿＿に適する語を書きなさい。

(1) { My classmates like Karen.
　　 Karen ＿＿＿＿＿＿ ＿＿＿＿＿＿ by my classmates. }

(2) { Natsume Soseki wrote *Botchan*.
　　 Botchan ＿＿＿＿＿＿
　　 Natsume Soseki. }

(3) { Did he attract a lot of people?
　　 ＿＿＿＿＿ a lot of people ＿＿＿＿＿
　　 ＿＿＿＿＿ him? }

(4) { They didn't hold the party yesterday.
　　 The party ＿＿＿＿＿ ＿＿＿＿＿ yesterday. }

3 次の文を（　）内の指示にしたがって書きかえるとき，＿＿＿に適する語を書きなさい。

(1) Everything is included in the fee.
　（疑問文にして，No で答える）
　＿＿＿＿＿ everything ＿＿＿＿＿ in the fee?
　— No, ＿＿＿＿＿ ＿＿＿＿＿.

(2) A picture of a cat was printed on the paper.
　（否定文に）
　A picture of a cat ＿＿＿＿＿ ＿＿＿＿＿ on the paper.

(3) Mao read many books.
　（受け身形の文に）
　Many books ＿＿＿＿＿ ＿＿＿＿＿ Mao.

(4) Cans and bottles are collected on Mondays.
　（下線部をたずねる疑問文に）
　＿＿＿＿＿ on Mondays?

重要ポイント

2 (4)空所の数に注意。短縮形を使う。

テストに◎出る!
ふつうの文(A)と受け身形の文(B)の書きかえ
①(A) の目的語を(B) では主語にする。
②(A) の動詞を(B) では〈be動詞＋過去分詞〉にする。
③(A) の主語を(B) ではby ... にする。言う必要がない場合などは省略できる。(→(4))

3 (3)もとの文は主語が3人称単数で動詞が read になっていることから，この read は過去形。
(4)「毎週，月曜日に何が集められますか」という疑問詞が主語の文にする。

テストに◎出る!
受け身形の文の作り方
肯定文…〈be動詞＋動詞の過去分詞〉
疑問文…be動詞を主語の前に出す。答えの文でもbe動詞を使う。
否定文…〈be動詞＋not＋動詞の過去分詞〉

4 次の英文を読んで，あとの問いに答えなさい。

①Rupee notes (　　　)(　　　) in India.　This is a ten rupee note.　②Many languages are printed on it.

I speak Marathi with my family at home.

(1)　下線部①が「インドではルピー紙幣が使われています」という意味になるように，（　）内に適する2語を書きなさい。

(2)　下線部②を，it の内容を明らかにして日本語になおしなさい。
（　　　　　　　　　　　　　　　　　　　　　　　　　　　　　　　　）

レベルUP (3)　本文の内容と合うように，____ に適する語を書きなさい。
Marathi _____ at Dinu's home.

よく出る **5** 〔　〕内の語句を並べかえて，日本文に合う英文を書きなさい。

(1)　あの学校はすばらしい先生たちで知られています。
〔 known / great / its / is / that school / for / teachers 〕.

(2)　彼はイヌとネコのどちらも好きです。
〔 likes / both / cats / dogs and / he 〕.

(3)　私はまたあなたに会えるのを楽しみに待っています。
〔 forward / again / seeing / I'm / to / you / looking 〕.

(4)　その計画はあなたのスケジュール次第です。
〔 your / depends / schedule / the plan / on 〕.

_____

6 次の日本文を，英語になおしなさい。

よく出る (1)　香奈(Kana)はみんなに愛されています。

(2)　この絵は先月描かれましたか。— はい，描かれました。
—

(3)　あれらの写真はトム(Tom)によって撮られませんでした。

レベルUP (4)　元日にはどんな食べ物が食べられますか。

重要ポイント

4 (1)「使われています」の部分を英語にする。主語は Rupee notes で，複数。
(2) it が指す内容は直前の文を参照。it なので，単数のものを指す。
(3)本文最終文とほぼ同じ意味を表す文に。もとの文の目的語が主語になっていることに注目。「マラーティー語はディヌーの家で話されて[使われて]います」という文にする。

5 (1)「～で知られている」
= be known for ～
(2)「～と…のどちらも」=
both ～ and …
(3)「～を楽しみに待つ」=
look forward to ～
(4)「～ 次第である」=
depend on～

6 受け身形の形にする。
(1) love-loved-loved
(2) paint-painted-painted
(3) take-took-taken。(2)(3)は過去の文なので，be 動詞は過去形を使う。
(4) eat-ate-eaten。「元日」= New Year's Day

得点力をUP
疑問詞のある受け身形
〈疑問詞（＋名詞）＋be 動詞＋過去分詞（＋by …)～?〉の形になる。

Lesson 2 ～ Project 1

ちょっと **BREAK**　million の意味は「100万」，billion の意味は「10億」。では，trillion の意味は？　➡答えは次のページ

解答 ▶ p.11

実力判定テスト　ステージ3　Lesson 2 〜 Project 1　30分　/100　読 聞 書 話

1 LISTENING　対話を聞いて，その内容と合うように，下の（　）に適する日本語を書きなさい。

♪ 104　2点×4（8点）

・結衣は次の(1)（　　　　　　　　　）に(2)（　　　　　　　　　）とハワイに行く予定である。

・結衣は(3)（　　　　　　　　　　　）ので，ハワイに行くのを心配している。

・ボブは，ハワイでは場所によっては(4)（　　　　　　　　　　　）が話されていると言っている。

2 次の日本文に合うように，　　　に適する語を書きなさい。　　　3点×4（12点）

(1)　このドレスを着てみてください。

　　_____ _____ this dress.

(2)　彼はきっとパーティーに来るでしょう。

　　I'm _____ _____ he will come to the party.

よく出る (3)　たとえば，私はバナナが好きです。

　　_____ _____, I like bananas.

レベルUP (4)　日本のどこで富士山を見ることができますか。

　　_____ _____ _____ can I see Mt. Fuji?

3 〔　〕内の語句を並べかえて，意味の通る英文を書きなさい。　　　4点×3（12点）

(1)　〔 wasted / when / is / something 〕, people say "*mottainai*".

　　_____, people say "*mottainai*".

(2)　〔 located / Sakurajima / Kagoshima / is / in 〕.

　　_____

(3)　〔 composed / this song / a famous musician / by / was 〕?

　　_____

4 右の表は，香奈の家族の家事分担表です。表の内容と合うように，　　　に適する語を書きなさい。　　　3点×5（15点）

(1)　Dinner _____ _____ by Kana's father.

(2)　The clothes _____ _____ by her brother.

(3)　The bathroom _____ _____ by her sister.

(4)　Food _____ _____ by her mother.

(5)　The dog _____ _____ by Kana.

家事	担当
夕食作り	父
洗たく	弟
浴室そうじ	姉
食料品の買い物	母
イヌの散歩	香奈

ちょっとBREAKの答え　trillion は「1兆」という意味です。

目標 ●受け身形の意味や用法を理解し，適切に使うことができるようになりましょう。

自分の得点まで色をぬろう!

	がんばろう!	もう一歩	合格!
0　　　　　　　　　　　　　60　　80　100点

5 次の対話文を読んで，あとの問いに答えなさい。 (計17点)

Hana: Is the movie in Marathi, Hindi, (①) English?

Dinu: Hindi. With subtitles in English. ②Indian films (　　) often (　　)in several languages.

Dancing is fun!

(1) ①の( )内に適する語を下から選び，○で囲みなさい。 (4点)

　　ア and　　イ in　　ウ or

(2) 下線部②が They often release Indian films in several languages. とほぼ同じ内容になるように，＿＿に適する語を書きなさい。 (4点)

Indian films ＿＿＿＿＿ often ＿＿＿＿＿ in several languages.

(3) 次の文が本文の内容と合っていれば○，異なっていれば×を書きなさい。 3点×3(9点)

　１．English is spoken in the movie. （　　）

　２．People can't hear Marathi in the movie. （　　）

　３．People can choose the language of subtitles for the movie. （　　）

6 次の文を，下線部を主語にした受け身形の文に書きかえなさい。 5点×2(10点)

(1) My brother bought the watch.

(2) They see these birds in Australia.

7 次の日本文を英語になおしなさい。ただし，数字も英語で書くこと。 5点×4(20点)

(1) この手紙は舞 (Mai) によって書かれましたか。

(2) その動物園は，3頭のパンダで知られています。

(3) このガイドブックによると，その湖はとても広いです。

(4) これらの窓は9時に開けられます。

8 質問に次のように答えるとき，あなた自身の答えと理由を英語で書きなさい。 (6点)

What sport do you like?

　― I like ＿＿＿＿＿ since ＿＿＿＿＿＿＿＿＿＿.

 ステージ **1** Lesson **3** The Story of Sadako ①

解答 ▶ p.13

読 聞 書 話

📖 教科書の 要点 「〜している…」と人を説明するとき 🎵 a11

The girl **playing** tennis is Yuka. テニスをしている女の子は由佳です。

名詞 ←——「〜している…」
<名詞＋動詞の -ing 形 〜>

要点
● 「〜している…」と名詞を説明するときは，〈名詞＋動詞の -ing 形 〜〉で表す。
● 動詞の -ing 形が 1 語だけで名詞を説明するときは，その名詞の前に置く。
  例 Look at that **sleeping** baby. あの眠っている赤ちゃんを見なさい。

Wordsチェック 次の英語は日本語に，日本語は英語になおしなさい。

□(1) atomic （　　　　） □(2) bomb （　　　　）
□(3) dome （　　　　） □(4) couch （　　　　）
□(5) 破壊する，こわす　　　　　　　　　　□(6) ガラス，コップ

1 絵を見て例にならい，「〜をしている…を知っていますか」という文を書きなさい。

例 the boy / play | (1) the boys / play | (2) the girl / run | (3) the man / use

例 Do you know the boy playing the guitar?

(1) Do you know the boys ＿＿＿＿＿＿ soccer?

(2) Do you know ＿＿＿＿＿＿＿＿＿＿ in the park?

(3) ＿＿＿＿＿＿＿＿＿＿ a computer?

🔍 **ミス注意**
ing形のつくり方
play → playing
run → running
use → using

2 （　）内の語が入る正しい位置の記号を○で囲みなさい。

(1) I know that girl. （smiling）
　ア　イ　ウ

(2) The boy over there is my brother. （standing）
　　ア　イ　　　ウエ

(3) Can you see the woman? （dancing）
　ア　イ　ウ　エ

(4) Look at the man a newspaper. （reading）
　　ア　イ　ウ　エ

(5) The girl Japanese is Karen. （studying）
　ア　イ　　　ウエ

ここが ポイント
「〜している…」の文
● 〈名詞＋動詞の -ing形
〜〉で表す。
● 動詞の -ing形が単独
で名詞を説明するときは
その名詞の前に置く。あ
とにほかの語句をともな
う場合はその名詞のあと
に置く。

 couch は [káutʃ] と発音するよ。coach[kóutʃ]（コーチ，指導者）とつづりも発音も似ているので注意しよう。

③ 下線部に注意して，（　）内の語を適する形にかえて書きなさい。

(1) 一輪車に乗っている女の子は私の姉です。

The girl ＿＿＿＿＿＿＿ a unicycle is my sister. （ride）

(2) 私は向こうで歌っている男の子を知りません。

I don't know the boy ＿＿＿＿＿＿＿ over there. （sing）

(3) イヌといっしょに泳いでいる女性を見ましたか。

Did you see the woman ＿＿＿＿＿＿＿ with a dog? （swim）

ここがポイント
動詞の-ing形がほかの語句をともなって後ろから名詞を説明している文。

ミス注意
最後の文字を重ねてing をつける語
swimは最後のmを重ねてingをつける。
swim → swimming

④ 〔　〕内の語句を並べかえて，日本文に合う英文を書きなさい。

(1) 手紙を書いている女の子はだれですか。

〔 girl / a letter / who / writing / is / the 〕?

(2) あの料理をしている男性を見なさい。

〔 cooking / look / that / man / at 〕.

(3) 彼らに何が起こりましたか。

〔 happened / what / them / to 〕?

(4) 私たちはその時計塔を「ビッグ・ベン」と呼びます。

〔 call / "the Big Ben" / we / the clock tower 〕.

思い出そう
〈call＋A＋B〉
〈call＋A（（代）名詞）＋B（名詞）〉で「AをBと呼ぶ」という意味を表すことができる。
例 They call him Tom.
「彼らは彼をトムと呼びます。」him＝Tom

⑤ 次の日本文に合うように，＿＿に適する語を書きなさい。

(1) その建物は彼らによって破壊されました。

That building ＿＿＿＿＿＿＿ by them.

(2) 私たちは，平和への希望を持っています。

We have the ＿＿＿＿＿ ＿＿＿＿＿ peace.

(3) この歌を聞きなさい。

＿＿＿＿＿ ＿＿＿＿＿ this song.

(4) 昼食後にテニスをしましょう。

＿＿＿＿＿ ＿＿＿＿＿ tennis after lunch.

表現メモ
●「～され（てい）る」
受け身形〈be動詞＋動詞の過去分詞〉
●「～への希望」
hope for ～
●「～を聞く」
listen to ～
●「～しよう」
〈Let's＋動詞の原形〉

⑥ （　）内の日本語を参考に，＿＿に適する語を書きなさい。

(1) Look at the woman ＿＿＿＿＿＿＿ a picture. （写真を手に持っている）

(2) Look at the boy ＿＿＿＿＿＿＿ on a couch. （ソファーにすわっている）

(3) Look at the girl ＿＿＿＿＿＿＿ notes. （メモをとっている）

(4) Look at the man ＿＿＿＿＿＿＿ . （めがねをかけている）

確認のワーク　ステージ1　Lesson 3　The Story of Sadako ②　解答 p.13　読 聞 書 話

教科書の 要点 「〜された[されている]…」とものを説明するとき ♪ a12

This is a famous book **written** by Soseki.　これは，漱石によって書かれた有名な本です。

「〜された[されている]…」
<名詞＋動詞の過去分詞 〜>

要点

● 「〜された[されている]…」と名詞を説明するときは，〈名詞＋動詞の過去分詞 〜〉で表す。

● 動詞の過去分詞が1語だけで名詞を説明するときは，その名詞の前に置く。

　例 Look at that **broken** window. （あの割れた窓を見なさい。）

Wordsチェック 次の英語は日本語に，日本語は英語になおしなさい。

□(1) damage （　　　　　　　）　□(2) Switzerland （　　　　　　　）

□(3) ぎょっとさせる ＿＿＿＿＿＿　□(4) 現実 ＿＿＿＿＿＿

1 絵を見て例にならい，「これは〜された…です」という文を書きなさい。

use

(1) enjoy

(2) make

(3) catch

例　This is a computer used by my mother.

(1) This is a game ＿＿＿＿＿＿ by a lot of children.

(2) This is a bag ＿＿＿＿＿＿ in London.

(3) This is a fish ＿＿＿＿＿＿ this morning.

ここが ポイント
「〜された[されている]…」の文
〈名詞＋動詞の過去分詞〜〉で表す。

2 （　）内の語が入る正しい位置の記号を○で囲みなさい。

(1) I found the pen. （lost）
　　ア　イ　ウ

(2) This is a mountain Mt. Fuji. （called）
　　　ア イ ウ　　　エ

(3) I like the music by the musician. （played）
　　ア　イ　ウ　エ オ

(4) The language in Japan is Japanese. （spoken）
　　　ア　　　イ ウ　エ オ

(5) Do you know the boy Tom? （named）
　　ア　イ　ウ エ オ

過去分詞の位置
動詞の過去分詞が単独で名詞を説明するときはその名詞の前に置く。あとにほかの語句をともなう場合はその名詞のあとに置く。

think about it together は，単語の語尾と語頭がくっついて「シンカバウリットゥゲザー」のように聞こえるよ。

③ 次の( )内から適する語を選んで，〇で囲みなさい。

(1) They are (invite / invited) people.

(2) The film (releasing / released) this summer is popular around the world.

(3) Do you know the boy (cooking / cooked) curry in the kitchen?

(4) Please look at the picture (painting / painted) by my brother.

(5) That (dancing / danced) girl is Kumi.

④ 次の文をほぼ同じ意味を表す１文に書きかえるとき，＿＿に適する語を書きなさい。

(1) The picture is beautiful. It was taken by Shin.

The picture ＿＿＿＿＿＿ by Shin is beautiful.

(2) I got letters. They were written in English.

I got letters ＿＿＿＿＿＿ in English.

(3) Amy is eating lunch. It was delivered.

Amy is eating ＿＿＿＿＿＿ lunch.

⑤ 次の日本文に合うように，＿＿に適する語を書きなさい。

(1) 私たちはたくさんの芸術作品が展示されているのを見ました。

We saw many art works ＿＿＿＿＿ ＿＿＿＿＿ .

(2) （私は）賛成です。

＿＿＿＿＿ ＿＿＿＿＿ .

(3) 戦争は二度と起こってはなりません。

War ＿＿＿＿＿ ＿＿＿＿＿ ＿＿＿＿＿ again.

(4) それらのツルは紙で作られています。

Those cranes are ＿＿＿＿＿ ＿＿＿＿＿ paper.

(5) ほかの人に親切にすることは私たちにとって大切です。

＿＿＿＿＿ ＿＿＿＿＿ important ＿＿＿＿＿ us ＿＿＿＿＿ be kind to others.

⑥ Word Box ( )内の日本語を参考に，＿＿に適する語を書きなさい。

(1) This is a box ＿＿＿＿＿ by my sister. （姉によって作られた）

(2) This is a cup ＿＿＿＿＿ a famous artist.
（有名な芸術家によってデザインされた）

(3) These are shoes ＿＿＿＿＿ ＿＿＿＿＿ jogging.
（ジョギングのためにデザインされた）

教科書の 要点 　「〜（の状態）になる」の文 　♪ a13

get の文 　She **got tired** 　after cleaning her room.
〈get ＋形容詞〉
彼女は部屋をそうじしたあと，疲れました。

become の文 　He **became excited** when he watched the baseball game.
〈become ＋形容詞〉
彼は野球の試合を見たとき興奮しました。

要点

● 「〜（の状態）になる」と言うときは，〈get ＋形容詞〉または〈become ＋形容詞〉で表せる。
● become は後ろに名詞を続けて「〜になる」という意味を表すこともできる。
　例 She became an actor.　彼女は俳優になりました。

Wordsチェック 　次の英語は日本語に，日本語は英語になおしなさい。

□(1) flash 　(　　　　　　) 　　□(2) survive 　(　　　　　　)
□(3) runner 　(　　　　　　) 　　□(4) sickness 　(　　　　　　)
□(5) cancer 　(　　　　　　) 　　□(6) elementary school (　　　　　　)
□(7) 終わり，終わる 　＿＿＿＿＿ 　　□(8) とりわけ，特に 　＿＿＿＿＿
□(9) 引き起こす 　＿＿＿＿＿ 　　□(10) 受け取る 　＿＿＿＿＿

1 絵を見て例にならい，「―はその時〜（の状態）になった」という文を書きなさい。

become / happy

get / excited

become / sleepy

get / tired

例 　Ann became happy then.

(1) They ＿＿＿＿＿＿ ＿＿＿＿＿＿ then.

(2) My sister ＿＿＿＿＿＿＿＿＿＿＿＿＿＿＿＿ .

(3) He ＿＿＿＿＿＿＿＿＿＿＿＿＿＿＿＿ .

ここがポイント
「〜（の状態）になる」
〈get[become] ＋形容詞〉
で表す。

2 次の英文を日本文になおしなさい。

(1) I got angry when I watched the news.

(　　　　　　　　　　　　　　　　　　)

(2) It will become warm in spring.

(　　　　　　　　　　　　　　　　　　)

思い出そう
状態を表す形容詞
● sick 「病気の」
● tired 「疲れた」
● angry 「怒った」
● sad 「悲しい」
● happy, glad「うれしい」

規則動詞の過去形の (e)d の発音は，① caused[d]，② selected[id]，③ wished[t] の3パターンだよ！

3 次の英文を読んで，あとの問いに答えなさい。

About a month after the sports day, ①Sadako suddenly became sick. ②最初は she thought that she just ③かぜをひいた. However, her sickness got worse, so ④she went to the hospital with her family. A doctor told her parents, "⑤[of / by / she / cancer / kind / has / a / caused] the bomb. I doubt she'll survive for more than one year."

(1) 下線部①を日本語になおしなさい。

( )

(2) 下線部②，③の日本語を，②は2語の，③は3語の英語になおしなさい。

② _____

③ _____

(3) 下線部④で，禎子が病院に行った理由はなぜですか。日本語で答えなさい。

( )

(4) 下線部⑤が「彼女は爆弾によって引き起こされる一種のがんにかかっています」という意味になるように，〔 〕内の語を並べかえなさい。

_____ the bomb.

まるごと暗記

● at first
　「最初は」
● have a cold
　「かぜをひく」
● a kind of ～
　「一種の～」
● get worse
　「悪くなる」

ことばメモ

接続詞 so
soは「そういうわけで，それで」という意味で，前の文の結果を表す。

4 次の日本文に合うように，____に適する語を書きなさい。

(1) 私たちは少なくとも3台のコンピューターが必要です。
We need _____ three computers.

(2) 彼女がリーダーとして選ばれました。
She was _____ _____ a leader.

(3) 伊藤さんは故郷にもどりました。
Ms. Ito _____ _____ to her hometown.

(4) 私たちはこの町で成長しました。
We _____ in this town.

(5) 午前8時に雨が降りはじめました。
It _____ rain at 8 a.m.

(6) 彼は7月の終わりまでにそれを終えなければなりません。
He has to finish it _____ _____ _____ _____ July.

(7) 慎は5歳のときに沖縄に行きました。
Shin went to Okinawa _____ he was five _____ .

表現メモ

● at least
　「少なくとも」
● be selected as ～
　「～として選ばれる」
● go back
　「もどる」
● grow up
　「成長する」
● begin[start] to ～
　「～しはじめる」
● by the end of ～
　「～の終わりまでに」
● when
　「～のとき」
● ～ year(s) old
　「～歳」

Lesson 3

確認のワーク ステージ **1** 〔Lesson 3〕 **The Story of Sadako ④**

解答 ▶ p.15

教科書の 要点 There is[are] 〜. の文（復習） 🎵 a14

There is	a cat	under the tree.	木の下にネコが（1匹）います。
	単数名詞	場所を表す語句	
There are	two cats	under the tree.	木の下にネコが2匹います。
	複数名詞		

要点

● 「（場所）に〜があります[います]」は There is[are] 〜. で表す。
● be 動詞のあとに続く名詞が単数名詞なら is を，複数名詞なら are を使う。
● 聞き手がまだ知らないもの[人]の存在について注意を向けさせる言い方なので，the, this, my などがついた特定のもの[人]には使わない。

Words チェック 次の英語は日本語に，日本語は英語になおしなさい。

☐(1) memorial （　　　　　　　）　☐(2) witch （　　　　　　　）
☐(3) 旅行（j で始まる）＿＿＿＿＿＿　☐(4) 彼女自身を[に] ＿＿＿＿＿＿

1 絵を見て例にならい，「〜に…があります」という文を書きなさい。

shop / by the park

(1) two pictures / on the wall

man / at the station

two boys / in the river

例　There is a shop by the park.

(1) ＿＿＿＿＿＿＿＿＿＿＿＿ two pictures on the wall.

(2) ＿＿＿＿＿＿＿＿＿＿＿＿ standing at the station.

(3) ＿＿＿＿＿＿＿＿＿＿＿＿

ここがポイント

There is[are] 〜. の文
あとの名詞が単数のとき
→is を使う
あとの名詞が複数のとき
→are を使う

2 次の日本文に合うように，（　）内から適する語を選んで，○で囲みなさい。

(1) その図書館にはとても多くの本がありました。
There (was / were) so many books in the library.

(2) 私はスイス製のペンがほしいです。
I want a pen (make / made / making) in Switzerland.

(3) ここではフランス語が話されています。
French is (spoke / spoken / speaking) here.

思い出そう

「〜された[されている]」
「〜製の」＝「〜で作られた」と考えて，〈名詞＋動詞の過去分詞 〜〉を使う。

 famous「有名な」，girl「女の子」，many「たくさんの」，friend「友達」，world「世界」，book「本」

③ 次の英文を読んで，あとの問いに答えなさい。

①～がある a famous statue ②(stand) in Hiroshima Peace Memorial Park. It is a girl ③(hold) a crane. It was built by Sadako's friends.

よく出る (1) 下線部①の日本語を２語の英語になおしなさい。

_____ _____

よく出る (2) ②，③の（　）内の語を適する形にかえなさい。

② _____　　　　　③ _____

(3) 本文の内容に合うように，次の質問に英語で答えなさい。
Who built the statue of a girl?

_____

思い出そう

「～している…」
〈名詞＋動詞の -ing 形～〉を使う。
(2)②は a famous statue is standing ～，③は a girl is holding ～ の関係が成り立つ。

Lesson 3

④ 〔　〕内の語句を並べかえて，日本文に合う英文を書きなさい。

(1) 私たちの市には大きな公園が２つあります。
〔 two / city / there / our / big parks / are / in 〕.

(2) きのうそうじされた部屋を使いましょう。
〔 use / cleaned / the room / yesterday / let's 〕.

(3) 世界中から人々が東京を訪れます。
〔 people / Tokyo / all / the world / visit / from / around 〕.

(4) カレンは香奈と旅に出ました。
〔 with / a journey / on / Karen / Kana / went 〕.

まるごと暗記

● all around the world
「世界中の」
● go on a journey[trip]
「旅に出る」

WRITING Plus

(1)～(3)の指示にしたがって，自分の好きな本をすすめる文を英語で書きなさい。

(1) 「私は～をおすすめします」と，自分のおすすめの本のタイトルを伝える。

(2) だれによって書かれた本かを伝える。

(3) なぜおすすめなのか理由を説明する。

recommend：すすめる　a book written by ～：～によって書かれた本　because：～なので

確認のワーク ステージ**1** **Take Action!** Listen 3 ボイスメッセージ
Talk 3 野球と言えば

解答 ▶ p.15

読 聞 書 話

📖 教科書の 要点 話題を変えるときや，確かめるときの言い方 ♪ a15

Speaking of tennis, I can't wait for the game tomorrow.　テニスと言えば，私は明日の試合が待ちきれません。

話題を変える

What do you mean?　あなたは何のことを言っているのですか。

言われたことを確かめる

要点 ┈┈┈┈┈┈┈┈┈┈┈┈┈┈┈┈┈┈┈┈┈┈┈┈┈┈┈┈┈┈┈┈

● 相手の話に関連して話題を変えるときは，speaking of 〜「〜と言えば」や by the way「ところで〜」などを使う。

● 相手に言われたことがよくわからなくて確かめるときは，**What do you mean?**「あなたは何のことを言っているのですか。」とたずねる。Tell me more.「もっと教えてください」や I don't understand.「わかりません」などと言ってもよい。

Wordsチェック 次の英語は日本語に，日本語は英語になおしなさい。

☐(1) purse （　　　　　　　　） ☐(2) discount （　　　　　　　　）

☐(3) 今夜(は)，今晩(は) ＿＿＿＿＿＿＿＿＿

1 次の対話文の（　）に入るものを下から選び，記号で答えなさい。

A: I love the songs of Mei McGregor.　She is the best singer in the world!

B: I agree. ①(　　　　), we're going to have a musical concert next month. ②(　　　　).

A: Wait, Jenny. ③(　　　　)?

B: Our class is going to sing in the concert.

┌───┐
│ ア What do you mean　　イ Though she is great │
│ ウ Speaking of songs　　エ I can't wait for it │
└───┘

ここが ポイント

①BはAの話に同意したあと，コンサートについての話題に変えている。
②コンサートについての発言として自然なものを選ぶ。
③空所のあとでBがコンサートについての説明をしていることに注目。

2 次の日本文に合うように，＿＿に適する語を書きなさい。

(1) 割引をしてくださいますか。

　Can you ＿＿＿＿＿＿ ＿＿＿＿＿＿ a ＿＿＿＿＿＿ ?

(2) 最近，彼女はその新しいテレビゲームに熱中しています。

　Recently, she has ＿＿＿＿＿＿ ＿＿＿＿＿＿ the new video game.

(3) 結衣はその俳優の大ファンです。

　Yui is a ＿＿＿＿＿＿ ＿＿＿＿＿＿ ＿＿＿＿＿＿ the actor.

表現メモ

● give me a discount 「割引をしてくれる」
● be into 〜 「〜に熱中する」
● a big fan of 〜 「〜の大ファン」

🔊 discount は名詞としては [dískaunt] と前の部分を，tonight は [tənáit] と後ろの部分を強く発音するよ。

  **GET Plus 1** それを聞いてうれしいです

解答 p.15

読聞書話

Take Action! GET Plus 1

教科書の 要点 「〜して…」の文 🎵 a16

I'm glad to hear that. 　　　　私はそれを聞いてうれしいです。

「〜して…」 <be 動詞＋形容詞＋to 不定詞(to＋動詞の原形)>

要点

● 「〜して…」 と，感情の原因・理由を to 不定詞(to＋動詞の原形)で表すことができる。
　〈be 動詞＋形容詞＋ to 不定詞(to＋動詞の原形)〉の形になる。

● 形容詞は glad や happy，sorry など，状態や気持ちを表すことばを使う。
　例 I'm sorry to hear about the accident.　私はその事故について聞いて気の毒に思います。

● この to 不定詞は，形容詞を修飾する副詞用法である。

Words チェック 次の英語は日本語に，日本語は英語になおしなさい。

□(1)　tournament　　（　　　　　）　　□(2)　score　　（　　　　　）
□(3)　ショックを受けた　＿＿＿＿＿　　□(4)　負傷した

1 絵を見て例にならい，「私は〜して…」という文を書きなさい。

例 surprised / see the dog　　(1) glad / come here　　(2) happy / meet her

ことばメモ
● surprised 「驚いた」
● glad 「嬉しい」
● happy 「幸せな」

例　I'm surprised to see the dog.
(1)　I'm ＿＿＿＿＿＿＿＿＿＿＿＿ .
(2)　I'm ＿＿＿＿＿＿＿＿＿＿＿＿ .

ここが ポイント
「〜して…」の文
〈be動詞＋形容詞＋to不定詞(to＋動詞の原形)〉で表す。

2 〔　〕内の語句を並べかえて，日本文に合う英文を書きなさい。

(1)　私はけがをしてショックを受けています。
　〔 shocked / injured / I / to / get / am 〕.
＿＿＿＿＿＿＿＿＿＿＿＿＿＿＿＿

(2)　私は彼に会って驚きました。
　〔 see / surprised / I / to / was / him 〕.
＿＿＿＿＿＿＿＿＿＿＿＿＿＿＿＿

(3)　私は試合に負けて悲しいです。
　〔 I'm / lose / sad / the game / to 〕.
＿＿＿＿＿＿＿＿＿＿＿＿＿＿＿＿

まるごと暗記
● get injured 「けがをする」
● lose the game 「試合に負ける」

 happy「うれしい」, name「名前」, fun「おもしろいこと」

文法のまとめ③ 後置修飾，「〜して…」の文

読聞書話

まとめ

①　後置修飾（動詞の -ing 形・過去分詞）
- 「〜している…」と名詞の状態を説明するときは，〈名詞＋動詞の -ing 形 〜〉で表す。
- 「〜された[されている]…」と名詞の状態を説明するときは，〈名詞＋動詞の過去分詞 〜〉で表す。
- 動詞の-ing形, 過去分詞が1語だけで名詞を説明するときは，その名詞の前に置かれる。（前置修飾）

「〜している…」　Look at the baby sleeping in the bed. ｜ Look at the sleeping baby.
名詞　　動詞の -ing 形

「〜された[されている]…」　I found the key lost yesterday. ｜ I found the lost key.
名詞　　動詞の過去分詞

②　「〜して…」の文
- 「〜して…」と感情の原因・理由を説明するときは，〈to 不定詞（to ＋動詞の原形）〉で表す。
- この to 不定詞は副詞用法。

I'm sorry to hear that.　to不定詞(to ＋動詞の原形)
感情の原因・理由を表す

練習

1　次の英語を下線部に注意して日本語になおしなさい。

(1)　the swimming boy　　　（　　　　　　　　　　　　　　　　）

(2)　the boy swimming in the pool　（　　　　　　　　　　　　　）

(3)　a broken radio　　　（　　　　　　　　　　　　　　　　　）

(4)　a radio broken by her　（　　　　　　　　　　　　　　　　）

よく出る 2　次の日本文に合うように，＿＿＿に（ ）内の語を適する形にかえて書きなさい。

(1)　そのほほえんでいる子どもを見なさい。

　　Look at the ＿＿＿＿＿＿＿ child. （smile）

(2)　彼らはかぎをかけられたドアの近くで待ちました。

　　They waited near the ＿＿＿＿＿＿＿ door. （lock）

(3)　テレビを見ている少女たちは彼の娘たちです。

　　The girls ＿＿＿＿＿＿＿ TV are his daughters. （watch）

(4)　インドで話されている言語は何ですか。

　　What are the languages ＿＿＿＿＿＿＿ in India? （speak）

(5)　私はアメリカ合衆国で撮られた写真を健に見せました。

　　I showed Ken pictures ＿＿＿＿＿＿＿ in the US. （take）

(6)　イヌといっしょに歩いている女性は私の母です。

　　The woman ＿＿＿＿＿＿＿ with a dog is my mother. （walk）

3 次の文をほぼ同じ内容を表す英文に書きかえるとき，＿＿に適する語を書きなさい。

(1) This is a house.　It was built by my uncle.

This is a house ＿＿＿＿＿＿ by my uncle.

(2) Do you know those students?　They are cleaning the street.

Do you know those students ＿＿＿＿＿＿ the street?

(3) I'm glad because I saw you.

I'm glad ＿＿＿＿＿＿ ＿＿＿＿＿＿ you.

(4) I was shocked because I had an accident.

I was shocked ＿＿＿＿＿＿ ＿＿＿＿＿＿ an accident.

4 次の日本文に合うように，＿＿に適する語を書きなさい。

(1) 私はあの走っている男性を知りません。

I don't know that ＿＿＿＿＿＿ man.

(2) ここから見える湖は河口湖です。

The lake ＿＿＿＿＿＿ from here is Lake Kawaguchi.

(3) ステージで踊っている女の子はメアリーです。

The girl ＿＿＿＿＿＿ on the stage is Mary.

(4) 私はバスケットボールの試合に勝ってうれしいです。

I'm happy ＿＿＿＿＿＿ ＿＿＿＿＿＿ the basketball game.

(5) 私はそのニュースを聞いて驚きました。

I was surprised ＿＿＿＿＿＿ ＿＿＿＿＿＿ the news.

5 〔　〕内の語句を並べかえて，日本文に合う英文を書きなさい。

(1) 私は賞をとってうれしいです。

〔 a prize / am / glad / win / I / to 〕.

(2) これはフランス製の自転車です。

〔 a bicycle / in / this / made / France / is 〕.

(3) 私は携帯電話をなくしてとてもショックを受けています。

〔 shocked / lose / mobile phone / I'm / very / to / my 〕.

(4) グリーンさんは料理された魚を食べたいと思っています。

〔 wants / cooked / Mr. Green / eat / to / fish 〕.

(5) あそこに座っている女性は私たちの新しい先生ですか。

〔 the woman / teacher / over there / new / is / sitting / our 〕?

解答 ▶ p.16

定着のワーク　ステージ 2　Lesson 3 〜 文法のまとめ ③

読 聞 書 話

🎧 **1** LISTENING　英文を聞いて，その内容に合う絵を下から選び，その記号を書きなさい。

🎵 l05

(1) （　　　）
(2) （　　　）
(3) （　　　）

2 例にならい，下線部の語句を説明するように，2つの文を動詞の-ing 形か過去分詞を使って1文にしなさい。

例　The man is Mr. Suzuki.　He is standing under the tree.
　　→ The man standing under the tree is Mr. Suzuki.

(1) Who is the woman?　She is singing in the kitchen.

_____

(2) I ate a fish for dinner.　It was caught by my brother.

_____

(3) The student is Jun.　He is studying math.

_____

(4) I know a boy.　He is called Jack.

_____

3 〔　〕内の語句を並べかえて，日本文に合う英文を書きなさい。

(1) このかばんは紙で作られていますか。
　　〔 of / is / bag / paper / made / this 〕?

_____

(2) この教室には10台のコンピューターがあります。
　　〔 ten computers / there / this room / are / in 〕.

_____

(3) 私はパーティーに参加してわくわくしました。
　　〔 join / I / excited / to / the party / was 〕.

_____

重要ポイント

2 (1)「台所で歌っている女性」
(2)「兄[弟]につかまえられた魚」
(3)「数学を勉強している生徒」
(4)「ジャックと呼ばれている男の子」

テストに◎出る!
後ろから前の名詞を説明するとき
①動詞の-ing形は「～している…」
②動詞の過去分詞は「～された[されている]…」

3 (1) of は「(材料)で作られている」と言うときに使う。

テストに◎出る!
「～がある[いる]」
There is と There are の使い分け
①be動詞のあとの名詞が単数→is
②be動詞のあとの名詞が複数→are

④ 次の英文を読んで，あとの問いに答えなさい。

Mr. Oka：I understand your feelings. ①(　　　) important
(　　　) us (　　　) see the reality of war.

Kate：I agree. ②It must never happen again. What can
we do?

Mr. Oka：Well, it's a question ③raised by many visitors here.
Let's think about it together.

(1) 下線部①が「私たちが戦争の現実を見ることは重要です」とい
う意味になるように，(　　)内に適する３語を書きなさい。

_____　_____　_____

(2) 下線部②が指すものを日本語で書きなさい。（　　　　　　　）

(3) 下線部③の raised と同じ用法の過去分詞を含む文を下から選
び，記号を〇で囲みなさい。

ア　Those T-shirts are made in China.

イ　I have used this camera for a long time.

ウ　The curry cooked by my father is delicious.

(4) 丘先生は，何についていっしょに考えようと言っていますか。
下から選び，記号を〇で囲みなさい。

ア　戦争はなぜ起こったのか。

イ　戦争を起こさないためにはどうしたらよいか。

ウ　多くの観光客が何を疑問に思っているか。

⑤ 次の日本文に合うように，_____ に適する語を書きなさい。

(1) スポーツと言えば，私はスキーが好きです。

_____　_____　_____ sports, I like skiing.

(2) 彼女の健康状態は，より悪くなりました。

Her health condition _____ .

(3) 亮は少なくとも３つのリンゴを食べました。

Ryo ate _____ three apples.

⑥ 次の日本文を，英語になおしなさい。

(1) 私たちは2000年に建てられた家に住んでいます。

_____

(2) Eメールを書いている女の子は香奈(Kana)です。

_____

(3) 私はそのニュースを聞いて驚いています。（to を用いて）

_____

ちょっと BREAK　なぞなぞです。What is the end of the future?　　➡答えは次のページ

重要ポイント

④ (1)「(人) が～すること
は…だ」を表す英文の主
語は日本文には表れない。

(2)丘先生の最初の発言の中
からさがす。it なので，
単数のものを指す。

得点力をUP

(3)過去分詞のおもな用法
①現在完了形〈have
[has]＋過去分詞〉
②受け身形〈be動詞＋
過去分詞〉
③名詞を説明する過去
分詞

⑤ (1)話題を変えるときの
表現。

得点力をUP

(2)〈get [become]＋形容詞〉
形容詞の部分には，比
較級を入れることもで
きる。
get worse「(より)悪くなる」
get better
「(より)元気になる」

⑥ (1)「2000年に建てら
れた」が「家」を後ろか
ら説明する文にする。

(2)「Eメールを書いている」
が「女の子」を後ろから
説明する文にする。

(3)「～して…」は to 不定詞
で表す。

Lesson 3 ～ 文法のまとめ③

実力判定テスト ステージ 3 Lesson 3 〜 文法のまとめ ③ 30分 /100 読 聞 書 話

1 LISTENING 対話を聞いて，その内容と合っているものを選び，記号で答えなさい。

106 4点×2（8点）

(1) ア The cats are sitting on the bench.
　イ The cats are sleeping on the couch.
　ウ The cats are sleeping on the bench.　　　　　（　　　）

(2) ア Judy has a small cat named Kuro.
　イ Judy has a big cat called Shiro.
　ウ Judy doesn't have any cats.　　　　　（　　　）

2 次の日本文に合うように，＿＿に適する語を書きなさい。

3点×5（15点）

よく出る (1) これはクッキーで作られた小さな家です。
This is a small house ＿＿＿＿＿＿ ＿＿＿＿＿＿ cookies.

(2) あなたは何のことを言っているのですか。
＿＿＿＿＿＿ do you ＿＿＿＿＿＿?

(3) 最初は，彼女は納豆が好きではありませんでした。
＿＿＿＿＿＿ she didn't like *natto*.

よく出る (4) 私たちの学校の近くに2つの公園があります。
＿＿＿＿＿＿ ＿＿＿＿＿＿ two parks near our school.

(5) 私はそれを見てがっかりしています。
I'm depressed ＿＿＿＿＿＿ ＿＿＿＿＿＿ it.

3 〔　〕内の語句を並べかえて，日本文に合う英文を書きなさい。ただし，下線部の語を適切な形になおすこと。

5点×4（20点）

(1) 彼は成長して，上手なテニス選手になりました。
〔 and / tennis player / he / up / good / became / a / grow 〕.

(2) これは私の友達がくれた贈り物です。
〔 my friend / give / this / by / a present / is 〕.

(3) 海で泳いでいる男の子たちは私のいとこたちです。
〔 swim / cousins / the boys / the sea / are / in / my 〕.

(4) 私にとってその歴史の本を読むのは興味深かったです。
〔 to / for / read / it / me / the history book / is / interesting 〕.

ちょっとBREAKの答え Letter "e". (e の文字です。) future の最後の文字は"e"だね。

目標 ● 動詞の -ing 形と過去分詞を使った後置修飾の用法を理解し，適切に使うことができるようになりましょう。

自分の得点まで色をぬろう！

😣がんばろう！　😐もう一歩　😊合格！

0　　　　　　　　　　60　　80　100点

4 次の原爆ドームについての英文を読んで，あとの問いに答えなさい。 (計22点)

　It became a World Heritage Site in 1996. It expresses the hope for world peace. ①The person (　　　) a (　　　) is a volunteer guide. ②Let's (　　　)(　　　) him. He'll explain about the Dome.

(1) 下線部①が「バインダーを手に持っている人」，②が「彼の話を聞きましょう」という意味になるように，　に適する語を書きなさい。 3点×2(6点)

　　① _____　　② _____

(2) 原爆ドームは何への希望を表現していますか。本文中から2語で抜き出して書きなさい。
(4点)

(3) 次の文が本文の内容と合っていれば○，異なっていれば×を書きなさい。 4点×3(12点)

　　1．原爆ドームは世界遺産に登録されている。 (　　　)

　　2．原爆ドームは世界平和のために1996年に建てられた。 (　　　)

　　3．丘先生がドームについての説明をする予定である。 (　　　)

5 次の各組の文がほぼ同じ内容を表すように，　に適する語を書きなさい。 5点×3(15点)

(1) { Did Nana painted this picture?
　　 Is this a picture _____ by Nana? }

(2) { That girl is Yui and she is playing tennis.
　　 That girl _____ tennis is Yui. }

(3) { I'm shocked because I lost my purse.
　　 I'm shocked _____ my purse. }

6 次の日本文を英語になおしなさい。ただし，**数字も英語で書くこと**。 5点×4(20点)

よく出る (1) 私は10歳のときに病気になりました。

(2) 顔を洗っている男性はだれですか。

(3) 私の兄は，かぜをひいたと思いました。

レベルUP (4) あなたは11人の選手によってプレーされるスポーツを何か知っていますか。

縦書き：Lesson 3 〜 文法のまとめ③

解答 p.18

確認のワーク　ステージ 1　**Lesson 4** The World's Manga and Anime ① 読聞書話

教科書の 要点　that[which]を使ってものを説明するとき (1) ♪ a17

a book ＋ It　　　　　　has beautiful pictures.

It = a book

a book　**that[which]** has beautiful pictures　美しい写真が載っている本

「もの」を表す名詞　　 関係代名詞 that または which を使う　that[which] は主語の働き

I have a book　**that[which]** has beautiful pictures.

主語 動詞　　目的語　　 that[which] ＋（助）動詞〜　　私は美しい写真が載っている本を持っています。

要点

● 「もの」を表す名詞に説明する文をつけ加えるときは，関係代名詞 that または which を使う。
● 関係代名詞 that[which] は，① a book と説明する文をつなぐはたらきと，②説明する文の中で It の代わりに主語のはたらきをしている。（主格）

プラス 上の文の a book のように，関係代名詞によって説明される名詞を先行詞という。

Words チェック　次の英語は日本語に，日本語は英語になおしなさい。

□(1)　director　（　　　　　　）　　□(2)　fairy　（　　　　　　）

□(3)　recipe　（　　　　　　）　　□(4)　drawing　（　　　　　　）

□(5)　服装，衣装　＿＿＿＿＿＿　　□(6)　中古の　＿＿＿＿＿＿

1 絵を見て例にならい，that を使って「私は〜する…を持っています」という文を書きなさい。

例	(1) コンニチワ	(2)	(3)
dog / swim well	bird / speak Japanese	book / have many pictures	plant / grow fast

例　I have a dog that swims well.

(1)　I have a bird ＿＿＿＿＿＿ speaks Japanese.

(2)　I have a book ＿＿＿＿＿＿＿＿＿＿ .

(3)　＿＿＿＿＿＿＿＿＿＿＿＿＿

ここがポイント

「〜する…」
主格の関係代名詞 that[which] を使って，〈先行詞 ＋ that[which] ＋（助）動詞〜〉で表す。

よく出る 2　（　）内の関係代名詞が入る正しい位置の記号を〇で囲みなさい。

(1)　Do you have a dog runs fast?　(that)
　　　ア　イ　ウ　エ　オ

(2)　I know the store sells fresh fruit.　(which)
　　　ア　　イ　ウ　　エ

ミス注意

関係代名詞（主格）の位置
that [which] は，説明する名詞（先行詞）のあとに続ける。

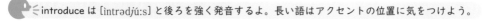

introduce は [ìntrədjúːs] と後ろを強く発音するよ。長い語はアクセントの位置に気をつけよう。

❸ 次の日本文に合うように，（ ）内の関係代名詞を使って文を完成させなさい。

(1) これは美しい日本の家の写真を載せた雑誌です。 （that）

This is a magazine _____

pictures of beautiful Japanese houses.

(2) 私は高い山がある国々を訪れたいです。 （that）

I want to visit the countries _____ _____

high mountains.

(3) 彼女はとても速く飛ぶ鳥を飼っています。 （which）

She has a bird _____ _____ very fast.

(4) 向こうを歩いているあれらのネコが見えますか。 （which）

Can you see those cats _____ _____

walking over there?

🔍 ミス注意

関係代名詞に続く動詞の形
関係代名詞の前の名詞（先行詞）の数に合わせる。
● 先行詞が単数
　→動詞は３人称単数形
● 先行詞が複数
　→動詞はもとの形

❹ 次の２つの文を（ ）内の関係代名詞を使って１文にしなさい。

(1) I live in the town. It has a big park. （that）

_____

(2) These are the buses. They go to the station. （that）

_____

(3) Take the train. It will arrive there at 8 a.m. （which）

_____

(4) The hospital is new. It stands near the library. （which）

_____

🔍 ミス注意

関係代名詞の位置
２文目の代名詞（it や they）が指す名詞を１文目の中からさがして，その後ろに関係代名詞を置く。
(4) It は主語の The hospital を指している。

❺ 次の日本文に合うように，___に適する語を書きなさい。

(1) 私は鈴木さんによるスピーチを聞きました。

I listened to the speech _____ Ms. Suzuki.

(2) 結衣は彼女の弟を私に紹介しました。

Yui _____ her brother _____ me.

(3) たくさんの生徒たちがその行事に参加しました。

_____ _____ students joined the event.

📝 ことばメモ

いろいろな前置詞
● by 「～によって」
● to 「～へ，～に」
● of 「～の」

❻ 📦Word Box （ ）内の日本語を参考に，___に適する語を書きなさい。ただし，指定された文字で始めること。

(1) This book has many f_____ _____. （おとぎ話）

(2) This book has many f_____ _____. （すばらしい随筆）

(3) This book has many g_____ _____. （おいしいレシピ）

(4) This book has many _____ d_____. （子どもの絵）

Lesson 4

確認のワーク　ステージ1　**Lesson 4** The World's Manga and Anime ②　読聞書話

解答 p.19

教科書の 要点　who[that]を使って人を説明するとき　♪a18

a friend ＋ He / She can speak Spanish.

He / She ＝ a friend

a friend **who[that]** can speak Spanish　スペイン語が話せる友達

先行詞＝「人」　　関係代名詞 who または that を使う　　who[that] は主語の働き

I have a friend **who[that]** can speak Spanish.

主語 動詞　目的語　　who[that] ＋（助）動詞〜　　私にはスペイン語が話せる友達がいます。

要点

● 説明する文を名詞につけ加えるとき，先行詞が「人」の場合は，関係代名詞 who または that を使う。

● 上の文の関係代名詞 who[that] は，説明する文の中で He / She の代わりに主語のはたらきをしている。（主格）

Words チェック） 次の英語は日本語に，日本語は英語になおしなさい。

□(1)　talented　　（　　　　　　　　）　　□(2)　everywhere　　（　　　　　　　　）

□(3)　忠告，助言　　＿＿＿＿＿＿＿＿

1 絵を見て例にならい，who を使って「私は〜することができる…を知っています」という文を書きなさい。

girl / speak English

(1) boy / swim fast

(2) woman / cook well

(3) man / build houses

例　I know a girl who can speak English.

(1)　I know a boy ＿＿＿＿＿＿＿　＿＿＿＿＿＿＿ swim fast.

(2)　I know ＿＿＿＿＿＿＿＿＿＿＿＿＿＿＿＿＿＿＿ .

(3)　＿＿＿＿＿＿＿＿＿＿＿＿＿＿＿＿＿＿＿＿＿

ここがポイント

関係代名詞 who[that]
● 関係代名詞 who[that] は，説明する名詞（先行詞）が「人」のときに使う。
●〈先行詞＋ who[that]（＋助動詞）＋動詞 〜〉の語順になる。

2 （　）内の関係代名詞が入る正しい位置の記号を○で囲みなさい。

(1)　I met a friend lives in Tokyo.　（who）

　　ア　イ　　ウ　エ

(2)　He is a teacher teaches two subjects.　（that）

　　ア　イ　　　ウ　エ

 advice は [ədváis] と後ろを強く発音するよ。日本語の「アドバイス」とは違うので注意しよう！

3 次の（　）内から適する語を選んで，○で囲みなさい

(1) These are the animals (which / who) can swim well.

(2) They are the singers (which / who) sing beautiful songs.

(3) The train (which / who) goes to Shibuya is green.

(4) The girl (which / who) runs every morning is Amy.

(5) I want a bag (that / who) has many pockets.

(6) Do you know the man (which / that) can write Chinese?

まるごと暗記

先行詞による関係代名詞（主格）の使い分け

先行詞	関係代名詞	
もの 動物 ことがら	which	that
人	who	

4 次の２つの文を，（　）内の関係代名詞を使って１文にしなさい。

(1) Mr. Ito has a daughter.　She is eight years old.　(who)

(2) He is a teacher.　He comes from the U.K.　(who)

(3) Pitchers are baseball players.　They throw the ball.　(who)

(4) I have some friends.　They help me.　(that)

(5) The boy can sing well.　He is the tallest in my class.　(that)

ミス注意

２文を１文にするときの関係代名詞の位置

２文目の代名詞が指している名詞を１文目の中にさがして，その後ろに関係代名詞を置く。

5 次の日本文に合うように，＿＿＿に適する語を書きなさい。

(1) その通りです。

That's ＿＿＿＿＿＿.

(2) 翼はいくつかのトリックができます。

Tsubasa can ＿＿＿＿＿ some ＿＿＿＿＿.

(3) そのイベントはラグビーを日本でより人気にしました。

That event ＿＿＿＿＿ rugby ＿＿＿＿＿＿＿＿＿＿ in Japan.

(4) その俳優は世界中で有名です。

The actor is famous ＿＿＿＿＿＿＿＿ the ＿＿＿＿＿.

まるごと暗記

● That's right.
「その通り。」

● all over the world
「世界中で」

6 右の表には，それぞれのなりたい職業が書かれています。例にならい，「～は…になりたいです」という文を書きなさい。

例 Ayumi wants to be a dancer.

(1) Ryo wants to be an anime ＿＿＿＿＿.

(2) Sunny wants to be a ＿＿＿＿＿.

(3) Peter wants to be a ＿＿＿＿＿.

(4) Taro wants to be a ＿＿＿＿＿.

名前	職業
Ayumi	ダンサー
Ryo	アニメ監督
Sunny	画家
Peter	ピアニスト
Taro	医者

Lesson 4

解答 p.20

確認のワーク　ステージ 1　Lesson 4　The World's Manga and Anime ③　読 聞 書 話

教科書の 要点　「(Aが)…することは〜です」の文（復習）　♪ a19

It is important for us to read many books.

| 形式上の主語 | Aが[Aにとって] | 本当の主語 |

私たちがたくさんの本を読むことは大切です。

要点
- It 〜 (for A) to .... で，「(Aが[Aにとって])…することは〜です」を表す。
- it は形式上の主語で，to 以下を指す。it は日本語に訳さない。
- 「Aが[Aにとって]」は for A で表すが，for A がない文もある。A は to 不定詞の意味上の主語。

Words チェック　次の英語は日本語に，日本語は英語になおしなさい。

- □(1) adjustment （　　　　　　）
- □(2) involve （　　　　　　）
- □(3) attractive （　　　　　　）
- □(4) originally （　　　　　　）
- □(5) western （　　　　　　）
- □(6) explanation （　　　　　　）
- □(7) 成功 ＿＿＿＿＿＿
- □(8) 内容 ＿＿＿＿＿＿
- □(9) 関係がある ＿＿＿＿＿＿
- □(10) 全体の ＿＿＿＿＿＿

1 次の日本文に合うように，＿＿に適する語を書きなさい。

よく出る
(1) 新しい言語を学ぶことはおもしろいです。
＿＿＿＿＿ is interesting ＿＿＿＿＿ learn new languages.

(2) 大樹にとってじょうずに踊ることは難しいです。
＿＿＿＿＿ is difficult ＿＿＿＿＿ Daiki ＿＿＿＿＿ dance well.

(3) 外国の読者が日本のふるまいを理解することは重要です。
＿＿＿＿＿ important ＿＿＿＿＿ foreign readers ＿＿＿＿＿ Japanese behavior.

ここがポイント
〈for A〉
- 不定詞の意味上の主語は，for 〜で表す。
- 意味上の主語を特に明示する必要のないときは省略される。

ここがポイント
It 〜 (for A) to .... によく使われる形容詞
- interesting「おもしろい」
- difficult　「難しい」
- important　「重要な」

2 次の表を見て，あとの英文が成り立つように，＿＿に適する語を書きなさい。

	speak English	ride a horse
Emily	easy	not fun
I	difficult	fun

(1) ＿＿＿＿＿ is ＿＿＿＿＿ for Emily to speak English.
(2) It is difficult for ＿＿＿＿＿ speak English.
(3) ＿＿＿＿＿ fun for Emily ＿＿＿＿＿ ride a horse?
— ＿＿＿＿＿ , it ＿＿＿＿＿ .

ミス注意
不定詞の意味上の主語A の形
〈for A〉のA(人) が代名詞 のときは，me, us, him, them などの目的格 になる。

whole の発音は [hóul]。o の部分は spoke[spóuk] や boat[bóut] などのように [ou] と発音するよ。

3 次の英文を読んで，あとの問いに答えなさい。

　Characters' names are often ①(change) in
②manga and anime that are mainly for children.　③It
is hard for children to remember unfamiliar names.
With familiar names, children can focus on the story.
④例えば, the character Satoshi in *Pokémon* becomes
Ash in English. The name Ash uses ⑤three letters
from S-a-t-o-s-h-i.

Satoshi?

(1)　①の（　）内の語を適する形にかえなさい。　＿＿＿＿＿＿＿＿

(2)　下線部②，③を日本語になおしなさい。

　　② （　　　　　　　　　　　　　　　　　　）

　　③ （　　　　　　　　　　　　　　　　　　）

(3)　下線部④の日本語を２語の英語になおしなさい。

　　＿＿＿＿＿＿＿＿　＿＿＿＿＿＿＿＿

(4)　登場人物の名前をよく知っている名前に変えるのはなぜですか。
　　日本語で答えなさい。

　　（　　　　　　　　　　　　　　　　　　　　）

(5)　下線部⑤はどの文字のことですか。アルファベットの下に下線
　　を引きなさい。

　　S-a-t-o-s-h-i

Lesson 4

4 次の日本文に合うように，＿＿＿に適する語を書きなさい。

(1)　これはインドの視聴者のために調整された映画です。

　　This is the movie ＿＿＿＿＿＿ was adjusted for viewers in
　　India.

(2)　慎は本も雑誌も読みません。

　　Shin ＿＿＿＿＿＿ read books ＿＿＿＿＿＿ magazines.

(3)　これらの語句を英語に翻訳してください。

　　＿＿＿＿＿＿ these words ＿＿＿＿＿＿ English, please.

(4)　その歌は多くの人によく知られています。

　　The song is ＿＿＿＿＿＿ ＿＿＿＿＿＿ many people.

(5)　彼の話は本当である可能性があります。

　　His story ＿＿＿＿＿＿ ＿＿＿＿＿＿ true.

(6)　このようにして，私たちは友達になりました。

　　＿＿＿＿＿＿ ＿＿＿＿＿＿, we became friends.

(7)　彼女は世界で最も偉大な音楽家の１人です。

　　She is ＿＿＿＿＿＿ the greatest ＿＿＿＿＿＿ in the world.

確認のワーク　ステージ **1**　Lesson 4　The World's Manga and Anime ④　読聞書話

解答 p.20

教科書の 要点　「私は～したいです」と言うとき（復習）　♪ a20

I would like to see you again.　　私はまたあなたに会いたいです。

「～したい」　動詞の原形

要点
● 「～したいです」と希望を述べるときは would like to ～で表す。to のあとは動詞の原形が続く。
● I want to ～よりもていねいな言い方になる。I would の短縮形は I'd。

Wordsチェック　次の英語は日本語に，日本語は英語になおしなさい。

□(1) setting （　　　　　　　） □(2) professional （　　　　　　　）

□(3) perhaps （　　　　　　　） □(4) adapt （　　　　　　　）

□(5) probably （　　　　　　　） □(6) frequently （　　　　　　　）

□(7) 合わせる ＿＿＿＿＿＿ □(8) それぞれの ＿＿＿＿＿＿

□(9) それゆえ ＿＿＿＿＿＿

1 絵を見て例にならい，「私は～したいです」という文を書きなさい。

例 learn Chinese

(1) go home　(2) ask you a question

(3) have spaghetti

例　I would like to learn Chinese.

(1)　I ＿＿＿＿＿＿＿＿＿＿ to go home.

(2)　＿＿＿＿＿＿＿＿＿＿＿ you a question.

(3)　＿＿＿＿＿＿＿＿＿＿＿

ここが ポイント

would like to ～
want to ～をていねいに言うときの表現。飲食店で「～をください」と料理などを注文するときにも使える。

2 次の日本文に合うように，＿＿に適する語を書きなさい。

(1)　私は頻繁に動物園に行きたいです。

I ＿＿＿＿＿＿ ＿＿＿＿＿＿ go to the zoo frequently.

(2)　私はそのニュースについてもっとよく知りたいです。

I ＿＿＿＿＿＿ ＿＿＿＿＿＿ to know more about the news.

(3)　私は外国に住みたいです。

＿＿＿＿＿＿ like ＿＿＿＿＿＿ ＿＿＿＿＿＿ in a foreign country.

ことばメモ
(3)I would の短縮形は I'd。

setting[sétiŋ] は，日本語のセッティングとは違って「セティング」のように発音するよ。

③ 次のメモは，夏美が国際交流イベントのボランティアに応募する ために書いたものです。これを見て，_____ に適する語を書きなさい。

【第１希望の場所】	スタジアム
【アピールポイント】	・何度か行ったことがあるので，周辺を案内できる
	・さらに，スポーツが大好きである。それゆえ，いろいろなスポーツについて説明できる
【ひとこと】	イベントを魅力的なものにしたい

① I _____ like _____ volunteer at the stadium. ② I _____ there a few times, so I can show visitors _____ it. ③ _____, I like sports very much. ④ _____ I can _____ many kinds of sports. ⑤ I _____ _____ make the festival _____.

④ 次の日本文に合うように，_____ に適する語を書きなさい。

(1) あなたはかぜをひいているかもしれませんね。
You _____ have a cold.

(2) 要約すると，彼はたくさんの人に愛されています。
_____ _____, he is loved by many people.

(3) 幸はその事故のために遅刻しました。
Sachi was late _____ _____ the accident.

(4) きのうは雨が少し降りました。
It rained _____ _____ yesterday.

WRITING Plus
次の各問いに対して，あなた自身の答えを英語で書きなさい。

(1) Where do you want to volunteer if you volunteer at a festival in your city?

(2) Do you like to talk with people?

(3) What are you good at?

volunteer：ボランティアをする　festival：お祭り，祭典　be good at：～が上手である

教科書の 要点　道順のたずね方 / 交通経路を説明する言い方 ♪ a21

tell　人　〈how to 〜〉

Could you tell me how to get to the Higashi Zoo?

「〜への行き方を教えていただけますか」　　　東動物園への行き方を教えていただけますか。

Take the Sakura Line to Higashi Station.　東駅まで桜線に乗ってください。

動詞の原形で文を始める(命令文)

要点

● 道順を人にたずねるときは，Could you tell me how to get to 〜?「〜への行き方を教えていただけますか」を使うとよい。

● 答えるときには，動詞の原形で文を始め，命令文の形で答える。

プラス 道順をたずねる / 交通経路を説明する場合のほかの言い方

道順をたずねる
・Which train should I take?　　　私はどの電車に乗るべきですか。
・How can I get to the Nishi Library?　西図書館にはどうやって行けばよいですか。

行き方を説明する
・Change to the Komatsu Line.　　小松線に乗り換えてください。
・Get off at Minami Station.　　　南駅で降りてください。

Wordsチェック　次の英語は日本語に，日本語は英語になおしなさい。

□(1)　university　　　（　　　　　　）　　□(2)　species　　　（　　　　　　）

□(3)　conclusion　　　（　　　　　　）　　□(4)　線，路線　　_____

□(5)　発見　　　_____

1 次の地図を見て，対話文の ___ に適する語を書きなさい。

ここがポイント

「〜していただけますか」
ていねいにたずねるときは，Could you 〜?を使う。Can you 〜?「〜してもらえませんか」よりもていねいな言い方。

A: Excuse me. _____ you _____

_____ how to get to Fuji Park?

B: Well, _____ the Fujimi Line _____

Fuji Station.

A: Thank you.

I got it. は got の t と it の i がつながって，「アイガリッ」のように聞こえるよ。

2 次の対話文の（ ）に入るものを下から選び，記号で答えなさい。

(1) A: Excuse me.　I want to go to Green Park.　（　　　）

B: Take the East Line to Green Park Station.

ア　Could you tell me how to do it?

イ　Which train should I take?

ウ　Where do you want to go?

(2) A: Excuse me.　Could you tell me how to get to the art museum?

B: Take the City Line and get off at West Station.

A:（　　　）　Thank you very much.

ア　Let me see.　　イ　That's right.　　ウ　I got it.

3 〔　〕内の語句を並べかえて，日本文に合う英文を書きなさい。

(1) 東西線で横田駅まで行ってください。

〔 to / the Tozai Line / Yokota Station / take 〕.

(2) 私はどのバスに乗るべきですか。

〔 should / take / which / I / bus 〕?

(3) その科学者はすばらしい発見をしました。

〔 a / made / the scientist / discovery / great 〕.

(4) そこへの行き方を教えていただけますか。

〔 tell / there / could / how / get / you / me / to 〕?

4 次の日本文に合うように，　　　に適する語を書きなさい。

(1) あなたは中学生ですよね。

You're a junior high school student, _____?

(2) どうぞよいご旅行を。

_____ nice trip!

(3) 名古屋駅で降りてください。

_____ _____ at Nagoya Station.

(4) 中央線に乗り換えてください。

_____ _____ the Chuo Line.

(5) 大阪駅で電車を乗り換えてください。

_____ _____ at Osaka Station.

解答 ▶ p.22

Reading for Fun 1 Zorba's Promise ①

● 以下の英文を読み，あとの問いに答えなさい。

Zorba was relaxing on a balcony near the port.　Suddenly, a gull landed near him.

"Help me," the gull cried.　"I'm covered (　①　) oil.　I'll soon be dead."

"What can I do?" asked Zorba.

"I've just ②(lay) an egg.　Please promise to ③～の世話をする it, feed my child, and ④〔 fly / teach / how / it / to 〕.　Will you?"

"Me?"

"Yes, you," said the gull.

"⑤I promise."

"Thank you," the gull said.　She soon ⑥(die).

Under her body, Zorba ⑦(find) the egg.

Question

(1) ①の(　)に適する語を下から選び，記号を○で囲みなさい。
　　ア　by　　　イ　for　　　ウ　with

(2) 下線部②，⑥，⑦の(　)内の語を適する形にかえなさい。
　　②＿＿＿＿＿＿　　⑥＿＿＿＿＿＿　　⑦＿＿＿＿＿＿

(3) 下線部③の日本語を３語の英語になおしなさい。
　　＿＿＿＿＿＿＿＿＿＿＿＿＿＿＿＿

(4) 下線部④が「それに飛び方を教えなさい」という意味になるように，〔　〕内の語を並べかえなさい。
　　＿＿＿＿＿＿＿＿＿＿＿＿＿＿＿＿

(5) 下線部⑤で，ゾルバ(Zorba)が約束した内容を具体的に日本語で答えなさい。
　　(　　　　　　　　　　　　　　　　　　　　)

(6) 本文の内容に合うように，次の問いに英語で答えなさい。ただし，指定された語数で答えること。
　　1.　Where was Zorba?　（８語）
　　＿＿＿＿＿＿＿＿＿＿＿＿＿＿＿＿

　　2.　What did the gull leave to Zorba?　（４語）
　　＿＿＿＿＿＿＿＿＿＿＿＿＿＿＿＿

Word Box BIG

1 次の英語は日本語に，日本語は英語になおしなさい。

(1) balcony　（　　　　　　）　(2) cover　（　　　　　　）

(3) oil　（　　　　　　）　(4) dead　（　　　　　　）

(5) lay　（　　　　　　）　(6) body　（　　　　　　）

(7) 着陸する　＿＿＿＿＿＿　(8) ママ，お母さん　＿＿＿＿＿＿

(9) 汚れた　＿＿＿＿＿＿　(10) 意地悪な　＿＿＿＿＿＿

2 次の日本文に合うように，＿＿＿＿に適する語を書きなさい。

(1) ある朝，私は公園で１人の女の子に会いました。

＿＿＿＿＿＿ ＿＿＿＿＿＿, I met a girl in the park.

(2) 結衣はひまなときは，たいていピアノをひきます。

＿＿＿＿＿＿ Yui is free, she usually plays the piano.

(3) 彼は決して，すしを食べようとしません。

He ＿＿＿＿＿＿ tries sushi.

(4) そのイヌは健の方を見ていました。

The dog was looking ＿＿＿＿＿＿ Ken's ＿＿＿＿＿＿.

(5) そのうちに，彼女の病気は悪くなりました。

＿＿＿＿＿＿ ＿＿＿＿＿＿, her sickness got worse.

(6) １匹のネコが太ったネズミをおそいました。

A cat ＿＿＿＿＿＿ the ＿＿＿＿＿＿.

3 〔　〕内の語句を並べかえて，日本文に合う英文を書きなさい。

(1) そのカモメは卵を温め続けました。

〔 her eggs / the gull / warm / kept 〕.

(2) いつそこに行ったらよいか私に教えてください。

〔 me / please / when / go / to / there / tell 〕.

(3) この赤ちゃんの世話をしてくれませんか。

〔 you / take / of / will / this baby / care 〕?

(4) 彼らはちょうど教室をそうじし終えたところです。

〔 cleaned / they / just / have / their classroom 〕.

(5) カレンは港で私に会うことを約束しました。

〔 the port / Karen / me / see / promised / at / to 〕.

解答 ▶ p.22

Reading for Fun 1 Zorba's Promise ②

● 以下の英文を読み，あとの問いに答えなさい。

Lucky's flying lessons started.　She tried ①to fly many times, but she always failed.　One rainy night, Zorba and Lucky went to a tower.

"Lucky, all the sky is yours.　Open your wings and fly."

"I can't," she cried and ②身を引き離した from the edge.

"Yes, you can.　③You can if you really want."

④〔 got / position / Lucky / into / back 〕 and stepped into ⑤the air.　She 10 fell a little at first.　Moments later she gained control.　Her wings caught the wind, and ⑥she started to fly.

"Zorba, you're right.　I can fly!" Lucky said and flew (　⑦　).

"Yes.　You can," Zorba said to the wide, empty sky.

5

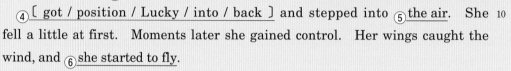

(1) 下線部①の to 不定詞と同じ用法の to 不定詞を含むものを下から選び，記号を○で囲みなさい。

　ア　She went to the library to borrow some books.

　イ　To read books is important.

　ウ　I have a lot of homework to do today.

　エ　I'm glad to see him.

(2) 下線部②の日本語を2語の英語になおしなさい。

_____

(3) 下線部③を省略されている語を補って次のように書きかえるとき，_____ に適する語を書きなさい。また，その文を日本語になおしなさい。

You can _____ if you really want to _____.

(　　　　　　　　　　　　　　　　　　　　　　　　　　　　　　　　）

(4) 下線部④が「ラッキーは位置に戻りました」という意味になるように，〔　〕内の語を並べかえなさい。

_____

(5) 下線部⑤の語句と同じ意味を表す語句を下から選び，記号を〇で囲みなさい。

　　ア　the sky　　　　イ　the edge　　　　ウ　the wind

(6) 下線部⑥と下の文がほぼ同じ意味を表すように，＿＿＿に適する語を書きなさい。

　　she started ＿＿＿＿＿＿＿＿＿＿

(7) ⑦の(　)に適する語を下から選び，記号を〇で囲みなさい。

　　ア　into　　　　イ　away　　　　ウ　over

(8) 次の文が本文の内容と合っていれば〇，異なっていれば×を書きなさい。

　　1.　It was cloudy when Zorba and Lucky went to the tower.　　　　（　　　）

　　2.　Lucky couldn't fly well at first.　　　　（　　　）

1 次の英語は日本語に，日本語は英語になおしなさい。

(1)　flying　　　（　　　　　　）　　(2)　fail　　　（　　　　　　）

(3)　wing　　　（　　　　　　）　　(4)　edge　　　（　　　　　　）

(5)　gain　　　（　　　　　　）　　(6)　wind　　　（　　　　　　）

(7)　正しい　　　＿＿＿＿＿＿　　(8)　位置，姿勢　　　＿＿＿＿＿＿

(9)　ちょっとの時間　　　＿＿＿＿＿＿　　(10)　制御，統制(力)　　　＿＿＿＿＿＿

(11)　広い，幅の広い　　　＿＿＿＿＿＿

2 次の日本文に合うように，＿＿＿に適する語を書きなさい。

(1)　健，起きる時間ですよ。

　　Ken, ＿＿＿＿＿＿＿＿ ＿＿＿＿＿＿＿＿ get up.

(2)　私のためにこの箱を運んでくれませんか。 — もちろんです。

　　＿＿＿＿＿＿＿＿ ＿＿＿＿＿＿＿＿ carry this box for me?

　　— ＿＿＿＿＿＿＿＿ ＿＿＿＿＿＿＿＿.

(3)　母の助けなしで，私はカレーライスを作りました。

　　I cooked curry and rice ＿＿＿＿＿＿＿＿ my mother's help.

3 〔　〕内の語句を並べかえて，日本文に合う英文を書きなさい。

(1)　なぜ私はそれをしなければならないのでしょうか。

　　〔 have / I / why / to / it / do / do 〕?

(2)　私の兄は仕事の世界に足を踏み出しました。

　　〔 of / stepped / my brother / into / business / the world 〕.

(3)　たとえ彼が来られなくても，私たちはテニスを楽しみます。

　　〔 enjoy / he / though / come / we / even / can't / tennis 〕.

解答 ▶ p.23

定着のワーク ステージ **2** **Lesson 4** 〜 **Reading for Fun 1** 読 聞 書 話

🎧 **1** LISTENING 英文を聞いて，その内容に合う絵を下から選び，記号で答えなさい。 ♪ 107

(1) ア イ ウ

(2) ア イ ウ

(1) （　　　　） (2) （　　　　）

重要ポイント

1 (1)どんな人か，関係代名詞 who 以下を聞き取る。
(2)どんな動物か，関係代名詞 that 以下を聞き取る。

よく出る **2** 例にならい，次の2つの文を関係代名詞を使って1文にしなさい。

例 I have a friend. She lives in Okinawa.
→I have a friend who lives in Okinawa.

(1) I want to live in the town. It has a lot of parks.

_____

(2) I know a boy. He plays the guitar well.

_____

(3) The cats are often called Shiro. They have white hair.

_____

(4) Do you know the woman? She is talking with Kumi.

_____

2 (1)先行詞は the town（もの）。
(2)先行詞は a boy（人）。
(3)先行詞は The cats（動物）。
(4)先行詞は the woman（人）。

テストに◎出る!
関係代名詞の使い分け（主格）
・先行詞が「もの」や「動物」
 →that または which
・先行詞が「人」
 →who または that

3 〔 〕内の語句を並べかえて，日本文に合う英文を書きなさい。
(1) 私はこの絵を買いたいです。
〔 this / I / to / buy / drawing / like / would 〕.

_____

(2) この袋は食べ物を温かく保つことができます。
〔 the food / can / warm / this bag / keep 〕.

_____

レベルUP (3) このアニメは世界中の人々によく知られています。
〔 anime / all / familiar / this / is / to / the world / people / over 〕.

3 (1)「〜したい」= would like to 〜
(2)「〜を…の状態に保つ」は〈keep 〜 …〉の順にする。
(3)「〜によく知られている」= be familiar to 〜
「世界中の」= all over the world

4 次のジンが書いた英文を読んで，あとの問いに答えなさい。

This summer I went to the Japan Expo in France. It is a big annual event ①that introduces Japanese popular culture to the world. ②( ) ( ) many performances ( ) Japanese musicians.

(1) 下線部①の that と同じ用法の that を含む文を下から選び，記号を○で囲みなさい。

　ア　I think that this movie is interesting.
　イ　I have a dog that runs very fast.
　ウ　Ken was so busy that he didn't have time to rest.

(2) 下線部②が「日本人音楽家によるたくさんの演奏がありました」という意味になるように，（ ）に適する語を書きなさい。

_____

(3) 次の文が本文の内容と合っていれば○，異なっていれば×を書きなさい。

　１．Jing went to the event about France.　（　　）
　２．The Japan Expo is held every year.　（　　）

5 次の日本文に合うように，____に適する語を書きなさい。

(1) 雨のために私たちは泳ぐことができませんでした。
　We couldn't swim _____ rain.

(2) その家は雪でおおわれていました。
　The house was _____ snow.

(3) 次の駅で降りてください。
　_____ at the next station.

(4) 私はきのう妹の世話をしました。
　I _____ of my sister yesterday.

6 次の日本文を英語になおしなさい。

(1) 彼女は上手に料理をすることができる女性です。
_____

(2) 私はたくさんの写真が載っている数冊の本がほしいです。
_____

(3) 駅への行き方を教えていただけますか。
_____

(4) 健(Ken)にとって，泳ぐことは楽しいです。（Itを使って）

ちょっと **BREAK**　manga(マンガ)，anime(アニメ)以外に，日本語が英語になったものには何がある？　➡答えは次のページ

解答 ▶ p.24

実 力 判定テスト ステージ **3** **Lesson 4** 〜 **Reading for Fun 1** **30**分 /100 読 聞 書 話

1 LISTENING 対話を聞いて，その内容と合っているものを下から選び，記号を〇で囲みなさい。

♪ 108 3点×2（6点）

(1) ア They want to find someone who can sing well.

イ They want to go to the musical that will be held in fall.

ウ They will ask someone about the musical.

(2) ア Ken introduced his uncle to Emily.

イ Emily is interested in stamps which are collected by Ken.

ウ Emily and Ken are collecting stamps together.

2 次の日本文に合うように，＿＿＿に適する語を書きなさい。 3点×3（9点）

(1) わかりました。

I ＿＿＿＿＿＿ ＿＿＿＿＿＿ .

(2) 大阪駅で降りてください。

Get ＿＿＿＿＿＿ ＿＿＿＿＿＿ Osaka Station.

(3) たとえあなたに会わなくても，私はあなたのことを覚えているでしょう。

I will remember you ＿＿＿＿＿＿ ＿＿＿＿＿＿ I won't see you.

3 次の各組の文がほぼ同じ内容を表すように，＿＿＿に適する語を書きなさい。 5点×4（20点）

よく出る (1) { He is the actor.　He is familiar to many people.

He is the actor ＿＿＿＿＿＿ ＿＿＿＿＿＿ familiar to many people.

よく出る (2) { These are the books.　They show the cultures of foreign countries.

These are the books ＿＿＿＿＿＿ ＿＿＿＿＿＿ the cultures of foreign countries.

(3) { A lot of tourists visit Tokyo every year.

＿＿＿＿＿＿ ＿＿＿＿＿＿ tourists visit Tokyo every year.

レベルUP (4) { Lisa doesn't eat sushi.　She doesn't eat *natto*, either.

Lisa doesn't eat sushi ＿＿＿＿＿＿ *natto*.

4 例にならって，次の文の下線部の語句に（　）内の説明を加えて1文で表しなさい。

例 I visited an aunt. （北海道に住んでいる） 5点×2（10点）

→I visited an aunt who lives in Hokkaido.

(1) He is the man. （この家を建てた）

＿＿＿＿＿＿＿＿＿＿＿＿＿＿＿＿＿＿＿＿＿＿＿＿＿＿＿＿＿

(2) I saw an animal. （長い首を持っている）

＿＿＿＿＿＿＿＿＿＿＿＿＿＿＿＿＿＿＿＿＿＿＿＿＿＿＿＿＿

ちょっとBREAKの答え sushi（すし），judo（柔道），karaoke（カラオケ）などがあるよ。

目標 ● 主格の関係代名詞（that, which, who）の用法を理解し，適切に使うことができるようになりましょう。

自分の得点まで色をぬろう！

😣がんばろう　😓もう一歩　😊合格！

0　　　　　　　60　80　100点

5 ジンと花が「キャプテン翼」のマンガを見ながら話しています。これを読んで，あとの問いに答えなさい。 （計22点）

Jing: It's about a talented soccer player （ ① ） can do amazing tricks.

Hana: ②その通りです！　③*Captain Tsubasa* 〔 in / made / popular / soccer / more / Japan 〕.

Jing: It's famous everywhere.

よく出る (1) ①の（ ）に適する語を書きなさい。 （5点）

_____

(2) 下線部②を2語の英語になおしなさい。 （5点）

_____

(3) 下線部③が「『キャプテン翼』が日本でサッカーをより人気にしました」という意味になるように，〔 〕内の語を並べかえなさい。 （6点）

Captain Tsubasa _____ .

(4) 本文の内容と合うように，次の質問に英語で答えなさい。 （6点）

Is *Captain Tsubasa* famous only in Japan?

_____

6 〔 〕内の語句を並べかえて，日本文に合う英文を書きなさい。 6点×2（12点）

(1) 彼は健にフランス語の話し方を教えました。

〔 how / Ken / taught / to / French / he / speak 〕.

_____

レベルUP (2) 私はこの本を英語に翻訳したいです。

〔 English / I / into / like / would / translate / this book / to 〕.

_____

7 次の日本文を英語になおしなさい。 7点×3（21点）

(1) 私は若い人の間で人気のあるレストランを1軒，知っています。

_____

よく出る (2) そのカモメ（gull）は油でおおわれていました。

_____

レベルUP (3) 彼女は赤ちゃんたちの世話をすることができる看護師です。

_____

定期テスト対策　予想問題　第4回 p.136〜137

Lesson 4 〜 Reading for Fun 1

確認のワーク ステージ1 **Lesson 5** I Have a Dream ① 読聞書話

教科書の **要点** that を使ってものや人を説明するとき / which を使ってものを説明するとき⑵ ♪ a22

the book ＋ I read it last night.

it = the book

the book **that** I read [ ] last night 私が昨夜読んだ本

先行詞「もの」「人」 関係代名詞 that that は目的語の働き

This is the book **that** I read last night. これは，私が昨夜読んだ本です。

主語 動詞 目的語 目的語 主語 動詞

要点 1

●関係代名詞を使って名詞に説明する文をつなぐとき，説明する文の中で関係代名詞が目的語の働きをするときは，関係代名詞 that を使う。(**目的格**)

This is the book **which** I read last night. これは，私が昨夜読んだ本です。

先行詞＝「もの」 関係代名詞 which

要点 2

●関係代名詞を使って名詞に説明する文をつけ加えるとき，①先行詞が「もの」で，②説明する文の中で関係代名詞が目的語のはたらき(**目的格**)をする場合，that のほかに関係代名詞 which を使うことができる。

プラス 目的格の関係代名詞 that，which は省略することができる。
例 This is the book that[which] I read last night. → This is the book [ ] I read last night.

Words チェック 次の英語は日本語に，日本語は英語になおしなさい。

□(1) African-American （　　　　　　）　□(2) martial （　　　　　　）

□(3) repair （　　　　　　）　□(4) 魅力的な ＿＿＿＿＿＿

□(5) 武道，武術(2語) ＿＿＿＿＿＿

1 絵を見て例にならい，「これは[こちらは]〜が…したーです」という文を書きなさい。

the book / Mao gave us

the picture / Kana took

the girl / I saw

the singer / we liked

例 This is the book that Mao gave us.

(1) This is the picture ＿＿＿＿＿＿ Kana took in Nara.

(2) This is the girl ＿＿＿＿＿＿＿＿＿＿ yesterday.

(3) ＿＿＿＿＿＿＿＿＿＿＿＿

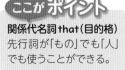

ここがポイント

関係代名詞 that(目的格)
先行詞が「もの」でも「人」でも使うことができる。

 interesting「おもしろい，興味深い」, visit「訪れる」, great「すばらしい」, about「〜について」

2 （　）内の関係代名詞が入る正しい位置の記号を〇で囲みなさい。

(1) I like the curry my mother cooks. （that）
　　ア　　イ　　　　ウ　　　　エ

(2) All the people I invited came to my house. （that）
　　　ア　　　　イ　　　ウ　エ

(3) This is the movie I've wanted to see. （which）
　　　アイ　　　　ウ　エ

ミス注意

関係代名詞（目的格）の位置
目的格の関係代名詞that[which]は，説明する名詞（先行詞）のあとに続ける。先行詞のあとは〈（関係代名詞＋）主語＋動詞 ～〉の文の形になる。

3 次の2つの文を，下線部に注意して，関係代名詞 that を使って1つの文にしなさい。

(1) Look at the watch.　I bought it yesterday.

(2) Is he the actor?　You saw him on the train.

(3) The picture is by the bed.　Jack painted it.

ここが ポイント

書きかえのポイント
①2文目の中の代名詞が指している語を，1文目の中からさがす。
②代名詞が指している語を先行詞とし，関係代名詞でつないで1文にする。
＊先行詞を指す代名詞を残したままにしないように注意。

4 〔　〕内の語句を並べかえて，日本文に合う英文を書きなさい。

(1) 私がきのう見たコンサートはすばらしかったです。
〔 I / was / yesterday / the concert / saw / which 〕great.
_____ great.

(2) これは先週あなたが手に入れたペンですか。
〔 that / this / you / the pen / got / is / last week 〕?

5 次の日本文に合うように，＿＿＿に適する語を書きなさい。

(1) すばらしそうですね。　＿＿＿＿＿＿＿ wonderful.

(2) ほら，それはこの記事の中に書いてあります。
＿＿＿＿＿＿, it is in this article.

(3) そのガイドブックはその町について多くの情報を示しています。
That guidebook ＿＿＿＿＿ lots of information about the town.

(4) 私はどこかおもしろい場所を訪れたいです。
I want to visit ＿＿＿＿＿ ＿＿＿＿＿.

表現メモ

(4)some-のついた語に修飾語をつけるときは，some-のついた語のあとに置く。

6 （　）内の日本語を参考に，＿＿＿に適する語を書きなさい。

(1) This is a ＿＿＿ ＿＿＿. （駐輪場）

(2) This is a ＿＿＿ ＿＿＿. （コンビニエンスストア）

(3) This is a ＿＿＿ ＿＿＿. （テニスコート）

(4) This is an ＿＿＿. （遊園地）

Lesson 5

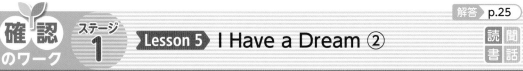

解答 ▶ p.25

確認のワーク ステージ1 ❲Lesson 5❳ I Have a Dream ② 読聞書話

📖 教科書の 要点 〈主語＋動詞 〜〉が人やものを説明するとき ♪a23

The country **I want to visit** is France. 私が訪れたい国はフランスです。
名詞 〈主語＋動詞 〜〉 「(人など)が〜する」

要点
● 名詞のあとに〈主語＋動詞 〜〉の文をつなげると，「(人など)が〜する…」と後ろから前の名詞を説明することができる。(後置修飾)

プラス 名詞のあとに〈主語＋動詞 〜〉をつなげた文は，関係代名詞(目的格)が省略された文と形が同じになる。 例 The country (that[which]) I want to visit is France.

Wordsチェック 次の英語は日本語に，日本語は英語になおしなさい。
□(1) section （　　　　） □(2) fill （　　　　）
□(3) arrest （　　　　） □(4) effort （　　　　）
□(5) 公の，公共の _____ □(6) 断る，拒絶する _____

1 絵を見て例にならい，「これは今朝，私が〜した…です」という文を書きなさい。

the shirt / buy   the cake / bake   the book / read   the fish / catch

例 This is the shirt I bought this morning.
(1) This is the cake _____ _____ this morning.
(2) This is _____ this morning.
(3) _____

ここがポイント
「(人など)が〜する…」の文
名詞のあとに〈主語＋動詞 〜〉をつなげる。

2 日本文に合うように（ ）内の語句を入れて，英文を書きなさい。
(1) この店で売っている野菜は新鮮に見えます。
The vegetables look fresh. (this shop sells)
_____

(2) 私がいちばん好きな色は青です。
The color is blue. (I like the best)
_____

ミス注意
〈主語＋動詞 〜〉の位置
〈主語＋動詞 〜〉は説明する名詞のすぐあとに置く。

honesty の発音は [ánəsti]。hour[áuər] と同じように最初の h は発音しないよ！

3 〔 〕内の語句を並べかえて，日本文に合う英文を書きなさい。

(1) 彼らがこの前の夏に訪れた都市は札幌です。

〔 visited / last summer / the city / they 〕 is Sapporo.

_____ is Sapporo.

(2) 私たちが公園で見つけたネコはかわいかったです。

〔 the park / we / found / the cat / in 〕 was cute.

_____ was cute.

(3) 私は父が作るスパゲッティが好きです。

〔 cooks / the spaghetti / like / my father / I 〕.

_____

(4) 彼はみんなが大好きな歌手ですか。

〔 loves / he / the singer / everyone / is 〕?

_____

ここが ポイント

日本文から，説明される名詞がどれかを判断する。
(1)the city を〈主語＋動詞 ～〉で説明する。
(2)the cat を〈主語＋動詞 ～〉で説明する。
(3) the spaghetti を〈主語＋動詞 ～〉で説明する。
(4)疑問文の場合でも，説明する名詞のすぐあとに〈主語＋動詞 ～〉がくる。

4 次の日本文を英語になおしなさい。

(1) これは私が登りたい山です。

This is the mountain _____ .

(2) 私たちがそこで会った生徒たちは上手に英語を話しました。

_____ spoke English well.

思い出そう

「～したい」
〈want to＋動詞の原形〉
(to不定詞の名詞用法)で表す。
would like to ～はwant to ～のていねいな言い方。

5 次の日本文に合うように，____に適する語を書きなさい。

(1) 健はその時バスに乗っていました。

Ken was _____ a bus then.

(2) ジェニーはソファーにすわっていました。

Jenny _____ on the couch.

(3) そのレストランはすぐにいっぱいになりました。

The restaurant _____ soon.

(4) 私はそのお年寄りの男性に席をゆずりました。

I _____ _____ my seat to the old man.

(5) 起きなさい，さもないと学校に遅れますよ。

Get up, _____ you'll be late for school.

表現メモ

(1)「～に(乗って)」
busなど公共交通機関を利用するというときは，inは使わない。
(4)「～をゆずる」
give up「～をあきらめる」という表現を使う。
(5)〈命令文, or ～〉
「…しなさい，さもないと～」
＊〈命令文, and ～〉は「…しなさい，そうすれば～」という意味。

6 ( )内の日本語を参考に，____に適する語を書きなさい。

(1) We need _____ . （私たちには勇気が必要です。）

(2) I want to be a person with _____ . （私は創造性のある人になりたいです。）

(3) She is known for her _____ . （彼女は正直で知られています。）

(4) I like the word "_____". （私は「努力」という言葉が好きです。）

Lesson 5

確認のワーク　ステージ 1　**Lesson 5** I Have a Dream ③　読 聞 書 話

教科書の **要点**　not 〜 but ... / be able to 〜の文　♪ a24

She is **not** from the U.K. **but** from Australia.
　　　　　A　　「AではなくてB」　　B

彼女はイギリス出身ではなくて,
オーストラリア出身です。

要点 1
● 「A ではなくて B」は not A but B で表す。
● A と B には原則として形容詞と形容詞,名詞と名詞,前置詞句と前置詞句などのように,同じ種類の語句がくる。

He will **be able to** ride a bicycle soon.
　　　「〜することができる」　動詞の原形

彼はすぐに自転車に乗れるようになるでしょう。

要点 2
● 「〜することができる」は〈be 動詞＋ able to ＋動詞の原形〉で表す。
● be able to 〜は can 〜とほぼ同じ意味を表す。

Words チェック　次の英語は日本語に,日本語は英語になおしなさい。

- □(1)　restroom　（　　　　　　）
- □(2)　unfair　（　　　　　　）
- □(3)　movement　（　　　　　　）
- □(4)　justice　（　　　　　　）
- □(5)　last(動詞)　（　　　　　　）
- □(6)　achievement　（　　　　　　）
- □(7)　車　＿＿＿＿＿＿
- □(8)　どこにでも　＿＿＿＿＿＿
- □(9)　殺す　＿＿＿＿＿＿
- □(10)　死　＿＿＿＿＿＿

1　次の日本文に合うように,＿＿＿に適する語を書きなさい。

よく出る (1)　私は野球ではなく,バスケットボールをしました。

I ＿＿＿＿＿＿ play baseball ＿＿＿＿＿＿ basketball.

よく出る (2)　彼はその演説でクラスメートを奮い立たせることができました。

He ＿＿＿＿＿＿ ＿＿＿＿＿＿ to ＿＿＿＿＿＿ his

classmates by the speech.

(3)　1 人の男性が法の下で逮捕されました。

A man was arrested ＿＿＿＿＿＿ the ＿＿＿＿＿＿.

よく出る (4)　水がほしい人もいれば,お茶がほしい人もいます。

＿＿＿＿＿＿ want water. ＿＿＿＿＿＿ want tea.

(5)　佐藤先生のことばは,私の心の中で生き続けています。

Ms. Sato's words ＿＿＿＿＿＿ ＿＿＿＿＿＿ in my heart.

(6)　彼は事故があったという報告書を読んでいます。

He's reading a report ＿＿＿＿＿＿ there was an accident.

ここが ポイント

(1)not A but B
「AではなくてB」
ここではdid notの短縮形を使う。
(2) be able to 〜の文で過去を表すときは,be動詞を過去形にする。
(6)接続詞that「〜という」空所以下はその前の名詞の内容を具体的に述べている。

🐛 ＜ death の発音は [déθ]。ea と th の発音に注意しよう。「デス」とカタカナ読みをしないでね！

2 次のキング牧師のスピーチの英文を読んで、あとの問いに答えなさい。

I have a dream that my four little children will one day live in a ①国家 where they will not ②判断される by the color of their skin （ ③ ） by the content of their character. I have a dream today ....

I have a dream that one day ... little black boys and black girls will ④[with / to / able / join / be / hands] little white boys and white girls as sisters and brothers. I have a dream today.

Reprinted by arrangement with The Heirs to the Estate of Martin Luther King Jr., c/o Writers House as agent for the proprietor New York, NY. Copyright(c) 1963 by Dr. Martin Luther King, Jr.Renewed(c) 1991 by Coretta Scott King.

(1) 下線部①、②の日本語を、①は1語の、②は2語の英語になおしなさい。

① ＿＿＿＿＿＿＿＿＿ ② ＿＿＿＿＿＿＿＿＿

(2) ③の（ ）に適する語を下から選び、記号を○で囲みなさい。

ア however イ but ウ though

(3) 下線部④が「～と手を取り合うことができる」という意味になるように、〔 〕内の語を並べかえなさい。

(4) キング牧師の夢とはどのようなものですか。本文の内容と合うものを下から選び、記号を○で囲みなさい。

ア 自分の4人の子どもたちが仲よく暮らすこと。

イ 人々が住む国を自由に選べること。

ウ 黒人が肌の色で差別されないこと。

3 次の英文を日本語になおしなさい。

(1) He stopped playing the guitar.

（ ）

(2) Is she able to read English books?

（ ）

4 〔 〕内の語句を並べかえて、日本文に合う英文を書きなさい。

(1) 私はこれ以上食べられません。 〔 can't / anymore / I / eat 〕.

(2) 以前は私たちの町には大きな公園がありました。

〔 used / big park / there / be / a / to 〕 in our town.

＿＿＿＿＿＿＿＿＿＿ in our town.

(3) ここでは、私たちは自由にコンピューターを使うことができます。

〔 free / the computers / we / to / are / use 〕 here.

＿＿＿＿＿＿＿＿＿＿ here.

ミス注意

(2)not A but B
空所を含む文をよく読む。notがあることと、空所をはさんでby the ～という表現がくり返されていることに注意する。

まるごと暗記

● be able to ～
「～することができる」
● join hands with ～
「～と手を取り合う」

ここがポイント

(1)stop ～ing
「～するのをやめる」
(2)be able to ～の疑問文は「～することができますか」という意味。

表現メモ

(1)「これ以上～ない」
not ～ anymore
(2)「以前は～であった」
used to ～
(3)「自由に～することができる」
be free to ～

Lesson 5

解答 ▶ p.27

Lesson 5 I Have a Dream ④
Take Action!
Listen 5　落とし物の問い合わせ
Talk 5　サンドイッチに何を入れましょうか

教科書の 要点　食事を勧める・承諾する・断るときの言い方 ♪ a25

Would you like bacon on the side?　　　横にベーコンはいかがですか。
「〜はいかがですか」　　　横, そば, わきに

Yes, please. / No, thank you.　　　はい, お願いします。 / いいえ, 結構です。

要点

● 「〜はいかがですか」と相手に食べ物や飲み物をていねいに勧めるときは, **Would you like 〜?** で表す。

● 勧められたものをもらう場合は Yes, please., 断るときは No, thank you. などと言う。

プラス 食事を勧める / 承諾するときのほかの言い方

・What would you like in your salad?　　　サラダには何を入れましょうか。
　— Lettuce and a little bit carrot, please.　　　レタスとニンジンを少しお願いします。
・How about coffee?　　　コーヒーはどうですか。
　— I'd like to.　　　いただきます。

Wordsチェック　次の英語は日本語に, 日本語は英語になおしなさい。

□(1)　bit　　　　（　　　　　　）　　□(2)　kid-sized　　（　　　　　　）
□(3)　autograph　（　　　　　　）　　□(4)　slice　　　　（　　　　　　）
□(5)　pickle　　　（　　　　　　）　　□(6)　roller coaster（　　　　　　）
□(7)　10代の少年, 少女　＿＿＿＿＿　　□(8)　息子　　　　＿＿＿＿＿

1 絵を見て, 対話が成り立つように, ＿＿＿ に適する語を書きなさい。

The lunch was great. ①
②　③
④　Here you are.

A: The lunch was great.
B: ①＿＿＿＿＿＿ you ＿＿＿＿＿＿ some cake?
A: ② Yes, ＿＿＿＿＿＿.
B: ③＿＿＿＿＿＿ ＿＿＿＿＿＿ a cup of tea?
A: ④ Thank you, I'd ＿＿＿＿＿ to.
B: Here you are.

ここがポイント
①食べ物や飲み物を勧めるていねいな表現。
②「はい, お願いします」
③「お茶はどうですか」
④「ありがとう, いただきます」

Would you like 〜 ? は would の d と you の y がつながって「ジュ」に近い発音になるよ。

2 次の日本文に合うように, ＿＿＿に適する語を書きなさい。

よく出る (1) あなたは夕食に何を食べたいですか。

＿＿＿＿＿＿ would you ＿＿＿＿＿＿ for dinner?

よく出る (2) その映画はある小説をもとにしています。

That movie is ＿＿＿＿＿＿ ＿＿＿＿＿＿ a fiction.

(3) ほかに何かありますか。

＿＿＿＿＿＿ ＿＿＿＿＿＿ ?

(4) 彼はコーヒーに砂糖をほんの少し必要としています。

He needs a little ＿＿＿＿＿＿ ＿＿＿＿＿＿ sugar in his

coffee.

(5) ついに結衣はテストに合格しました。

＿＿＿＿＿＿ ＿＿＿＿＿＿ Yui passed the test.

📝 **表現メモ**

● What would you like 〜?
「〜に何がほしいですか」
● be based on 〜
「〜をもとにしている」
● Anything else?
「ほかに何かあります
か」
● a little bit of 〜
「〜をほんの少し」
● at last
「ついに」

3 次は真央が書いた招待状です。□に適する語句を下から選び, 記号で答えなさい。

```
┌─────────────────────────────────────────┐
│  ① ,                                      │
│                                           │
│  We are going to have a birthday party.  It's for our │
│ friends who were born in April.  I know your birthday is │
│ April 30, so you are invited to the party!   ②          │
│                                           │
│ ┌───────────────────────────────────┐ │
│ │   Birthday Party for Friends Born in April          │ │
│ │    ③ : April 20   Time : 1:30 p.m.   ④ : Ken's house │ │
│ └───────────────────────────────────┘ │
│                                     ⑤ ,   │
│                                      ⑥    │
└─────────────────────────────────────────┘
```

ここが ポイント

招待状の書き方
①宛名
②誘うときに使う表現
③日付
④場所
⑤結びの言葉
⑥自分の名前

🔍 **ミス注意**

エは「誰でも歓迎です」,
オは「参加してください」
という意味。

ア Suzuki Mao　　イ Dear Mr. Green　　ウ Date　　エ Everyone is welcome.

オ Please come and join us.　カ Place　キ Sincerely

①(　　)　②(　　)　③(　　)　④(　　)　⑤(　　)　⑥(　　)

WRITING Plus 🖊

次のようなときにどのように言うか, 英語で書きなさい。

(1) 「ポテトチップスはいかがですか」と, 食べものをていねいに勧めるとき。

＿＿＿＿＿＿＿＿＿＿＿＿＿＿＿＿＿＿＿＿＿＿＿＿＿＿＿

(2) (1)に「いいえ, 結構です」と断るとき。

＿＿＿＿＿＿＿＿＿＿＿＿＿＿＿＿＿＿＿＿＿＿＿＿＿＿＿

(3) 次の書き出しで始めて, 自分の持ち物を紹介するとき。

This is the ＿＿＿＿＿＿ that ＿＿＿＿＿＿＿＿＿＿＿＿ .

chips：ポテトチップス

Lesson 5 〜 Take Action!

 関係代名詞（主格・目的格）と後置修飾

解答 ▶ p.27

読聞書話

まとめ

① 関係代名詞（主格）
- 名詞のあとに説明する文をつなぐときは，関係代名詞を使う。
- 関係代名詞の作るまとまりによって説明される名詞を先行詞という。
- 説明する文の中で主語のはたらきをする関係代名詞を主格といい，あとには動詞が続く。
- 主格の関係代名詞は，先行詞が「もの」のときは that か which，「人」のときは who か that を使う。

先行詞が「もの」 I have a bag that[which] has many pockets.
先行詞　関係代名詞　「かばん」←「ポケットがたくさんある」

先行詞が「人」 I have a friend who[that] comes from China.
「友達」←「中国出身の」

② 関係代名詞（目的格）
- 説明する文の中で目的語のはたらきをする関係代名詞を目的格といい，あとには〈主語＋動詞 ～〉の文が続く。
- 目的格の関係代名詞は，先行詞が「もの」のときは that か which，「人」のときは that を使う。
- 目的格の関係代名詞は省略されることもある。

先行詞が「もの」 This is the bag that[which] I bought yesterday.
先行詞　関係代名詞　「かばん」←「私がきのう買った」

＝This is the bag _____ I bought yesterday.

先行詞が「人」 The man that you met there is my father.
「男性」←「あなたがそこで会った」

＝The man ____ you met there is my father.

〈関係代名詞の使い分け〉

格	先行詞	関係代名詞	形	省略
主格	もの	that / which	〈名詞＋関係代名詞＋動詞 ～〉	できない
	人	who / that		
目的格	もの	that / which	〈名詞＋関係代名詞＋主語＋動詞 ～〉	できる
	人	that		

③ 後置修飾（名詞を説明する文）
- 「（人など）が～する…」のように名詞を説明するときは，〈名詞＋主語＋動詞 ～〉で表す。
- 〈名詞＋主語＋動詞 ～〉は関係代名詞（目的格）が省略された文と考えることもできる。

The present I got from him was a book.
〈主語＋動詞 ～〉 「プレゼント」←「私が彼からもらった」

＝The present that[which] I got from him was a book.

練習

1 次の( )内から適する語を選んで，記号を○で囲みなさい。

(1) The girl (ア which イ who) wears glasses is Miki.

(2) She is a singer (ア that イ which) Ken likes the best.

(3) The lake (ア which イ who) you can see from here is Lake Mashu.

(4) It is a song (ア who イ that) is popular among teenagers.

2 次の日本文に合うように，＿＿＿＿に適する語を書きなさい。

(1) これは昨晩，私が割ったガラスです。
This is the glass ＿＿＿＿＿＿＿＿ ＿＿＿＿＿＿＿＿ last night.

(2) 彼が作ったドレスは美しいです。
The dress ＿＿＿＿＿＿ ＿＿＿＿＿＿ ＿＿＿＿＿＿ is beautiful.

(3) 私には速く泳ぐことができる友達がいます。
I have a friend ＿＿＿＿＿＿ ＿＿＿＿＿＿ ＿＿＿＿＿＿ fast.

3 〔 〕内の語句を並べかえて，日本文に合う英文を書きなさい。

(1) ギターをじょうずにひくことができる女の子は香奈です。
〔 well / can / the guitar / the girl / play / that 〕 is Kana.
＿＿＿＿＿＿＿＿＿＿＿＿＿＿＿＿＿＿＿ is Kana.

(2) 毎日使われているコンピューターはとても古いです。
〔 day / used / which / the computer / every / is 〕 is very old.
＿＿＿＿＿＿＿＿＿＿＿＿＿＿＿ is very old.

(3) 彼はその有名な俳優が監督した映画を見ました。
He saw 〔 the / that / famous / directed / actor / the film 〕.
He saw ＿＿＿＿＿＿＿＿＿＿＿＿＿＿＿＿ .

(4) これは私が今までに見たいちばんおもしろいテレビ番組です。
This is 〔 I've ever / interesting / watched / the most / TV program 〕.
This is ＿＿＿＿＿＿＿＿＿＿＿＿＿＿＿＿ .

4 省略できる関係代名詞を含む文をすべて選んで，記号を○で囲みなさい。

ア The man that I know came here. イ Look at the dog that has long ears.

ウ He is the boy who speaks Chinese. エ This is the pen which I got from her.

5 次の日本文を英語になおしなさい。

(1) あれは図書館に行くバスです。

＿＿＿＿＿＿＿＿＿＿＿＿＿＿＿＿＿＿＿＿＿＿＿＿＿＿＿

(2) あなたは私があの店で買ったリンゴを食べましたか。

＿＿＿＿＿＿＿＿＿＿＿＿＿＿＿＿＿＿＿＿＿＿＿＿＿＿＿

文法のまとめ④

解答 p.28

ステージ 1　**Project 2** 国際交流イベントに出展しよう　読 聞 書 話

教科書の 要点　紹介するときの表現　♪ a26

Our city **is known for** its food.　　　私たちの市はその食べ物で知られています。
　　　　　「〜で知られている」

Our city **is famous for** its history.　私たちの市はその歴史で有名です。
　　　　　「〜で有名な」

要点
● 何かを紹介するときは，be known for 〜「〜で知られている」，be famous for 〜「〜で有名な」などで表す。

プラス　「それは〜のために使われています」と言うときは，It is used for .... を使う。

Wordsチェック　次の英語は日本語に，日本語は英語になおしなさい。

□(1)　presentation　　（　　　　　）　　□(2)　below　　（　　　　　）
□(3)　selection　　　（　　　　　）　　□(4)　committee　（　　　　　）
□(5)　配達，（演説の）仕方 _____　□(6)　日付，（年）月日

1 次の日本文に合うように，____ に適する語を書きなさい。

よく出る (1)　私たちの市は，その芸術で有名です。

Our city is _____ _____ its art.

よく出る (2)　私たちはおたがいの意見を尊重しあうべきです。

We should respect _____ _____ ideas.

(3)　あなたは贈り物を2つまで選択できます。

You can choose _____ two gifts.

まるごと暗記
● 「〜で有名な」
　be famous for 〜
● 「おたがい」
　each other
● 「〜まで」
　up to 〜

2 未希は国際交流イベントの出展者に応募するために，自分の地域を紹介するメモを作成しました。（　）内に与えられた語句を使って，日本語のメモに合う英文を完成させなさい。

Topic	landscape
アピールできること	美しい山々で知られている / 秋は紅葉を見にたくさんの観光客が訪れる / 紅葉は地元のレストランで料理のために使われている

Our area is ① . In fall, the leaves change their colors and many tourists come to see them. Some of those colorful leaves are ② . At the Expo, I will show a lot of pictures of our area.

① （known, mountains） _____

② （the dishes, local） _____

 英語の文の形

 英語には5つの文の形があるよ。1年生，2年生で習ったものも含め，確認しておきましょう。

英語の文は，「…は[が]～する / ～である」という形で，主語[主部]と述語[述部]から成り立っている。述部にくる動詞の性質によって，英語の文は5つにわけられる。

He   likes tennis.   彼はテニスが好きです。

Our school   starts at eight o'clock.   私たちの学校は8時に始まります。

主語[主部]   述語[述部]

1 〈主語＋動詞〉の文

Emi   runs in the park.   エミは公園を走ります。

動詞

5つの文の形がわかると，難しい英文も理解しやすくなるよ。

⭐「…は～する」の文。   ※主な動詞：swim, live など

2 〈主語＋動詞＋形容詞〉〈主語＋動詞＋名詞〉の文

Tom   looks   **happy.**   トムは幸せそうに見えます。

動詞   形容詞

⭐He is a student. のような be 動詞の文も該当。   ※主な動詞：sound, become など

3 〈主語＋動詞＋目的語〉の文

We   play   **soccer.**   私たちはサッカーをします。

動詞   目的語

⭐「…を～する」の文。   ※主な動詞：like, study, enjoy, watch など

4 〈主語＋動詞＋目的語＋目的語〉の文

Bob   gave   **Aki**   **some books.**   ボブはアキに何冊か本をあげました。

動詞   目的語   目的語

「人」   「もの」…動詞のあとの目的語は〈人＋もの〉の順

⭐「(人)に(もの)を～する」の文。   ※主な動詞：teach, tell, show, make, buy など

5 ①〈主語＋動詞＋目的語＋名詞〉の文 / ②〈主語＋動詞＋目的語＋形容詞〉の文

① My friends   call   **me**   **Kei.**   私の友だちは私をケイと呼びます。

動詞   目的語   名詞

「人・もの」「名前」

⭐「A を B と呼ぶ[名づける]」の文。〈call[name]＋A(人・動物)＋B(名前)〉の形で使う。

② The movie   made   **me**   **happy.**   その映画は私を幸せにしました。

動詞   目的語   形容詞

「人・もの」「状態」

⭐「A を B(の状態)にする」の文。〈make＋(代)名詞＋形容詞〉の形で使う。

Project 2 ～ プラスワーク

定着のワーク　ステージ2　Lesson 5 〜 Project 2

解答　p.28

読聞書話

1 LISTENING　次の絵についてそれぞれア〜ウの英語を聞いて，絵の内容を最も適切に表しているものを1つ選び，記号で答えなさい。

(1)　(　　　)　　(2)　(　　　)　　(3)　(　　　)

2 (　)内の語が入る正しい位置の記号を〇で囲みなさい。

(1)　Naoki is a baseball player everyone knows.　(that)
　　　　アイ　　　　　　　ウ　　エ

(2)　The bicycle I ride every day is over there.　(which)
　　　　　　　ア　イ　　　ウエ

(3)　I'm sure Ryo will win the game.　(that)
　　　ア　イ　ウ　エ

3 次の2つの文を例にならい，関係代名詞を使って1文にしなさい。

例　The U.S.A. is a country.　I want to visit it.
　→The U.S.A. is a country that I want to visit.

(1)　The man was very kind.　I met him at the station.

レベルUP (2)　This is the cat.　Kumi has to take care of it.

4 〔　〕内の語句を並べかえて，日本文に合う英文を書きなさい。

(1)　彼が私に買ってくれた腕時計は日本製でした。
　〔 he / the watch / bought / made / for me / was 〕in Japan.
　　　　　　　　　　　　　　　　　　　　　　　　　in Japan.

よく出る(2)　結衣は上手に英語を話すことができます。
　〔 able / English / Yui / to / speak / well / is 〕.

(3)　私たちの地域はその独特な言葉で知られています。
　〔 known / language / its / our area / for / unique / is 〕.

重要ポイント

1 (1)which以下に注意して，どんな手紙かを聞き取る。

(2)that以下に注意して，俳優についての説明を聞き取る。

(3)どんなケーキかを聞き取る。

2 (1)(2)この that，which は目的語の働きをする関係代名詞（目的格）。

(3)この that は「〜ということ」を表す接続詞。

3 (2)2文目が先行詞 the cat のあとに続くので,of が文末に残る形になる。

テストに◎出る!
関係代名詞（目的格）の使い分け
(1)先行詞が人→that
(2)先行詞がもの(動物・ことがら)→that, which

4 (1)名詞のすぐあとに〈主語＋動詞 〜〉が続く文にする。関係代名詞は使われていない。

(2)「〜できる」= be able to 〜

(3)「〜で知られている」= be known for 〜

5 次の英文を読んで，あとの問いに答えなさい。

①This is a story most Americans know. ②<u>ある日</u> Rosa Parks, a black woman, ③was ( ) a public bus. She was ④(sit) near the 'Whites Only' section. Soon that section ⑤<u>埋まりました</u>.

(1) 下線部①を日本語になおしなさい。

  (　　　　　　　　　　　　　　　　　　　　　　　　　)

(2) 下線部②，⑤の日本語を，それぞれ２語の英語になおしなさい。

  ② ＿＿＿＿＿＿＿ ＿＿＿＿＿＿＿

  ⑤ ＿＿＿＿＿＿＿

(3) 下線部③が「公共バスに乗っていました」という意味になるように，（ ）内に適する語を書きなさい。

  ＿＿＿＿＿＿＿

(4) ④の（ ）内の語を適する形にかえなさい。

6 次の日本文に合うように， ＿＿＿＿ に適する語を書きなさい。

(1) 彼女には留学するという夢があります。

  She has a dream ＿＿＿＿＿＿ she will study abroad.

(2) 歩いて学校に行く人もいれば，バスに乗っていく人もいます。

  Some walk to school. ＿＿＿＿＿＿ go by bus.

(3) お茶はいかがですか。

  ＿＿＿＿＿＿＿＿＿＿＿＿＿＿＿＿＿＿ some tea?

(4) 私たちはおたがいを助け合わなければなりません。

  We must help ＿＿＿＿＿＿＿＿＿＿＿ .

(5) 水を飲みなさい，さもないと具合が悪くなりますよ。

  ＿＿＿＿＿＿ water, ＿＿＿＿＿＿ you'll get sick.

7 次の日本文を，英語になおしなさい。ただし，（ ）内の指示にしたがうこと。

(1) 彼は私の姉が大好きな歌手です。（that を用いて）

(2) これは私が誕生日に受け取ったカードです。（which を用いて）

(3) 彼女が書いた本は人気があります。（６語で）

重要ポイント

5 (1) most Americans know が前の名詞を説明している。

(3)「～に（乗って）」を表す前置詞を入れる。

得点力をUP

「～に（乗って）」を表す前置詞

公共交通機関，馬など →on

車，タクシーなど →in

6 (1)空所以下が a dream の内容を述べている。「～という」という意味の接続詞を入れる。

(2)「～もいれば，…もいる」は Some ～, others … で表す。

(3)ていねいに食事を勧める言い方。

(5)「～しなさい，さもないと…」は〈命令文, or …〉で表す。

7 (1)「私の姉が大好きな」が「歌手」を後ろから説明する文にする。

(2)「私が誕生日に受け取った」が「カード」を後ろから説明する文にする。

(3)語数より，関係代名詞は使わずに表す。

Lesson 5 ～ Project 2

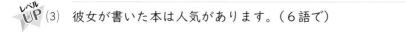

解答 ▶ p.29

実力判定テスト　ステージ 3　Lesson 5 〜 Project 2　30分　　/100　　読 聞 書 話

🎧 **1 LISTENING** 対話を聞いて，その質問の答えとして合っているものを下から選び，🎵 l10
記号を〇で囲みなさい。　　3点×2(6点)

(1) What does Tom have?

　ア　He has a watch his uncle gave to him.

　イ　He has a watch he got in Switzerland.

　ウ　He has a watch to give his uncle for his birthday.

(2) Who was the woman that they met in the park?

　ア　A famous singer.　　　イ　A tennis player.

　ウ　An author of a book about tennis.

2 次の文の(　)内から適する語を選び，記号を〇で囲みなさい。　　2点×5(10点)

(1) The building (　ア　who　イ　which　) stands over there was built five years ago.

(2) He is the man (　ア　that　イ　which　) I saw on the bus.

(3) I know a girl (　ア　who　イ　which　) can cook well.

(4) Do you remember the book (　ア　who　イ　that　) our mother often read for us?

(5) That fiction is based (　ア　in　イ　on　) a true story.

3 〔　〕内の語句を並べかえて，日本文に合う英文を書きなさい。　　5点×2(10点)

(1) ジムは図書館から借りた本を読んでいます。

　〔 the library / a book / Jim / he / from / reading / borrowed / is 〕.

(2) 私がきのう見たテレビ番組はおもしろかったです。

　〔 that / the TV program / yesterday / I / interesting / watched / was 〕.

4 例にならって，次の文の下線部の語句に関係代名詞と(　)内の説明を加えて，1文で表しなさい。　　5点×3(15点)

　例　Do you use the dictionary?（私が昨年あなたに買った）

　　→ Do you use the dictionary that I bought for you last year?

(1) Please show me the pictures.（あなたが沖縄で撮った）

(2) There are many things.（私があなたに言いたい）

(3) She is the woman.（私がきのう話しかけた）

ちょっとBREAKの答え　13〜19歳の若者のことです。語尾に -teen がつく語の年齢の若者を指します。

目標	●関係代名詞(目的格)と後置修飾の用法を理解し, 適切に使うことができるようになりましょう。	自分の得点まで色をぬろう!

自分の得点まで色をぬろう!
😣がんばろう! 😊もう一歩 😄合格!
0　　　　　　　　　　　　60　　80　100点

5 次の対話文を読んで, あとの問いに答えなさい。　　　　　　　　　(計23点)

Hana : ①〔 interesting / there / is / somewhere 〕in Washington, D.C.?

Mark : There is a new museum (　②　) you should visit. It tells ③たくさんの great stories about African-American life, history, and culture.

Hana : Sounds ④魅力的な.

(1) 下線部①の〔　〕内の語を並べかえて, 意味の通る文にしなさい。　　(5点)

　　　　　　　　　　　　　　　　　　　　　　　　　　 in Washington, D.C.?

(2) ②の(　)内に適する英語1語を書きなさい。　　　　　　　　　　　(5点)

(3) 下線部③, ④の日本語を, ③は2語の, ④は1語の英語になおしなさい。　4点×2(8点)

　　③ _____

　　④ _____

(4) 次の文が本文の内容と合っていれば○, 異なっていれば×を書きなさい。　(5点)

　　The new museum in Washington, D.C. shows many things about African-Americans.

　　(　　　　)

6 次の各組の文がほぼ同じ内容を表すように, _____ に適する語を書きなさい。 5点×3(15点)

(1) { Yuji could skate well.
　　 Yuji _____ skate well. }

(2) { I will meet a friend I haven't seen for a long time.
　　 I will meet a friend _____ I haven't seen for a long time. }

(3) { If you don't run to the station, you'll miss the train.
　　 _____ to the station, _____ you'll miss the train. }

7 次の日本文を英語になおしなさい。ただし, (　)内の語を用いること。　7点×3(21点)

(1) 私たちと一緒に夕食はいかがですか。 (would, with)

(2) これはあなたのお父さんが書いた本ですか。 (which)

(3) 私がよく知っている男の子はとても親切です。 (well)

Lesson 5 〜 Project 2

  **Lesson 6** Imagine to Act ①

📖 教科書の **要点**　「もし〜であれば…だろうに」の文（仮定法(1)）🎵 a27

If I **had** wings, I **could fly**.　　　　もし私に翼があれば，私は飛べるだろうに。

　動詞の過去形　　　　助動詞の過去形　〈If＋主語＋動詞の過去形 〜, 主語＋助動詞の過去形＋動詞 …〉

要点
● 「もし〜であれば…だろうに」と言うときは，〈If ＋主語＋動詞の過去形 〜, 主語＋助動詞の過去形＋動詞 …〉で表す。（仮定法）
● 仮定法は，現在の事実と異なることや，可能性が（ほとんど）ないことについて言うときに使う。

プラス　可能性があることについて言うときは，if(もし〜ならば)のあとに動詞の現在形を続ける。
　例　If I <u>have</u> two erasers in my room, I <u>will</u> give one to my brother.

Words チェック　次の英語は日本語に，日本語は英語になおしなさい。

□(1) dinosaur 　（　　　　　　）　□(2) grandchild 　（　　　　　　）
□(3) descendant 　（　　　　　　）　□(4) programming 　（　　　　　　）
□(5) 想像する 　＿＿＿＿＿＿　□(6) 真実，ほんとうのこと ＿＿＿＿＿＿
□(7) 時代 　＿＿＿＿＿＿　□(8) grandchild の複数形 ＿＿＿＿＿＿

1 絵を見て例にならい，「もし私が〜を持っていれば，私は…することができるだろうに」という文を書きなさい。

a pen / lend it to her

a car / visit the lake

glasses / see it

a phone / call him

例　If I had a pen, I could lend it to her.
(1) ＿＿＿＿＿＿ I ＿＿＿＿＿＿ a car, I could visit the lake.
(2) ＿＿＿＿＿＿, I ＿＿＿＿＿＿ see it well.
(3) ＿＿＿＿＿＿＿＿＿＿＿＿＿＿

ここが ポイント
「もし私が〜を持っていれば，私は…することができるだろうに」
〈If I had 〜, I could ＋動詞 …〉

👑 **2** 次の日本文に合うように，（　）内から適する語を選んで，○で囲みなさい。

(1) もし私があの男性を知っていれば，彼に話しかけるだろうに。
　If I (know / knew) that man, I would talk to him.
(2) もし彼がすしが好きなら，彼はすしパーティーに参加できます。
　If he (likes / liked) sushi, he can join the sushi party.

ミス注意
仮定法と条件の if 〜の文の使い分け
● 可能性が（ほとんど）ない
　→仮定法で表す
● 可能性がある
　→if 〜の文で表す

 descendant[diséndənt] は sc の部分の発音に注意しよう。science や fascinating と同じ発音だよ。

3 例にならい，次の2つの文を1文にしなさい。

例 I don't speak Arabic.   So I can't talk with her.
→ If I spoke Arabic, I could talk with her.

(1) Ken doesn't have a camera.   So he can't take pictures.
_____ Ken _____ a camera, he _____ take pictures.

(2) We don't know the song.   So we will not sing it with you.
_____ we _____ the song, we _____ sing it with you.

ここがポイント

「~は…しない。それで—できない[しない]」の文を，「もし~であれば…だろうに」〈If＋主語＋動詞の過去形 ～, 主語＋助動詞の過去形＋動詞 …〉の文に書きかえる。

4 〔 〕内の語句を並べかえて，日本文に合う英文を書きなさい。

(1) もしもっと時間があれば，私はもっと長く寝るだろうに。
〔 I / would / more time / longer / if / sleep / I / had / , 〕.

(2) もし彼がここに住んでいれば，いっしょに遊べるだろうに。
〔 he / together / we / if / play / lived / could / here / , 〕.

(3) もしあなたがタイムマシーンを持っていたら，何をするでしょうか。
〔 if / had / would / do / you / you / what 〕 a time machine?
_____ a time machine?

まるごと暗記

仮定法でよく使う助動詞
● would
「～するだろうに」
● could
「～できるだろうに」

ここがポイント

仮定法の疑問文「もし~ならば何を…でしょうか」
〈What＋助動詞の過去形＋主語＋動詞 ～ if＋主語＋動詞の過去形 …?〉

5 次の日本文に合うように，＿に適する語を書きなさい。

(1) 彼はイギリスで有名な歌手です。
He is the singer _____ is famous in the U.K.

(2) 私は留学したいです。
I _____ _____ _____ abroad.

(3) 私の祖父は，これから20年の間，自分の故郷を見たいと思っています。
My grandfather hopes to see his hometown _____
_____ _____ twenty years.

思い出そう

(1) 関係代名詞
先行詞が「人」で主格のとき，関係代名詞はwhoまたはthatを使う。
(2) to不定詞の名詞用法
want to ～「～したい」

6 ( )内の日本語を参考に，＿に適する語を書きなさい。ただし，文字が与えられている場合はその文字で始めること。

(1) Did you _____ the t_____?   （真実を知っていましたか）
(2) Let's f_____ the _____.   （宝物を探しましょう）
(3) She m_____ her two g_____ in her dream.   （孫に会った）
(4) I am a d_____ of Oda Nobunaga.   （子孫）
(5) A lot of castles were destroyed in the Edo p_____.   （江戸時代）

Lesson 6

  Lesson 6　Imagine to Act ②

解答 p.31

読 聞 書 話

教科書の 要点　if 〜を使わない仮定の文（仮定法⑵）　♪ a28

I wish I **had** wings.　　翼があればいいのになあ。

　　　動詞の過去形　〈I wish＋主語＋(助)動詞の過去形 〜〉「〜であればいいのになあ」

I wish I **could** fly.　　飛べればいいのになあ。

　　　助動詞の過去形

要点 1

● 可能性がほとんどないか，まったくないことについて「〜であればいいのになあ」と願望を言うときは，〈I wish ＋主語＋(助)動詞の過去形 〜〉で表す。

I wish I had wings.　Then I **could** fly.

　　　　　　　　翼があればいいのになあ。そうすれば私は飛べるだろうに。

要点 2

● 文脈から「もし〜であれば」を表していることが明らかな場合は，if 〜は省略することができる。

Wordsチェック　次の英語は日本語に，日本語は英語になおしなさい。

□(1)　translator　　（　　　　　　　）　　□(2)　rhino　　（　　　　　　　）

□(3)　sea lion　　（　　　　　　　）　　□(4)　不平を言う　_____

□(5)　（意思・考え・情報などを）伝達する，知らせる　_____

1 絵を見て例にならい，「〜できればいいのになあ」という文を書きなさい。

run fast

bake a cake

build houses

sing well

例　I wish I could run fast.

(1)　_____ _____ I could bake a cake.

(2)　_____ build houses.

(3)　_____

ここが ポイント

「〜であればいいのになあ」
〈I wish ＋主語 ＋(助)動詞の過去形 〜〉

2 次の（　）内から適する語を選んで，○で囲みなさい。

(1)　I wish I (can / could) skate well.

(2)　I wish I (live / lived) in Australia.

(3)　I wish I had a time machine.　Then I (can / could) go back to the past.

New York「ニューヨーク」の発音は [njùː jɔ́ːrk]。New よりも York の方を強く読むよ！

3 例にならい，次の文を「〜であればいいのになあ」という文に書きかえるとき，＿＿＿に適する語を書きなさい。

例　I can't speak Chinese.　→ I wish I could speak Chinese.

(1)　I can't swim like a fish.

I ＿＿＿＿＿＿ I ＿＿＿＿＿＿ swim like a fish.

(2)　I can't use computers.

＿＿＿＿＿＿ ＿＿＿＿＿＿ I ＿＿＿＿＿＿ use computers.

(3)　I don't have a piano.

＿＿＿＿＿＿ ＿＿＿＿＿＿ I ＿＿＿＿＿＿ a piano.

ここが ポイント

〈I wish＋主語＋(助)動詞の過去形 〜〉を使って，「〜でない」の文を「〜であればいいのになあ」という文に書きかえる

4 〔 〕内の語を並べかえて，日本文に合う英文を書きなさい。

(1)　宿題がなければいいのになあ。

〔 wish / had / homework / I / I / no 〕.

＿＿＿＿＿＿＿＿＿＿＿＿＿＿＿＿＿＿

(2)　上手に絵がかけるといいのになあ。

〔 well / I / could / I / pictures / paint / wish 〕.

＿＿＿＿＿＿＿＿＿＿＿＿＿＿＿＿＿＿

思い出そう

(1)〈no＋名詞〉
〈no＋名詞〉を使って肯定文で否定の意味を表すことができる。

5 次の日本文に合うように，＿＿＿に適する語を書きなさい。

(1)　その赤ちゃんはいつも泣いています。

The baby cries ＿＿＿＿＿＿＿＿＿＿

＿＿＿＿＿＿＿＿＿＿ .

(2)　私は母が好きですが，彼女が怒っているときはそうではありません。

I like my mother, but ＿＿＿＿＿＿＿＿＿＿＿＿＿ she is

angry.

(3)　はっきりとはわかりません。

I don't know ＿＿＿＿＿＿＿＿ ＿＿＿＿＿＿ .

表現メモ

● all the time
「いつも」
● not when 〜
「〜のときはそうではない」
● not 〜 for sure
「はっきりとは〜ない」
for sure は「確かに」の意味。

Lesson 6

6 下の表の内容に合うように，＿＿＿に適する語を書きなさい。

願望	願望が実現したらできること
車を運転する	祖父母を病院に連れて行ける
イヌを飼う	毎日いっしょに散歩できる

(1)　I ＿＿＿＿＿＿ I ＿＿＿＿＿＿ drive a car.

Then I ＿＿＿＿＿＿ take my grandparents to the hospital.

(2)　I ＿＿＿＿＿＿ I ＿＿＿＿＿＿ a dog.

Then I ＿＿＿＿＿＿＿＿＿＿ with him every day.

ミス注意

2文目も仮定法の文。1文目から「もし〜であれば」という意味を表していることが明らかなので，if 〜は省略されている。

ステージ **1** 確認のワーク

解答 ▶ p.31

Lesson 6 Imagine to Act ③

読 聞 書 話

📖 教科書の **要点** 「〜するとすぐ」の文 🎵 a29

As soon as it stopped raining, they went out.　雨がやんですぐ，彼らは外出しました。
⎣ as soon as 〜「〜するとすぐ」⎦ 　　　　コンマ

要点 ⋯⋯⋯⋯⋯⋯⋯⋯⋯⋯⋯⋯⋯⋯⋯⋯⋯⋯⋯⋯⋯⋯⋯⋯⋯⋯

● ある文に「〜するとすぐ」という意味で文をつけ加えるときは，**as soon as** 〜を使う。

● as soon as はひとまとまりで文と文をつなぎ，接続詞のような働きをする。文頭に置くことも
文の途中に置くこともできるが，文頭に置く場合は as soon as に続く文の最後にコンマ（,）を
入れる。
= They went out **as soon as** it stopped raining.

プラス when や if（条件）の文と同じく，as soon as に続く文では未来のことでも現在形を使う。
　例 As soon as my brother gets home, we will start the party.

Words チェック 次の英語は日本語に，日本語は英語になおしなさい。

☐(1) feather 　（　　　　　　）　☐(2) gradually 　（　　　　　　）

☐(3) aircraft 　（　　　　　　）　☐(4) ridiculous 　（　　　　　　）

☐(5) imagination 　（　　　　　　）　☐(6) unexpected 　（　　　　　　）

☐(7) inventor 　（　　　　　　）　☐(8) successful 　（　　　　　　）

☐(9) だれも〜ない 　＿＿＿＿＿　☐(10) 秘密 　＿＿＿＿＿

☐(11) 発明 　＿＿＿＿＿　☐(12) 現代の 　＿＿＿＿＿

👑 **1** 次の日本文に合うように，＿＿＿に適する語を書きなさい。

(1) 家に帰ったらすぐ私に電話しなさい。

Call me ＿＿＿＿＿＿＿＿＿＿＿＿＿＿ you get home.

(2) トムはすわるとすぐ本を読み始めました。

＿＿＿＿＿＿＿＿＿＿＿＿＿＿＿＿＿＿ Tom sat

down, he started reading a book.

ここが ポイント

「〜するとすぐ」
as soon as 〜で表す。as
soon as 〜は文頭に置い
ても，文の途中に置いて
もよい。

---

2 〔　〕内の語を並べかえて，日本文に合う英文を書きなさい。

(1) 真央に会ったらすぐこれをあげてください。

〔 soon / you / Mao / as / as / see 〕, please give it to her.

＿＿＿＿＿＿＿＿＿＿＿＿＿＿＿＿＿, please give it to her.

(2) 健は昼食を食べ終わってすぐ勉強し始めました。

Ken 〔 as / lunch / as / he / finished / started / studying /

soon 〕.

Ken ＿＿＿＿＿＿＿＿＿＿＿＿＿＿＿＿＿＿＿＿.

🔍 **ミス注意**

as soon as 〜は文と文
をつなぐので，後ろには
〈主語＋動詞〉が続く。

---

feather, inventor, secret, unexpected では，secret だけ下線部の e の発音が違うよ！
　[e]　　　[e]　　　[iː]　　　　[e]

❸ 次の英文を読んで，あとの問いに答えなさい。

The Wright Brothers made the first successful flight in 1903. Before this flight, they made a lot of experiments. ①[again / they / and / over / their ideas / tested / over]. Sometimes, their gliders broke into pieces. (②) times, the brothers ③found out that the wings did not work. However, they never gave up. ④As soon as they noticed a problem, they looked for a solution. The brothers knew that they had to learn from the failure.

(1)　下線部①が「彼らは自分たちのアイデアを何度も何度も試しました」という意味になるように，〔　〕内の語句を並べかえなさい。

_____

(2)　②の（　）に適する英語 I 語を書きなさい。

(3)　下線部③で，ライト兄弟は何がわかったのですか。日本語で書きなさい。

（　　　　　　　　　　　　　　　　　　　　　　　　　）

(4)　下線部④を日本語になおしなさい。

（　　　　　　　　　　　　　　　　　　　　　　　　　）

(5)　次の文が本文の内容と合っていれば○，異なっていれば×を書きなさい。

The Wright Brothers gave up their flight after a lot of failure.　　　　　　　　　（　　　）

❹ 次の日本文に合うように，_____ に適する語を書きなさい。

(1)　もし家にプールがあれば，私は今泳ぐだろうに。

_____ I _____ a pool at home, I would swim now.

(2)　彼はカレー料理の作り方を知りたがっています。

He wants to know _____ cook curry.

(3)　一輪車に乗ることができればいいのになあ。

_____ I _____ ride a unicycle.

(4)　彼女は決して他人をからかいません。

She never _____ _____ of other people.

(5)　私の姉は，健康でいるために野菜をたくさん食べます。

My sister eats a lot of vegetables _____
_____ be healthy.

(6)　彼の情報は，いつも真実だとは限りません。

His information is _____ _____ true.

解答 ▶ p.32

ステージ **1**　Lesson 6　Imagine to Act ④　

📖 **教科書の 要点**　　動名詞 / to 不定詞（復習）　🎵 a30

Working hard is the key to success.　いっしょうけんめいに働くことが成功のかぎです。
[動詞の-ing形「〜すること」]

要点 1
●動詞の –ing 形は，「〜すること」という意味を表し，文の主語や動詞の目的語になるなど名詞と同じような働きをする。このような動詞の-ing形を動名詞という。

Don't hesitate **to ask** me questions.　私に質問をするのをためらわないでください。
[〈to ＋動詞の原形〉「〜すること」]

要点 2
●〈to ＋動詞の原形〉を to 不定詞という。to 不定詞には次の用法がある。
[名詞用法「〜すること」]　I want **to play** the piano.
[副詞用法「〜するために」]　Ken went to the store **to buy** some eggs.
[形容詞用法「〜するための」]　Kate has many things **to do** today.
[It is 〜 〈for A〉 to ....]　It is interesting for me **to learn** the language.

Words チェック　次の英語は日本語に，日本語は英語になおしなさい。

☐(1)　hesitate　　　（　　　　　　）　　☐(2)　blackboard　（　　　　　　）
☐(3)　pond　　　　（　　　　　　）　　☐(4)　forever　　　（　　　　　　）
☐(5)　個人的な　　　＿＿＿＿＿＿　　☐(6)　〜に着く，達する　＿＿＿＿＿＿
☐(7)　私自身を〔に〕　＿＿＿＿＿＿　　☐(8)　まじめな，真剣な　＿＿＿＿＿＿

1　次の文に（　）内の語を入れるとき，適切な位置の記号を〇で囲みなさい。

(1)　My brother enjoys baseball.　（playing）
　　ア　　イ　　　ウ　　エ

(2)　Shin will go to the U.K. to English.　（study）
　　ア　イ　ウ　　　エ

(3)　There was to eat in the kitchen.　（nothing）
　　　ア　イ ウ　エ

(4)　It is important for him run every day.　（to）
　　ア　　　イ　　　ウ　エ

(5)　Mr. Ito's job is teach math.　（to）
　　ア　イ　　エ

ここがポイント
(1)動名詞（動詞の-ing形）
(2)〜(5)to 不定詞
(2)副詞用法
(3)形容詞用法
(4)It is 〜 for A to ....
(5)名詞用法

💬 hesitate to 〜は，te と to がくっついて「ヘジテイトゥ〜」のように聞こえるよ。

2 次の日本文に合うように，＿＿＿＿に適する語を書きなさい。

(1) ジャックは切手を集めることが好きです。

① Jack likes ＿＿＿＿＿＿＿ ＿＿＿＿＿＿＿ stamps.

② Jack likes ＿＿＿＿＿＿＿ stamps.

(2) 歌を歌うことは私にとって楽しいです。

① ＿＿＿＿＿＿＿ ＿＿＿＿＿＿＿ fun for me to sing songs.

② ＿＿＿＿＿＿＿ songs is fun for me.

③ ＿＿＿＿＿＿＿ ＿＿＿＿＿＿＿ songs is fun for me.

ここがポイント

「〜すること」
動名詞とto不定詞の名詞用法は，どちらも「〜すること」という意味を表す。
(1)like to 〜＝like 〜ing
(2)It is 〜 for A to ....
＝動名詞 is 〜 for A.
＝to 不定詞 is 〜 for A.

3 〔 〕内の語句を並べかえて，日本文に合う英文を書きなさい。

(1) これは私の父が作ったいすです。

〔 is / my father / a chair / made / this 〕.

(2) 私は，私たちはそれをもっと学ぶべきだと理解しました。

〔 realized / we / I / learn / more / that / should / it 〕.

(3) ゲームをするより本を読むほうがよいです。

〔 better / play games / to / to / read books / it's / than 〕.

ミス注意

(1)前の名詞を〈主語＋動詞 〜〉が後ろから説明している文。関係代名詞は使われていない。
(3)「ゲームをすること」(to play games)と，「本を読むこと」(to read books)を比べている。2つのtoの使い方に注意。

4 次の日本文に合うように，＿＿＿＿に適する語を書きなさい。

(1) 結衣はすてきなアイデアを思いつきました。

Yui ＿＿＿＿＿＿＿ ＿＿＿＿＿＿＿ a nice idea.

(2) 出発することはいつもわくわくするものだとは限りません。

＿＿＿＿＿＿＿ off is not always exciting.

(3) 第一に，彼はやさしいです。第二に，彼はかっこいいです。

＿＿＿＿＿＿＿ , he's kind. ＿＿＿＿＿＿＿ , he's cool.

表現メモ

(1)「〜を思いつく」 come up with 〜
(2)「出発する」 start off
(3)「第一に〜。第二に…。」 First, 〜. Second, ...

WRITING Plus

(1) 次の各問いに対して，あなた自身の答えを英語で書きなさい。

① What would you do if you went to the past?

② What would you do if you had a computer?

(2) 次の書き出しに続けて，あなた自身の願いを英語で書きなさい。

I wish ＿＿＿＿＿＿＿ .

Lesson 6

解答 p.33

Listen 6　スピーチ
Talk 6　あなたはどう思う？

読 聞
書 話

 教科書の **要点**　議論をする　🎵 a31

What do you think about it, Kana?　それについてあなたはどう思いますか，香奈。
　議論を進める

I agree, but we need more time to prepare.
　議論に参加する　　　　　　　　賛成ですが，私たちには準備する時間がもっと必要です。

要点
● 議論を進めるために相手に意見を求めるときは，**What do you think (about it)?**（（それについ
　て）あなたはどう思いますか）などとたずねる。
● 議論に参加するときには **I agree, but 〜.**（賛成ですが，〜。）のように，相手の意見に賛成［反
　対］したり自分の意見を言ったりして，よりよい結論が出るようにする。

プラス 議論を進めるときのほかの表現
　□ Anything else? ほかに何かありますか。　　□ Do you have any ideas? 何かアイデアがありますか。
　□ What shall we do for her? 私たちは彼女のために何をしましょうか。
　議論に参加するときのほかの表現
　□ I have an idea. 私に考えがあります。　　□ That's a good idea. それはよいアイデアですね。
　□ How about giving some flowers? 花をあげるのはどうですか。

Words チェック　次の英語は日本語に，日本語は英語になおしなさい。
　□(1) central　　　（　　　　　）　　□(2) plantation　　（　　　　　）
　□(3) 熱帯雨林　　＿＿＿＿＿　　□(4) 再生する　　＿＿＿＿＿

1 次の対話文が成り立つように，＿＿に適する語を書きなさい。
　A: Kevin is going back to his country next week.
　　① ＿＿＿＿＿ shall we do for him?
　B: ② ＿＿＿＿＿ singing songs? He likes music.
　A: ③ That's a good ＿＿＿. ＿＿＿ do you think, Kana?
　C: ④ I ＿＿＿ agree. We don't have enough time to
　　prepare. I think giving him a letter is better.

ここがポイント
①「彼のために何をしま
しょうか。」
②「歌を歌うのはどうで
すか。」
③「それはよいアイデア
ですね。あなたはどう思
いますか，香奈。」
④「私は賛成ではありま
せん。」

2 次の日本文に合うように，＿＿に適する語を書きなさい。
(1) 私は自分たちの町に美しい自然があることを誇りに思っています。
　　I'm ＿＿＿＿ ＿＿＿＿ our town has natural beauty.
(2) パーティーにはたくさんの食べ物がありました。
　　There were ＿＿＿＿ food at the party.

表現メモ
(1)「〜ということを誇り
に思っている」
　be proud that 〜
(2)「たくさんの〜」
　plenty of 〜

🔊 I have an idea. は「アイハヴァナイディア」のように聞こえるよ。言うときは一息で言おう！

GET Plus 2 もし私があなたなら

読 聞
書 話

教科書の 要点　「もし私があなたなら〜だろう」の文（仮定法(3)）♪ a32

If I were you, I would cook her dinner.　もし私があなたなら，彼女に夕食をつくるだろう。

If I were you, I would 〜.　助動詞の過去形

要点
- 「もし私があなたなら〜だろう」と言うときは，If I were you, I would 〜. で表す。
- if のかたまりの動詞は主語に関係なく were が使われることが多いが，会話では was が使われることもある。

Wordsチェック　次の英語は日本語に，日本語は英語になおしなさい。

□(1)　equality　　　（　　　　　　　）　□(2)　endangered　（　　　　　　　）
□(3)　汚染　　　　　　　　　　　　　　　□(4)　性，性別
□(5)　人間（の）

1 絵を見て例にならい，「もし私があなたなら〜だろう」という文を書きなさい。

play the guitar for her

go to the hospital

ask Ms. Green

take an umbrella

例　If I were you, I would play the guitar for her.

(1)　_____ I _____ you, I would go to the hospital.

(2)　_____, I would ask Ms. Green.

(3)　_____

ここがポイント
「もし私があなたなら〜だろう」の文
If I were you, I would 〜.で表す。主語が何でもwereを使うことが多い。

2〔　〕内の語句を並べかえて，日本文に合う英文を書きなさい。

(1)　私は彼のために何をしたらよいかわかりません。
〔 don't / him / what / do / I / for / to / know 〕.

(2)　もし私があなたなら，駅に走って行くでしょう。
〔 I / I / to / would / if / you / the station / were / run / , 〕.

(3)　もし私があなたなら，私はその試験を受けるでしょう。
〔 would / if / I / you / the test / were / I / take 〕.

表現メモ
(1)「何をしたらよいか」
what to do
(3)コンマ(,)がないので，if 〜を文の後半に置く。

Take Action! GET Plus 2

文法 のまとめ⑤ 仮定法

解答 ▶ p.33

読 聞
書 話

まとめ

① 仮定法

- 仮定法は，現在の事実と異なることや，可能性が（ほとんど）ないことについて言うときに使う。
- 「もし〜であれば…だろうに」と言うときは，〈If ＋主語＋動詞の過去形 〜，主語＋助動詞の過去形＋動詞 〜〉で表す。if 〜がない文もある。

If I had a bigger bag, I could put everything I bought.
　　　動詞の過去形　　　　　　助動詞の過去形

- 「〜であればいいのになあ」と言うときは，〈I wish ＋主語＋(助)動詞の過去形 〜〉で表す。

I wish I had long legs.　　I wish I could swim well.
　　　　動詞の過去形　　　　　　　助動詞の過去形

- 「もし私があなたなら〜だろう」と言うときは，If I were you, I would 〜. で表す。

If I were you, I would be here forever.
　　　were[was]　　助動詞の過去形

練習

1 次の文の（ ）内から適する語句を選び，記号を〇で囲みなさい。

(1) If I (ア　have　イ　having　ウ　had) a school uniform, I would show you.

(2) If it (ア　is　イ　were　ウ　will be)fine tomorrow, I will go to the river.

(3) If I wore glasses, I (ア　will　イ　would) see things more easily.

(4) I wish I (ア　can　イ　could) jump rope many times.

(5) If I (ア　am　イ　are　ウ　were) you, I would not go out.

2 次の日本文に合うように，＿＿＿に適する語を書きなさい。

(1) もし彼が新聞を読んでいれば，もっと多くの情報を得ることができるだろうに。

＿＿＿＿＿ he ＿＿＿＿＿ the newspaper, he could get more information.

(2) もし私たちが牛を飼っていれば，新鮮な牛乳が手に入るだろうに。

＿＿＿＿＿ we ＿＿＿＿＿ a cow, we ＿＿＿＿＿ get fresh milk.

(3) 高く飛べたらいいのになあ。そうすればあのリンゴが取れるだろうに。

＿＿＿＿＿ ＿＿＿＿＿ I ＿＿＿＿＿ jump high. Then I
＿＿＿＿＿ take that apple.

(4) もし私があなたなら，彼女に夕食を作るでしょう。

＿＿＿＿＿ I ＿＿＿＿＿ you, I ＿＿＿＿＿ cook dinner for her.

(5) もし６か月の休みがあれば，あなたは何をするでしょうか。

— 私は世界中を旅行するでしょう。

＿＿＿＿＿ ＿＿＿＿＿ you do if you had a six-month vacation?

— I ＿＿＿＿＿ travel around the world.

3 次の日本文に合うように，＿＿に適する語を書きなさい。

(1) 富士山が見えるよ。　　I ＿＿＿＿＿＿ Mt. Fuji.

(2) 雨の音がします。　　I ＿＿＿＿＿＿ the rain.

(3) 先週，文化祭がありました。

We ＿＿＿＿＿＿ a school festival last week.

(4) 彼にはお姉さんが1人います。

He ＿＿＿＿＿＿ a sister.

(5) 強風で私たちの庭の花がだめになりました。

Strong wind ＿＿＿＿＿＿ the flowers in our garden.

4 次の英文を自然な日本語になおしなさい。

(1) The song made me happy.

（　　　　　　　　　　　　　　　　　　　　）

(2) Where am I?

（　　　　　　　　　　　　　　　　　　　　）

5 〔 〕内の語句や符号を並べかえて，日本文に合う英文を書きなさい。

(1) もし私があなたなら，もっとそれを練習するでしょう。

〔 it / if / I / I / would / you / more / practice / were / , 〕.

(2) 英語を上手に話すことができればいいのになあ。

〔 speak / I / English / wish / I / well / could 〕.

(3) もし私がネコを飼っていたら，私はいつもそれと遊ぶだろうに。

〔 I / all the time / a cat / with / if / had / would / I / play / it / , 〕.

(4) もし十分な時間があれば，私はもっと多くの映画を見るだろうに。

〔 watch / if / I / enough / more movies / would / had / time / I 〕.

6 次の日本文を英語になおしなさい。

(1) もし時間があれば，私はキャンプに行くだろうに。

(2) 速く泳ぐことができればいいのになあ。

(3) もし私があなたなら，彼に手紙を書くでしょう。

解答 p.34

定着のワーク　ステージ 2　Lesson 6 〜 文法のまとめ ⑤　読 聞 書 話

1 LISTENING　英文を聞いて，その内容に合う絵を下から選び，記号で答えなさい。♪ 11

(1) ア　イ　ウ

(2) ア　イ　ウ

(1) （　　　）　　(2) （　　　　）

2 例にならい，次の2つの文を1文にしなさい。

例　I don't have time.　So I can't cook him lunch.
　　→If I had time, I could cook him lunch.

(1) I don't know that girl.　So I will not talk to her.
　　_____ I _____ that girl, I
　　_____ talk to her.

(2) Yui doesn't understand French.　So she can't read that book.
　　_____ Yui _____ French, she
　　_____ read that book.

3 〔　〕内の語句を並べかえて，日本文に合う英文を書きなさい。

(1) 私が鳥だったらいいのになあ。〔 a bird / wish / I / I / were 〕.

(2) もし私があなたなら，彼女にプレゼントをあげるでしょう。
　〔 give / were / would / I / if / I / you / a present / her / , 〕.

(3) 家に帰ったらすぐ手を洗いなさい。
　〔 get / as / as / you / wash / home / hands / soon / your 〕.

(4) 新しい場所を訪れることは私にはおもしろいです。
　〔 to / new places / interesting / visiting / is / me 〕.

重要ポイント

1 (1)願望の内容は，I wish のあとに述べられる。
(2)1文目で願望が述べられ，それがかなえられたら何ができるかが2文目で述べられている。

2 (1)「もし私がその女の子を知っていれば，彼女に話しかけるだろうに。」
(2)「もし結衣がフランス語をわかっていれば，彼女はその本を読むことができるだろうに。」

テストに出る!
仮定法の(助)動詞の形
仮定法では動詞も助動詞も必ず過去形を使う。

3 (1)「〜であればいいのになあ」=〈I wish＋主語＋(助)動詞の過去形 〜〉
(2)「もし私があなたなら〜だろう」= If I were you, I would 〜.
(3)「〜するとすぐ」= as soon as 〜
(4)動詞の -ing 形（動名詞）を主語にする。

得点力をUP

as soon as 〜「〜するとすぐ」
as soon as は接続詞と同じような働きをする。あとには〈主語＋動詞〜〉の文の形が続く。

4 次の対話文を読んで，あとの問いに答えなさい。

Kate : ①What (　　　) you do (　　　) you had one?

Riku : ②If I had a time machine, I would go to the past.　I want to see the dinosaurs.

(1) 下線部①の（　）内に適する語を書きなさい。

＿＿＿＿＿＿＿＿＿＿＿＿＿＿＿

(2) 下線部②を日本語になおしなさい。
（　　　　　　　　　　　　　　　　　　　　　）

(3) 本文の内容と合うように，＿＿＿に適する語を書きなさい。
Riku would go to the past ＿＿＿＿＿ ＿＿＿＿＿ the dinosaurs if he had a time machine.

5 次の日本文に合うように，＿＿＿に適する語を書きなさい。

(1) 私は確かにそれを知っています。
I know it ＿＿＿＿＿＿＿ ＿＿＿＿＿＿＿ .

(2) あなたはどう思いますか。— 賛成ですが，忙しくなりますね。
＿＿＿＿＿＿＿＿＿ do you ＿＿＿＿＿＿＿ ?
— I ＿＿＿＿＿＿＿ , ＿＿＿＿＿＿＿ we will be busy.

(3) もし私があなたなら，彼にEメールを送るでしょう。
＿＿＿＿＿＿＿＿＿ I were you, I ＿＿＿＿＿＿＿ send him an e-mail.

(4) 彼は友達によくからかわれます。
He's often ＿＿＿＿＿＿＿ fun ＿＿＿＿＿＿＿ by his friends.

(5) 私たちは翌朝，早く起きるために早く寝ました。
We went to bed early ＿＿＿＿＿＿＿＿＿＿ ＿＿＿＿＿＿＿ get up early the next morning.

(6) 川で泳ぐよりも湖で泳ぐ方がよいです。
It is better ＿＿＿＿＿＿＿ swim in the lake ＿＿＿＿＿＿＿ swim in the river.

6 次の日本文を，英語になおしなさい。

(1) 上手に料理ができればいいのになあ。

(2) もしもっと時間があれば，私はもっとテレビを見るだろうに。

(3) もし私があなたなら，そこへはバスで行くでしょう。

重要ポイント

4 (2) if のあとに動詞の過去形 had，助動詞の過去形 would が使われている。「もし〜であれば…だろうに」と訳す。
(3)「陸は恐竜を見るために，過去に行くでしょう」

テストに出る！
「もし〜なら，あなたは何をするでしょうか。」What would you do if 〜？で表す。

5 (2)「賛成です」と相手に同意してから，「しかし〜」と意見をつけ足している。
(3)「もし私があなたなら〜だろう」は If I were you, I would 〜. で表す。
(4)「〜をからかう」は make fun of 〜。ここでは受け身形になっている。
(5)「〜するために」を3語で表す。
(6)「川で泳ぐこと」と「湖で泳ぐこと」を比べている。

6 (1)「上手に」= well
(2)「もっと時間がある」= have more time「もっとテレビを見る」= watch TV more
(3)「そこへバスで行く」= go there by bus

Lesson 6 〜 文法のまとめ⑤

解答▶p.35

実力判定テスト　ステージ3　Lesson 6 〜 文法のまとめ⑤　30分　/100　読 聞 書 話

1 LISTENING　英語を聞いて，その内容に合うように（　）に適する日本語を書きなさい。

♪ L12　3点×4（12点）

> ・健は①(　　　　　　　　　　　　)がほしいと思っている。
>
> ・健は(　①　)があれば②(　　　　　　　　　　　　)ことや
>
> 　③(　　　　　　　　　　　　)ことができるだろうと思っている。
>
> ・ジェーンは(　①　)があれば④(　　　　　　　　　　　)
>
> 　こともできるだろうと言っている。　　　　＊②③は順不同。

2 次の日本文に合うように，＿＿＿に適する語を書きなさい。　　　3点×5（15点）

(1) 一輪車の乗り方を私たちに教えてください。

Please tell us ＿＿＿＿＿＿＿＿ ＿＿＿＿＿＿＿＿ ride a unicycle.

(2) 香奈は8時に朝食を食べ終わりました。

Kana ＿＿＿＿＿＿＿＿ ＿＿＿＿＿＿＿＿ breakfast at eight o'clock.

(3) そのネコはいつも寝ています。

The cat sleeps ＿＿＿＿＿＿＿＿ ＿＿＿＿＿＿＿＿ ＿＿＿＿＿＿＿＿.

よく出る (4) 彼の答えはいつも正しいとは限りません。

His answers ＿＿＿＿＿＿＿＿ ＿＿＿＿＿＿＿＿ correct.

レベルUP (5) もし私があなたなら，それはしないでしょう。

＿＿＿＿＿＿＿＿ I ＿＿＿＿＿＿＿＿ you, I ＿＿＿＿＿＿＿＿ ＿＿＿＿＿＿＿＿ do that.

3 例にならい，次の2つの文を1文にしなさい。　　　5点×2（10点）

例　I don't have time.　So I can't watch TV.

　→ If I had time, I could watch TV.

(1) She doesn't know Tom's phone number.　So she won't call him.

＿＿＿＿＿＿＿＿＿＿＿＿＿＿＿＿＿＿＿＿＿＿＿＿＿＿＿＿＿＿＿＿

レベルUP (2) He doesn't have anything to write with.　So he can't write it down.

＿＿＿＿＿＿＿＿＿＿＿＿＿＿＿＿＿＿＿＿＿＿＿＿＿＿＿＿＿＿＿＿

4 例にならい，次の文を「〜であればいいのになあ」という文に書きかえなさい。

例　I can't ski.　→ I wish I could ski.　　　5点×2（10点）

(1) I can't dance well like Sachi.

＿＿＿＿＿＿＿＿＿＿＿＿＿＿＿＿＿＿＿＿＿＿＿＿＿＿＿＿＿＿＿＿

(2) I don't have a bicycle.

＿＿＿＿＿＿＿＿＿＿＿＿＿＿＿＿＿＿＿＿＿＿＿＿＿＿＿＿＿＿＿＿

ちょっとBREAKの答え　「現在」は英語で present といいます。「贈り物」を表す語と同じです。

目標 ●仮定法の用法を理解し，適切に使うことができるようになりましょう。

自分の得点まで色をぬろう!
😩がんばろう!		😊もう一歩	😄合格!

0　　　　　　　　　　　　　　　　60　　80　　100点

5 ジンがペットのネコについて書いた英文を読んで，あとの問いに答えなさい。　　（計17点）

①I wish I could make a translator app.　Then she ②(can) tell me her feelings, and we ③(can) communicate better.

(1)　下線部①を日本語にしなさい。　　　　　　　　　　　　　　　（5点）

（　　　　　　　　　　　　　　　　　　　　　　　　　　　　　　）

(2)　②，③の（　）内の語を適する形にしなさい。　　　　　　2点×2（4点）

②　＿＿＿＿＿＿＿　　　　③　＿＿＿＿＿＿＿

(3)　次の文が本文の内容と合っていれば○，異なっていれば×を書きなさい。　4点×2（8点）

1.　Jing has already got a translator app.　　　　　　　　　　（　　　）

2.　Jing wants a translator app in order to communicate with her cat better.

（　　　）

6 〔　〕内の語句を並べかえて，日本文に合う英文を書きなさい。ただし，下線部の語は適する形に変えて書くこと。　　　　　　　　　　　　　　　　　　6点×3（18点）

(1)　結衣はそのとき，おもしろいアイデアを思いつきました。

〔 with / an / idea / come / then / Yui / up / interesting 〕.

(2)　もしもっといっしょうけんめい勉強すれば，彼女はよい点が取れるだろうに。

〔 study / a good score / get / harder / if / she / she / can / , 〕.

(3)　もし家の鍵をなくしたら，あなたはどうするでしょうか。

〔 do / house key / if / will / what / you / your / lose / you 〕?

7 次の日本文を英語になおしなさい。　　　　　　　　　　　　6点×3（18点）

(1)　エミリー（Emily）がここに来たらすぐに，私たちはサッカーをするつもりです。

(2)　もし私があなたなら，北海道（Hokkaido）に住むでしょう。

(3)　もしもっと時間があれば，私はスペイン語を習うだろうに。

Lesson 6 〜 文法のまとめ⑤

確認 のワーク ステージ 1 Lesson 7 For Our Future ① 読 聞 書 話

解答 p.36

教科書の 要点 「なぜ〜なのか…」（間接疑問） ♪ a33

（疑問文） Why is Miki sad? 美紀はなぜ悲しいのですか。

（間接疑問） I don't know why Miki is sad. 私は，美紀がなぜ悲しいのかわかりません。
主語 動詞 〈疑問詞＋主語＋(助)動詞〉 why Miki is sad が目的語

要点
● why，what などの疑問詞を使った疑問文がほかの文の中に入った形を**間接疑問**という。
● 間接疑問では〈疑問詞＋主語＋(助)動詞〉の語順になる。
● 疑問詞が主語の文を入れる場合，間接疑問は〈疑問詞（＝主語）＋(助)動詞〉のままで語順は変わらない。 例 Do you know who can sing well?

プラス 目的語を2つとる動詞では，2番目の目的語の部分に間接疑問を使うことができる。
例 Please tell me who he is.

Words チェック 次の英語は日本語に，日本語は英語になおしなさい。

□(1) figure （　　　　　　） □(2) moon （　　　　　　）
□(3) （母語）話者 ＿＿＿＿＿ □(4) 会社 ＿＿＿＿＿

1 絵を見て例にならい，「〜が，何を／なぜ／どこに…しているのか知っています」という文を書きなさい。

he / what / read

(1) she / what / make

(2) she / why / cry

(3) he / where / go

例 I know what he is reading.
(1) I know ＿＿＿＿＿＿＿ she is making.
(2) I know ＿＿＿＿＿＿＿＿＿＿＿ .
(3) ＿＿＿＿＿＿＿＿＿＿＿＿＿＿＿

ここが ポイント
間接疑問の語順
基本は〈疑問詞＋主語＋(助)動詞〉。間接疑問が現在進行形の場合は〈疑問詞＋主語＋be動詞＋動詞の-ing形〉。

2 （　）内の疑問詞が入る正しい位置の記号を○で囲みなさい。
(1) Ken asked Emily she wanted to do. （what）
　ア　イ　ウ　エ　　オ

(2) I don't know broke the mirror. （who）
　ア　イ　ウ　エ　　オ

ミス注意
(2)疑問詞が主語の文を間接疑問にする場合は，〈疑問詞＋(助)動詞〉の語順になる。

 have a great time は1語1語区切らず，前後の音をつなげて「ハヴァグレイタイム」のように言うよ！

③ 次の疑問文を与えられた書き出しに続けて間接疑問にしなさい。

(1) Where is Mary?

　I don't know _____ .

(2) When will he visit us?

　I want to know _____ .

(3) How do you cook the curry?

　Tell me _____ .

(4) Who bought so many tomatoes?

　Do you know _____ ?

ミス注意
(4)疑問詞が主語の文を間接疑問にする。

④ 〔 〕内の語を並べかえて，日本文に合う英文を書きなさい。

(1) 彼はなぜきのう来なかったのかしら。

　〔 didn't / wonder / yesterday / I / why / he / come 〕.

(2) 彼にいつ出発するつもりかたずねなさい。

　〔 to / him / leave / he / ask / going / is / when 〕.

(3) 私たちは今，何をするべきか知っていますか。

　〔 what / do / do / we / know / should / now / you 〕?

まるごと暗記
I wonder ～.
「かしら(と思う)」

ミス注意
「(人)に(もの)をたずねる」は〈ask ＋(人)＋(もの)〉の語順。
(もの)の部分を間接疑問にする。

⑤ 次の日本文に合うように，＿＿＿に適する語を書きなさい。

(1) 私たちはパーティーで楽しい時を過ごしました。

　We _____ a great _____ at the party.

(2) 亮は将来，先生になりたいと思っています。

　Ryo wants to be a teacher _____ the _____ .

(3) 困っている人を助けなさい。

　Help people _____ .

(4) 結衣は彼らが何と言ったのか理解できませんでした。

　Yui couldn't _____ what they said.

(5) あなたはもっと多くの努力を勉強に費やすべきです。

　You should _____ more effort _____ studying.

(6) あなたはこの町の外に住みたいですか。

　Do you want to live _____ _____ this town?

(7) 私の父は，その言語について研究しています。

　My father is _____ _____ the language.

(8) 実を言えば，私はイヌが好きではありません。

　_____ _____ the _____ , I don't like dogs.

表現メモ
(1)「楽しい時を過ごす」
　have a great time
(2)「将来」
　in the future
(3)「困って」
　in need
(4)「解く，理解する」
　figure out
(5)「～を…に費やす」
　put ～ into ...
(6)「～から外側へ」
　out of ～
(7)「～について研究する」
　research on ～
(8)「実を言えば」
　to tell the truth

Lesson 7

確認のワーク ステージ **1** 　**Lesson 7** For Our Future ② 読聞書話

教科書の 要点　「A が〜するのを手伝う」　♪a34

Miki **helped me cook** lunch.　　　　美紀は私が昼食を作るのを手伝ってくれました。

〈help ＋ A ＋動詞の原形〉

要点

● 「A(人)が〜するのを手伝う」と言うときは，〈help ＋ A ＋動詞の原形〉で表す。
● A の部分に代名詞がくるときは，目的格(「〜を[に]」の形)を使う。
● 動詞の原形のかわりに〈to ＋動詞の原形〉を使うこともある。
　Miki helped me <u>to cook</u> lunch.

Words チェック　次の英語は日本語に，日本語は英語になおしなさい。

□(1) decision 　　　　(　　　　　　　)　　□(2) doghouse 　　　(　　　　　　　)

□(3) performing arts 　(　　　　　　　)　　□(4) 離れて 　　　＿＿＿＿＿＿＿

□(5) まじめに，本気で 　＿＿＿＿＿＿＿

1 絵を見て**例**にならい，「〜は私が…するのを手伝ってくれました」という文を書きなさい。

clean my room

(1) do my homework

(2) carry the boxes

(3) look for my eraser

例　My sister helped me clean my room.

(1)　Tom ＿＿＿＿＿＿＿ me ＿＿＿＿＿＿＿ my homework.

(2)　My father ＿＿＿＿＿＿＿＿＿＿＿＿＿＿＿＿＿＿＿＿＿ .

(3)　They ＿＿＿＿＿＿＿＿＿＿＿＿＿＿＿＿＿＿＿＿＿＿＿ .

ここがポイント

「A(人)が〜するのを手伝う」
● 〈help ＋ A ＋動詞の原形〉で表す。
● A が代名詞の場合は，目的格になる。

よく出る 2 (　)内に適する語句をア〜エから選び，記号を○で囲みなさい。

(1)　I sometimes help my mother (　　　) the dishes.

　　ア　is washing　　イ　wash　　ウ　washes　　エ　washed

(2)　The teacher helped (　　　) answer the question.

　　ア　he　　　　　イ　his　　　ウ　him　　　　エ　himself

(3)　My brother helped (　　　) breakfast.

　　ア　I made　　　イ　me making
　　ウ　my make　　エ　me make

思い出そう

(2)代名詞の目的格

I	me
you	you
he	him
she	her
we	us
they	them

<u>rea</u>dy の下線部は [e]，<u>dea</u>l の下線部は [iː] と発音するよ。同じつづりでも発音が違うので気をつけよう！

3 次の英文を日本語になおしなさい。

(1) My sister helped me bake bread.

( )

(2) I helped Emily put on kimono.

( )

まるごと 暗記

● bake bread
「パンを焼く」
● put on 〜
「〜を身に着ける」

4 〔 〕内の語句を並べかえて，日本文に合う英文を書きなさい。

(1) グリーン先生は私が英語の手紙を読むのを手伝ってくれました。

〔 helped / Ms. Green / the English letter / read / me 〕.

(2) あなたのお父さんが壁にペンキを塗るのを手伝いなさい。

〔 the wall / your father / paint / help 〕.

(3) 私が植物に水をやるのを手伝ってもらえませんか。

〔 you / me / water / can / help / the plants 〕?

思い出そう

(2)命令文
動詞の原形で文を始めるので，〈Help＋A＋動詞の原形 〜.〉の形になる。
(3)「〜してもらえませんか」
Can you 〜? で依頼を表す文になる。

5 次の日本文に合うように，＿＿に適する語を書きなさい。

(1) あなたはそれについて決断しましたか。

Have you ＿＿＿＿ a ＿＿＿＿ about it?

(2) 私は行く準備ができていません。

I'm not ＿＿＿＿ ＿＿＿＿ go.

(3) 彼はその問題に対処しなければなりません。

He has to ＿＿＿＿ ＿＿＿＿ the problem.

(4) 連絡を取り合いましょう。

Let's ＿＿＿＿ ＿＿＿＿ ＿＿＿＿ .

(5) 私はあなたがいなくて寂しく思うでしょう。

I'll ＿＿＿＿ ＿＿＿＿ .

(6) 私の両親はいつも私の味方です。

My parents are always ＿＿＿＿ my ＿＿＿＿ .

(7) 彼らは雨のときでさえ海で泳ぎます。

They swim in the sea ＿＿＿＿ ＿＿＿＿ it's rainy.

表現メモ

(1)「決断する」はmake a decision。decisionは動詞decide(決定する)の名詞形。
(4)これからしばらく会えなくなるようなときなどによく使う表現。
(5)I'llをIにすると，「あなたがいなくて寂しい」という意味になる。
(6)「味方」には「(敵・味方の)側，派」という意味の語を入れる。

6 ( )内の日本語を参考に，＿＿に適する語を書きなさい。

(1) I'm trying to believe ＿＿＿＿ . （自分を信じる）

(2) I ＿＿＿＿ my goal ＿＿＿＿ the ＿＿＿＿ . （未来の目標を決めた）

(3) I ＿＿＿＿ ＿＿＿＿ ＿＿＿＿ my friend yesterday.

（友だちと仲直りした）

Lesson 7

確認 のワーク ステージ **1** **Lesson 7** For Our Future ③

読 聞
書 話

教科書の 要点 さまざまな that（復習） ♪ a35

関係代名詞
の that
I want to go to the place **that** has a nice view. 私は景色がよい場所
に行きたいです。

先行詞 ▶ 関係代名詞 that（主格）

要点 1

● 「もの」や「人」を表す名詞（先行詞）に説明する文をつけ加えるときは，関係代名詞 that を使う。

● 関係代名詞 that のかわりに which や who を使って表すこともできる。

● 関係代名詞には主格と目的格がある。目的格の that[which] は省略できる。

（主格） This is the place that[which] has a nice view.
I know the boy that[who] runs fast.

（目的格） I had dinner (that[which]) my father cooked.
She is the girl (that) my brother likes.

格	先 行 詞	関 係 代 名 詞	
主格	もの・動物 ことがら	which	that
	人	who	
目的格	もの・動物 ことがら	which	
	人	—	

接続詞
の that
I realized **that** it was important to believe in myself.

接続詞 that「〜ということ」 私は自分を信じることが大切だということを理解しました。

要点 2

● 「〜ということ」は接続詞 that を使う。that のあとは〈主語＋動詞 〜〉の文の形が続く。

● 接続詞の that は省略できる。

Wordsチェック 次の英語は日本語に，日本語は英語になおしなさい。

□(1) organization （ ） □(2) understanding （ ）

□(3) attention （ ） □(4) artificial （ ）

□(5) intelligence （ ） □(6) researcher （ ）

□(7) 〜の中で _____ □(8) 明確に _____

□(9) 意思の疎通 _____ □(10) 参照する _____

1 次の語が入る正しい位置の記号を〇で囲みなさい。

(1) I met a man is from New York. （that）
　　ア　イ　　ウエ　オ

(2) Do you think AI will change our lives? （that）
　　ア　イ　　ウ　　エ　　　　オ

(3) Sachi is not a girl can speak German. （who）
　　　アイ　ウ　　エ　オ

(4) This is the treasure I have wanted to show you. （which）
　　　ア　　　　イ　ウ　エ　　オ

ここが ポイント

(1)(3)(4)関係代名詞を入れる位置
説明する名詞（先行詞）の直後に入れる。
(2)接続詞 that を入れる位置
後ろに〈主語＋動詞 〜〉が続く直前に入れる。

-tion で終わる語は，その直前を強く読むよ！ orgaṇizátion, communicátion, atténtion

2 次の英文を読んで，あとの問いに答えなさい。

The NGO's team members are from different ①(country), and we speak different languages.　We use English to communicate within the team and with local doctors.　②Our team [medical treatments / the local doctors / helps / learn].　③They help us learn the patients' needs.　Sometimes we cannot understand each other well.　I have learned (　④　) I need to explain things clearly and sensitively.

(1)　①の（　）内の語を適する形にかえなさい。

(2)　下線部②の〔　〕内の語句を並べかえて，意味の通る英文にしなさい。

Our team _____ .

(3)　下線部③を日本語になおしなさい。

（　　　　　　　　　　　　　　　　　　　　　　）

(4)　④の（　）に適する語を下から選び，記号を○で囲みなさい。

　ア　when　　　イ　because　　　ウ　that

(5)　英語は何のために使われていますか。日本語で答えなさい。

（　　　　　　　　　　　　　　　　　　　　　　）

3 次の日本文に合うように，＿＿＿に適する語を書きなさい。

(1)　私は注意してその箱を運びました。

I carried the box _____ care.

(2)　香奈はサッカーチームに所属しています。

Kana _____ the soccer team.

(3)　結衣は耳の長いイヌを飼っています。

Yui has a dog _____ _____ long ears.

(4)　宿題のために，その本を参照しなさい。

_____ _____ that book for your homework.

(5)　あなたたちは心に明確な目標を持つべきです。

You should have clear goals _____ .

(6)　私たちはカリフォルニアに一度行ったことがあります。

We _____ California once.

(7)　彼女は世界中を旅しました。

She traveled _____ .

(8)　彼は私に帽子をくれました。さらに，かばんもくれました。

He gave me a cap. _____ _____ , he gave me a bag.

思い出そう

(2)〈help＋A＋動詞の原形〉「A(人)が〜するのを手伝う」

思い出そう

接続詞
when　「〜のとき」
that　「〜ということ」
because
　「(なぜなら)〜だから」
if　　「もし〜ならば」

ことばメモ

● medical「医療の」
● treatment
　「治療，手当」
● local
　「地域の，その地方の」
● patient「患者」
● 〜's needs
　「〜に必要なもの」

　**表現メモ**

with の主な意味
①「〜といっしょに」
go to school with Eri
②「〜を使って」
write with a pen
③「〜について」
help me with my homework
④「〜なので」
With familiar names, they can read it easily.
⑤「〜を伴って」
with care and attention

Lesson 7

 ステージ **1** **Lesson 7** For Our Future ④ 読 聞 書 話

解答 ▶ p.38

教科書の **要点** 〈more ＋名詞 〜 than ...〉の文 a36

More tourists came **than** ever before. これまでよりもっと多くの観光客が来ました。

「もっと多くの[多い]〜」　　「これまでより」

要点

● 〈more ＋名詞 〜 than ...〉で「…よりもっと多くの[多い]〜」という意味を表す。
● than ever before は「これまでより」という意味。
● more のさまざまな用法
（形容詞）　I want to drink more water.
（副詞）　　You have to study more.
（形容詞・副詞の前について比較級をつくる）　This song is more popular than that one.

Wordsチェック 次の英語は日本語に，日本語は英語になおしなさい。

□(1)　inn　　　　（　　　　　）　　□(2)　appear　　　　（　　　　　）
□(3)　brochure　（　　　　　）　　□(4)　interview　　　（　　　　　）
□(5)　satisfied　（　　　　　）　　□(6)　washing machine（　　　　）
□(7)　外国人　＿＿＿＿＿＿　　□(8)　返答　＿＿＿＿＿＿
□(9)　客　＿＿＿＿＿＿　　□(10)　隔てる　＿＿＿＿＿＿

1 （　）内に適する語句をア〜ウから選び，記号を〇で囲みなさい。

(1)　The hotel had (　　　) guests than before.
　　　ア　many　　　イ　much　　　　ウ　more

(2)　Mr. Yokoi is (　　　) than Mr. Sagawa.
　　　ア　famous　　イ　more famous　　ウ　most famous

(3)　Things are more expensive than (　　　).
　　　ア　forever　　イ　never after　　ウ　ever before

思い出そう
比較の文
● 〈比較級＋than 〜〉
「〜よりも…」
● 〈the ＋ 最 上 級 ＋
in[of] ...〉「…の中で最
も[いちばん]〜」
＊つづりの長い語の比
較級・最上級は，more,
mostを使う。

2 次の日本文に合うように，＿＿＿に適する語を書きなさい。

(1)　彼らは無料ワイファイがあることで，より満足するでしょう。
　　　They will be ＿＿＿＿＿＿ ＿＿＿＿＿＿ with free Wi-Fi.

(2)　彼は自分の考えをもっと広げるべきです。
　　　He should ＿＿＿＿＿ his mind ＿＿＿＿＿.

(3)　100人より多くの人がそこを訪れました。
　　　＿＿＿＿＿ ＿＿＿＿＿ hundred people visited there.

(4)　その川は以前よりきれいです。
　　　The river is cleaner ＿＿＿＿＿＿＿＿＿＿.

ことばメモ
● 「ワイファイ」Wi-Fi
● 「考え，心，精神」
　　　　　　mind
● 「〜を広げる」broaden
● 「きれい」　clean

 foreigner の g は読まずに，[fɔ́ːrənər] と発音するよ！ foreign[fɔ́ːrən] も同じだね。

❸ 次は，海斗が自分にあてたビデオメッセージを作るために書いたメモです。この内容に合うように〔　〕内の語句を並べかえなさい。

Opening	・20歳の自分へのあいさつ ・将来はどんな生活をしているのか想像できない。
Body	・いちばん好きな教科は英語。 ・まだグリーン先生と連絡を取り合っているか？
Closing	・5年後に会おう！

Hi, Kaito!　You're 20, right?　①I can't imagine 〔 my life / the future / how / will / in / be 〕.
For me now, English is my favorite subject.　Do you still like English?　I sometimes speak English with our English teacher, Ms. Green.　②〔 with / you / keep / do / in / her / touch / still 〕?
I hope this video reminds you of the great times in Aoki Junior High School.　③〔 five / you / see / years / in 〕!

① I can't imagine _____ .
② _____
③ _____

ここがポイント

メッセージの文章構成
1．Opening(あいさつ)
2．Body(伝えたいメッセージや質問)
3．Closing(ひとこと)

思い出そう

①間接疑問の語順
〈疑問詞＋主語＋(助)動詞〉。ここでは助動詞willのあとにbe動詞の原形beが続く。

まるごと暗記

①in the future
「将来」
②keep in touch with 〜
「〜と連絡を取り合う」
③See you.
「じゃあまた。」

❹ 次の日本文に合うように，____ に適する語を書きなさい。

(1) 私はなぜなのかわかりません。
　　I don't _____ _____ .

(2) ハンバーガーだけでなく，彼はピザも食べました。
　　_____ _____ a hamburger, he ate pizza.

(3) このようにして，彼らはお金持ちになりました。
　　_____ this _____ , they became rich.

(4) 最初は一輪車に乗ることは難しかったです。
　　_____ _____ , riding a unicycle was difficult.

ことばメモ

疑問詞1語で動詞の目的語になることができる。
I don't know when.
「いつなのかわかりません。」
I don't know how.
「どうするのかわかりません。」

WRITING Plus

次のようなときに，相手にどのように伝えるか英語で書きなさい。

(1) なぜカレン(Karen)が泣いているのか知らないと伝える場合。

(2) 自分の部屋を掃除するのを手伝ってほしいと伝える場合。

(3) 拓也(Takuya)が東京出身であることを知っているかとたずねる場合。

cry：泣く　Can you 〜?：〜してもらえませんか。　from 〜：〜出身の

Lesson 7

解答 p.38

GET Plus 3　教室の飾りつけをしてもらいたいです　読 聞 書 話

教科書の 要点　「A（人など）に〜してもらいたい」　 a37

I want ⬚ to decorate the room.　私は部屋の飾りつけをしたいです。

人などを表す語を入れる　部屋の飾りつけをするのは「私」

I want you to decorate the room.　私はあなたに部屋の飾りつけをしてもらいたいです。

〈want ＋ A ＋ to ＋動詞の原形〉　部屋の飾りつけをするのは「あなた」

要点
- 「A（人など）に〜してもらいたい」と言うときは，〈want ＋ A ＋ to ＋動詞の原形〉で表す。
- Aの部分に代名詞がくるときは，目的格（「〜を，〜に」の形）を使う。

プラス　この形の表現にはほかに以下のようなものがある。
- 〈tell ＋ A ＋ to ＋動詞の原形〉（Aに〜するように言う）
- 〈ask ＋ A ＋ to ＋動詞の原形〉（Aに〜するように頼む）
- 〈would like ＋ A ＋ to ＋動詞の原形〉（Aに〜してもらいたいのですが）は，ていねいに指示したり，希望を伝えるときに使う。

Wordsチェック　次の英語は日本語に，日本語は英語になおしなさい。
- □(1)　invitation　（　　　　　）　□(2)　飾る，装飾する

1 次の日本文に合うように，＿＿に適する語を書きなさい。
(1) 母は私に手伝ってもらいたいと思っています。
My mother ＿＿＿ me ＿＿＿ help her.
(2) 彼の両親は彼にもっと一生懸命に勉強するように言いました。
His parents ＿＿＿ to study harder.
(3) 亮は私に数学を教えてくれるように頼みました。
Ryo ＿＿＿ me ＿＿＿ him math.

ここがポイント
〈動詞＋A＋to＋動詞の原形〉の文
- 〈want＋A＋to＋動詞の原形〉「Aに〜してもらいたい」
- 〈tell＋A＋to＋動詞の原形〉「Aに〜するように言う」
- 〈ask＋A＋to＋動詞の原形〉「Aに〜するように頼む」

2 〔　〕内の語句を並べかえて，日本文に合う英文を書きなさい。
(1) 彼は彼女にイヌの散歩をしてもらいたいです。
〔 his dog / her / to / he / walk / wants 〕.

(2) 私はあなたにギターをひいてもらいたいのですが。
〔 the guitar / you / I'd / to / like / play 〕.

(3) 結衣は健にドアを開けてくれるように頼みました。
〔 Ken / Yui / the door / asked / open / to 〕.

表現メモ
(2)〈would like ＋ A ＋ to ＋動詞の原形〉
ていねいに指示したり，希望を伝えたりする場合の表現。
I would＝I'd

文法 のまとめ⑥　間接疑問

解答 p.38

まとめ

① 間接疑問

- 疑問詞を使った疑問文がほかの文の中に入った形を間接疑問という。
- 間接疑問は〈疑問詞＋主語＋(助)動詞〉の語順になり，know などの動詞の目的語になる。

疑問文　　　　　　　　Why is she　angry?　　　　「なぜ彼女は怒っているのですか。」

間接疑問　I don't know why　she is angry.　　　「なぜ彼女が怒っているのか私は知りません。」
　　　　　主語　　　動詞　　目的語　〈疑問詞＋主語＋(助)動詞〉

- 疑問詞が主語の場合は〈疑問詞(＝主語)＋(助)動詞〉となり，語順は変わらない。

疑問文　　　　　　　Who broke the computer?　「だれがそのコンピューターを壊したのですか。」
　　　　　疑問詞が主語　　語順は変わらない

間接疑問　I don't know who broke the computer.　「だれがそのコンピューターを壊したのか私は知りません。」

- そのほかの間接疑問の例

what　I don't know what she bought.　　　「彼女が何を買ったのか私は知りません。」
when　I don't know when she bought it.　　「彼女がいつそれを買ったのか私は知りません。」
where　I don't know where she bought it.　「彼女がどこでそれを買ったのか私は知りません。」

練習

1 次の日本文に合うように，　　　に適する語を書きなさい。

(1) あなたはどこにその学校があるか知っていますか。

Do you know　　　　　　　the school　　　　　　　?

(2) いつ彼女が到着するか私に教えてください。

Please tell　　　　　　　　　　　　　　　　　　　will arrive.

(3) 彼は先生が彼に何と言ったかわかりませんでした。

He didn't understand　　　　　　　the teacher　　　　　　　him.

2 〔　〕内の語句を並べかえて，日本文に合う英文を書きなさい。

(1) 私はなぜ彼女が笑っているのか彼女に聞きました。

〔 why / laughing / was / asked / she / her / I 〕.

(2) あの男性がだれなのかあなたに教えてあげましょう。

〔 tell / who / is / I'll / that man / you 〕.

(3) あなたはだれがそのゲームに勝ったのか知りたいですか。

〔 want / the game / who / do / to / won / you / know 〕?

文法 のまとめ⑥ 〈help＋A＋動詞の原形〉，〈want＋A＋to＋動詞の原形〉，いろいろな文

解答 ▶ p.39

読 聞 書 話

まとめ

① 〈help ＋ A ＋動詞の原形〉
- 〈help ＋ A ＋動詞の原形〉で「A（人）が〜するのを手伝う」を表す。
- A のところに代名詞がくる場合は目的格にする。

My sister helped me finish my homework.　　helped me to finish でも同じ意味

② 〈want ＋ A ＋ to ＋動詞の原形〉
- 〈want ＋ A ＋ to ＋動詞の原形〉で「A（人など）に〜してもらいたい」を表す。
- want のかわりに would like を使って〈would like ＋ A ＋ to ＋動詞の原形〉と表すと，ていねいな言い方になる。
- 〈動詞＋ A ＋ to ＋動詞の原形〉の形をとる動詞は，want のほかに tell，ask などがある。
- 〈to ＋動詞の原形〉の動作をするのは主語ではなく，その前に置かれた A であることに注意する。　He wants me to play the guitar.　ギターをひくのは「彼」ではなく，「私」

③ いろいろな文（S(主語)，V(動詞)，O(目的語)，C(補語)，M(〈前置詞＋語句〉などの修飾語)）

① He runs fast.
　　S　V

② He runs in the park.
　　S　V　　M

③ He is a doctor. / He looks sad.
　　S　V　　C　　　S　　V　　C

④ He plays the piano.
　　S　V　　　O

⑤ He plays the piano on Monday.
　　S　V　　　O　　　M

⑥ He gave me a book.
　　S　V　O　　O

⑦ He calls her Yukko. / He made us happy.
　　S　V　　O　　C　　　S　　V　O　　C

練習

1 〔　〕内の語句を並べかえて，日本文に合う英文を書きなさい。

(1) 私が犬小屋を作るのを手伝ってくれませんか。

〔 a doghouse / me / will / help / make / you 〕?

(2) 私は結衣にここに来てもらいたいです。　〔 Yui / want / come / I / here / to 〕.

(3) そのニュースは彼らをわくわくさせました。　〔 made / excited / the news / them 〕.

2 次の文のつくりは，まとめ③の①〜⑦のどれと同じか。記号で答えなさい。

(1) My cat sleeps on the sofa.　　（　　）　(2) It's getting dark.　（　　）

(3) My brother bought a nice watch.　　（　　）　(4) We swim well.　（　　）

(5) Yui showed him how to bake cookies.　（　　）

(6) He plays baseball on Saturday.　（　　）

解答 p.39

確認のワーク ステージ1 **Project 3** ディスカッションをしよう 読 聞 書 話

📖 教科書の **要点** ディスカッションで用いる表現 🎵 a38

I think so, too. 私もそう思います。　Why do you think so? なぜそう思いますか。

I like the idea, but I think it's difficult. そのアイデアは好きですが, 難しいと思います。

要点

● 自分の意見や感想を述べる表現, 意見をたずねる表現, あいづちの打ち方などを覚えよう。

プラス ディスカッションでよく用いる表現

意見　□ In my opinion, we need a place for children.
　　　　（私の意見では, 子どもたちのための場所が必要です。）
　　　□ We should do it by ourselves. （私たちは自分たちでそれをするべきです。）

感想　□ That's a great idea. （それはすばらしいアイデアです。）
　　　□ It's perfect for summer. （それは夏にぴったりです。）

質問　□ What do you think? （あなたはどう思いますか。）
　　　□ Who has a different idea? （違う意見のある人はいますか。）

あいづち　□ Ah, I see. （ああ, なるほど。）　□ Uh-huh. （うんうん, なるほど。）

Words チェック 次の英語は日本語に, 日本語は英語になおしなさい。

□(1)　equipment　（　　　　　　　）　□(2)　elderly　（　　　　　　　）

□(3)　exception　（　　　　　　　）　□(4)　audience　（　　　　　　　）

□(5)　取り除く, 取り外す　　　　　　□(6)　扱う, 処理する

よく出る ❶ 次の日本文に合うように, ___ に適する語を書きなさい。

(1)　最近は雨が多いです。

　　It rains a lot _____ .

(2)　彼の答えは私のとは違っています。

　　His answer is _____ mine.

(3)　人々は, その映画を観るために集まりました。

　　People _____ to see the movie.

📝 **ことばメモ**

these days と **recently**
どちらも「最近」という意味だが, these days は現在形・現在進行形の文で用いられる。recently は過去形・現在完了形の文で用いられる。

❷ 次の会話文の①〜⑤の（　）内に入る語をア〜カから選び, 記号で答えなさい。

A: Which is better, uniform or ordinary clothes at school?

　①（　　　）you tell us your opinion ②（　　　）, Sachi?

B: I ③（　　　）uniform is better.

A: ④（　　　）do you think so?

B: Because we don't need to worry about what to wear every day.

C: I think so, ⑤（　　　）.

ア too	イ first
ウ think	エ why
オ could	カ so

＊文頭の文字も小文字で示している。

文法のまとめ⑥ Project 3

解答 ▶ p.39

Try! READING

Reading for Fun 2 A Present for You

読聞書話

● 以下の英文を読み，あとの問いに答えなさい。

"I'll have to sell something," she said to herself. "①But [there / sell / to / is / anything]?"

Della went up to the mirror and stood before it. She looked at herself in the mirror.　She thought (②) she looked exhausted.　She looked at her long, shiny hair.　"I know Jim loves it, but it's all I have," she thought.

Della went to a shop that ③〜を扱っていた hair goods.　It was only a few blocks away from her apartment.　In the shop, she saw a large woman (④) had cold eyes.

"⑤Will you buy my hair?" she asked the woman.

"I buy hair," said the woman in a low voice.　"⑥Take your hat off.　⑦[it / let / at / me / look]."　Della took off her hat.

Question

(1) 下線部①と⑦がそれぞれ下の意味になるように，〔　〕内の語を並べかえなさい。

①「でも，何か売るものがあるだろうか。」

But _____?

⑦「それを私に見せて。」

(2) ②，④の（　）に適する語を下から選び，記号で答えなさい。ただし，同じ語は二度使えない。

ア　that　　イ　which　　ウ　who　　　　②（　　）　　④（　　）

(3) 下線部③を2語の英語になおしなさい。

_____

(4) 下線部⑤，⑥の英語を日本語になおしなさい。

⑤（　　　　　　　　　　　　　　　　　　　）

⑥（　　　　　　　　　　　　　　　　　　　）

(5) 本文の内容に合うように，＿＿に適する語を書きなさい。

1. Della decided _____ _____ her hair.

2. Della's hair was _____ and _____.

WordBox BIG

1 次の英語は日本語に，日本語は英語になおしなさい。

(1) gray （　　　　　） (2) yard （　　　　　）

(3) hunt （　　　　　） (4) dark （　　　　　）

(5) tear （　　　　　） (6) silent （　　　　　）

(7) 夫 ＿＿＿＿＿＿ (8) 受け入れる ＿＿＿＿＿＿

(9) 結婚する ＿＿＿＿＿＿ (10) 妻 ＿＿＿＿＿＿

2 次の文の（　）内から適するものを選び，記号を〇で囲みなさい。

(1) The girl smiled （ ア　at　イ　to　ウ　with ） the baby.

(2) Mike took （ ア　in　イ　on　ウ　out ） 25 cents from his pocket.

(3) The man knocked the snow （ ア　from　イ　off　ウ　on ） his shabby shirt.

よく出る (4) "I want a shining comb," Karen said to （ ア　she　イ　her　ウ　herself ）.

3 次の日本文に合うように，＿＿に適する語を書きなさい。

(1) 午後には暖かくなりました。

＿＿＿＿＿＿　＿＿＿＿＿＿ warm in the afternoon.

(2) あなたは英語を話しますよね。　You speak English, ＿＿＿＿＿＿ ?

(3) 彼はクリスマスのために，オーストラリアから帰ってきました。

He ＿＿＿＿＿＿ from Australia for ＿＿＿＿＿＿ .

(4) その女性は彼女の髪を切りました。

The woman ＿＿＿＿＿＿ her hair ＿＿＿＿＿＿ .

(5) 彼女は先週ひとそろいの教科書を手に入れました。

She got ＿＿＿＿＿＿ textbooks last week.

(6) 私たちはしばらく真央を待ちました。

We waited for Mao ＿＿＿＿＿＿ a ＿＿＿＿＿＿ .

(7) 健はついにすべての問題に答えることができました。

Ken was able to answer all the questions ＿＿＿＿＿＿ .

4 〔　〕内の語句を並べかえて，日本文に合う英文を書きなさい。

(1) 彼はその宝石を買うために，たくさんのお金が必要でした。

〔 needed / the jewel / a lot of / he / to / money / buy 〕.

(2) あなたたちは現実を見なければならなくなるでしょう。

〔 have / see / you'll / the reality / to 〕.

よく出る (3) 彼は壊れたコンピューターを修理してもらいました。

〔 had / computer / his / he / broken / repaired 〕.

Try! READING 　**Reading for Fun 3** Learning from Nature 読聞書話

解答 ▶ p.40

● 以下の英文を読み，あとの問いに答えなさい。

Have you ever thought of flying like a bird? ①Many people have, including Leonardo da Vinci. ②He (　　　) birds very (　　　) and made designs for ③flying machines that mimicked the actions of birds' wings.　His designs did not work, but they inspired (　④　).　His designs were also early instances of getting ideas from nature and using the ideas to create new products and technologies.　This academic field is called ⑤biomimetics.　The following examples will clarify the ⑥methods and uses of biomimetics.

5

10

Question

(1)　下線部①のあとに省略されている語句を6語で補いなさい。
　　Many people have _____ ,

(2)　下線部②が「彼は鳥をとても注意深く観察しました」という意味になるように，　　　に適する語を書きなさい。
　　He _____ birds very _____ .

(3)　下線部③は何をまねて作られましたか。日本語で答えなさい。
　　(　　　　　　　　　　　　　　　　　　　)

(4)　④の(　)に適するものを下から選び，記号で答えなさい。
　　ア　others　　イ　the other　　ウ　another　　　　　　　　(　　　)

(5)　下線部⑤の内容を具体的に説明している箇所を本文から抜き出すとき，その部分の最初と最後の1語を書きなさい。
　　最初 _____　　最後 _____

(6)　下線部⑥の英語を日本語になおしなさい。
　　(　　　　　　　　)

(7)　次の文が本文の内容と合っていれば○，異なっていれば×を書きなさい。
　　レオナルド・ダ・ヴィンチは自分でデザインした飛行用機械で空を飛ぶことに成功した。
　　　　　　　　　　　　　　　　　　　　　　　　　　　　　　　(　　　)

Word Box BIG

1 次の英語は日本語に，日本語は英語になおしなさい。

(1) sudden （　　　　　）　(2) lower （　　　　　）

(3) produce （　　　　　）　(4) develop （　　　　　）

(5) seed （　　　　　）　(6) wisdom （　　　　　）

(7) 圧力 ＿＿＿＿＿＿＿　(8) 前へ ＿＿＿＿＿＿＿

(9) 何とかうまく〜する ＿＿＿＿＿＿＿　(10) 特定の ＿＿＿＿＿＿＿

2 次の文の　　　に，（　）内の語を適する形にかえて書きなさい。

(1) The boy said to ＿＿＿＿＿＿＿, "I have to go."　(he)

(2) This is an example of ＿＿＿＿＿＿＿ to the environment.　(adapt)

(3) Do you know this ＿＿＿＿＿＿＿ singer?　(Switzerland)

(4) We invited people ＿＿＿＿＿＿＿ nearby to my father's birthday party.　(live)

3 次の日本文に合うように，　　　に適する語を書きなさい。

(1) 熱心な仕事が成功という結果になりました。

The hard work ＿＿＿＿＿＿＿ ＿＿＿＿＿＿＿ success.

(2) その車は高速度でトンネルに入りました。

The car ＿＿＿＿＿＿＿ the tunnel ＿＿＿＿＿＿＿ high ＿＿＿＿＿＿＿.

(3) 何かがそのネコの毛にくっついていました。

Something was ＿＿＿＿＿＿＿ ＿＿＿＿＿＿＿ the cat's ＿＿＿＿＿＿＿.

(4) 何百人もの旅行者がその公園を訪れました。

＿＿＿＿＿＿＿ ＿＿＿＿＿＿＿ visited the park.

(5) 騒音のために，私は昨夜よく眠れませんでした。

＿＿＿＿＿＿＿ ＿＿＿＿＿＿＿ the ＿＿＿＿＿＿＿, I couldn't sleep well last night.

4 〔　〕内の語句を並べかえて，日本文に合う英文を書きなさい。

(1) 香奈は夕食前に散歩をします。　〔 before / takes / a / dinner / Kana / walk 〕.

(2) 悪天候のため，キャンプエリアは閉められました。

〔 was / to / weather / due / closed / bad / the camp area 〕.

(3) 意思の疎通が，私たちがおたがいをよく理解することを助けてくれます。

〔 helps / well / communication / understand / each / us / other 〕.

(4) 運転手は右折するためにバスの速度を落としました。

〔 to / down the / turn / the driver / bus / right / slowed 〕.

定着 のワーク ステージ **2** Lesson 7 〜 Reading for Fun 3 | 読 聞 書 話

1 LISTENING 対話を聞いて，その内容に合う英文を下から選び，記号を〇で囲みなさい。 ♪ 113

(1) ア The boy doesn't know where he should go.
   イ The woman doesn't know what time it is.
   ウ The boy doesn't know where the hospital is.

(2) ア Jack's mother told him to take an umbrella.
   イ Jack's mother is going to take an umbrella.
   ウ Jack wants his mother to take an umbrella.

2 例にならい，次の2つの文を1文にしなさい。

例 Do you know?
   What does Ken want for his birthday?
   →Do you know what Ken wants for his birthday?

(1) I want to know.
   How can I use this?

(2) I don't know.
   How long is this river?

(3) Please tell me.
   What time did you get up?

3 〔 〕内の語句を並べかえて，日本文に合う英文を書きなさい。

(1) 私は彼に何か料理を作ってもらいたいと思っています。
   〔 want / cook / I / him / something / to 〕.

(2) 彼女は英語を上手に話すことができる先生です。
   〔 a teacher / can / well / she's / English / that / speak 〕.

(3) あなたは彼女が本を何冊書いたか知っていますか。
   〔 how / do / books / wrote / you / many / she / know 〕?

重要ポイント

1 (1)女性は病院への行き方をたずねている。
(2)母親の発言を注意して聞き取る。

2 2文目を間接疑問にして1文目に続ける。
(2)(3) how long, what time を疑問詞のまとまりと考えて，間接疑問の最初に置く。

テストに◎出る!

間接疑問の語順
・〈疑問詞＋主語＋(助)動詞〉の語順になる。
・疑問詞は1語とはかぎらない。

3 (1)「A(人など)に〜してもらいたい」＝〈want＋A＋to＋動詞の原形〉。him の位置に注意。
(2)関係代名詞 that を使った文。「先生」を「英語を上手に話すことができる」が後ろから修飾している形。
(3)「彼女が本を何冊書いたか」の部分を間接疑問にする。

❹ 次の対話文を読んで，あとの問いに答えなさい。

Jing: I decided ①to study performing arts in America.

Hana : So you finally ②決断した.

Jing: Yes.　I'm ready to go.　I want to thank you.
　　　③You always 〔 with / problems / helped / deal / me 〕 in my life.

(1)　下線部①と同じ用法の to を含む文を下から選び，記号を○で囲みなさい。

　　ア　Sakura has a lot of things to do today.
　　イ　I went to the library to borrow some books.
　　ウ　Ryo is planning to study abroad.

(2)　下線部②を 3 語の英語になおしなさい。

　　_____

(3)　下線部③が「あなたはいつも私が人生の問題に対処するのを手伝ってくれました」という意味になるように，〔　〕内の語を並べかえなさい。

　　You always _____ in my life.

(4)　本文の内容に合うように，次の質問に英語 5 語で答えなさい。
　　What will Jing study in America?

❺ 次の日本文に合うように，_____ に適する語を書きなさい。

(1)　あなたはなぜそう思いますか。
　　_____ do you think _____?

(2)　「おもしろい」と彼はひとりごとを言いました。
　　"Interesting," he _____
　　_____.

(3)　自己紹介させてください。
　　_____ myself.

(4)　これまでよりもっと多くの製品が売られています。
　　More products are sold _____
　　_____.

❻ 次の日本文を英語になおしなさい。

(1)　私はいつ，あのコンピューターを使ったか覚えていません。

　　_____

(2)　私の父は，私が皿を洗うのを手伝ってくれました。

　　_____

重要ポイント

❹ (1)

得点力を UP

to不定詞の用法
①名詞用法「～すること」
　　　…選択肢ウ
②形容詞用法「～するための，～するべき」
　　　…選択肢ア
③副詞用法「～するために」
　　　…選択肢イ

(3)「～に対処する」＝deal with ～

❺ (1)ディスカッションで理由をたずねるときの表現。

(2)「ひとりごとを言う」＝say to oneself

得点力を UP

再帰代名詞 (oneself)
・I　　→ myself
・you → yourself
・he　→ himself
・she → herself
・we　→ ourselves

(3)「A（人）に～させる」＝〈let＋A＋動詞の原形〉

❻ (1)「いつあのコンピューターを使ったか」を間接疑問にする。「覚えている」＝remember

(2)「A(人)が～するのを手伝う」＝〈help＋A＋動詞の原形〉

Lesson 7 ～ Reading for Fun 3

 ちょっと BREAK　apart は「離れて」という意味。では日本語の「アパート」は英語でなんと言う？　➡答えは次のページ

解答 p.41

実力判定テスト　ステージ3　Lesson 7 ～ Reading for Fun 3　30分　/100　読聞書話

1 LISTENING　対話とそのあとの質問を聞いて，質問の答えとして正しいものを下 ♪114

から選び，記号を○で囲みなさい。　　　3点×3（9点）

(1)　ア　He will help Mary choose a pen.　　イ　He will help Mary look for her pen.
　　ウ　He will help Mary paint a picture.

(2)　ア　She wants Taku to play the guitar at the party.
　　イ　She wants Taku to sing at the party.
　　ウ　She wants Taku to come to the party.

(3)　ア　She will bring a small chair.　　イ　She will bring something to drink.
　　ウ　She will bring something to eat.

2 （　）に適するものをア～ウから選び，記号で答えなさい。　　　2点×3（6点）

(1)　I want (　　　) here.
　　ア　to you come　　イ　you come　　ウ　you to come　　（　　　）

(2)　Do you know (　　　)?
　　ア　how many magazines does he have
　　イ　how many magazines he has
　　ウ　how many he has magazines　　（　　　）

(3)　I didn't know (　　　).
　　ア　what he said　　イ　what did he say　　ウ　what he says　　（　　　）

3 次の日本文に合うように，＿＿に適する語を書きなさい。　　　3点×3（9点）

(1)　家の中では帽子を取りなさい。
　　＿＿＿＿＿＿＿＿ your cap ＿＿＿＿＿＿＿＿ inside the house.

(2)　私の好きな音楽は彼のとは違っています。
　　My favorite music is ＿＿＿＿＿＿ ＿＿＿＿＿＿ his.

(3)　トムは何冊かの本を取るために本だなのところまで行きました。
　　Tom went ＿＿＿＿＿＿ ＿＿＿＿＿＿ the bookshelf to get some books.

4 次の各組の文がほぼ同じ内容を表すように，＿＿に適する語を書きなさい。　4点×3（12点）

(1)　{ We enjoyed the party.
　　{ We ＿＿＿＿＿ ＿＿＿＿＿ great ＿＿＿＿＿ at the party.

(2)　{ I don't know what to do now.
　　{ I don't know ＿＿＿＿＿ I ＿＿＿＿＿ ＿＿＿＿＿ now.

(3)　{ She asked someone to cut off her hair, and her hair was cut off.
　　{ She ＿＿＿＿＿ her hair ＿＿＿＿＿ ＿＿＿＿＿.

ちょっとBREAKの答え　apartment と言うよ。ちなみに mansion は「大豪邸」という意味だから注意してね！

目標 ● 間接疑問と〈help ＋ A ＋動詞の原形〉の用法を理解し，適切に使うことができるようになりましょう。

自分の得点まで色をぬろう！

| 😣 がんばろう！ | 😓 もう一歩 | 😄 合格！ |

0 60 80 100点

5 次の対話文を読んで，あとの問いに答えなさい。 （計25点）

Riku : （ ① ） did you like school in Japan?

Kate : ②実を言えば, it was difficult （ ③ ）. ④I couldn't figure out what people were saying.

Riku : You put a lot of effort into studying. Now you're a good Japanese speaker.

(1) 下線部①，③に入る語句をそれぞれ下から選び，記号を○で囲みなさい。 3点×2（6点）

① ア What イ Which ウ How

③ ア at last イ at first ウ at least

(2) 下線部②を4語の英語に直しなさい。 （4点）

_____

(3) 下線部④を日本語になおしなさい。 （5点）

（ ）

(4) 次の文が本文の内容と合っていれば○，異なっていれば×を書きなさい。 5点×2（10点）

1. Riku thinks Kate has been studying hard. （ ）

2. Riku thinks Kate can speak Japanese well. （ ）

6 次の文を，与えられた書き出しに続けて1文にしなさい。 5点×3（15点）

(1) Why do we have war?

I don't know _____.

(2) When did her son start climbing mountains?

Tell me _____.

(3) How long does it take to the station?

I don't know _____.

7 次の日本文を（ ）内の語を使って英語になおしなさい。 6点×4（24点）

(1) 私は将来，研究者になりたいです。 （be）

(2) 香奈(Kana)は彼に動物園へいっしょに行ってもらいたいと思っています。 （with）

(3) なぜ彼女はそこにいたのかしら。 （wonder）

(4) あなたが浴室を掃除するのを手伝いましょうか。 （shall）

Lesson 7 ～ Reading for Fun 3

 不規則動詞変化表

動詞の形の変化をおさえましょう。　　　　　　　　　　　　　　　　　[　]は発音記号。

		原形	意味	現在形	過去形	過去分詞
A・B・C型	☐	be	～である	am, is / are	was / were	been [bíːn]
	☐	begin	始める	begin(s)	began	begun
	☐	do	する	do, does	did	done
	☐	drink	飲む	drink(s)	drank	drunk
	☐	eat	食べる	eat(s)	ate	eaten
	☐	give	与える	give(s)	gave	given
	☐	go	行く	go(es)	went	gone
	☐	know	知っている	know(s)	knew	known
	☐	see	見る	see(s)	saw	seen
	☐	sing	歌う	sing(s)	sang	sung
	☐	speak	話す	speak(s)	spoke	spoken
	☐	swim	泳ぐ	swim(s)	swam	swum
	☐	take	持っていく	take(s)	took	taken
	☐	write	書く	write(s)	wrote	written
A・B・B型	☐	bring	持ってくる	bring(s)	brought	brought
	☐	build	建てる	build(s)	built	built
	☐	buy	買う	buy(s)	bought	bought
	☐	feel	感じる	feel(s)	felt	felt
	☐	find	見つける	find(s)	found	found
	☐	get	得る	get(s)	got	got, gotten
	☐	have	持っている	have, has	had	had
	☐	hear	聞く	hear(s)	heard	heard
	☐	keep	保つ	keep(s)	kept	kept
	☐	make	作る	make(s)	made	made
	☐	say	言う	say(s)	said [séd]	said [séd]
	☐	stand	立っている	stand(s)	stood	stood
	☐	teach	教える	teach(es)	taught	taught
	☐	think	思う	think(s)	thought	thought
A・B・A型	☐	become	～になる	become(s)	became	become
	☐	come	来る	come(s)	came	come
	☐	run	走る	run(s)	ran	run
A・A・A型	☐	hurt	傷つける	hurt(s)	hurt	hurt
	☐	read	読む	read(s)	read [réd]	read [réd]
	☐	set	準備する	set(s)	set	set

アプリで学習！
Challenge! SPEAKING

- この章は，付録のスマートフォンアプリ『文理のはつおん上達アプリ　おん達 Plus』を使用して学習します。
- 右の QR コードより特設サイトにアクセスし，アプリをダウンロードしてください。
- アプリをダウンロードしたら，アクセスコードを入力してご利用ください。

おん達 Plus
特設サイト

アプリアイコン

アプリ用アクセスコード ▶ C064347

※アクセスコード入力時から 15 か月間ご利用になれます。

アプリの特長

- アプリでお手本を聞いて，自分の英語をふきこむと，AIが採点します。
- 点数は「流暢度」「発音」「完成度」の 3 つと，総合得点が出ます。
- 会話の役ごとに練習ができます。
- 付録「ポケットスタディ」の発音練習もできます。

アプリの使い方

① ホーム画面の「かいわ」を選びます。

② 学習したいタイトルをタップします。

 ◁**トレーニング**

　① 🔊 をタップしてお手本の音声を聞きます。

　② 🎤 をおして英語をふきこみます。

③ 点数を確認します。

　• 点数が高くなるように何度もくりかえし練習しましょう。

　• 🔁 をタップするとふきこんだ音声を聞くことができます。

 チャレンジ

① カウントダウンのあと，会話が始まります。

② 🎤 が光ったら英語をふきこみます。

③ ふきこんだら 🎤 をタップします。

④ "Role Change!" と出たら役をかわります。

（利用規約・お問い合わせ） https://www.kyokashowork.jp/ontatsuplus/terms_contact.html

※本サービスは無料ですが，別途各通信会社の通信料がかかります。　※お客様のネット環境および端末によりご利用いただけない場合がございます。ご理解，ご了承いただきますよう，お願いいたします。　※【推奨環境】スマートフォン，タブレット(iOS11以上 / Android5.0以上)

Challenge! SPEAKING❶

海外旅行について

 Plus

●付録アプリを使って，発音の練習をしましょう。

読 聞
書 話

 アプリで学習

📱 トレーニング

🎵 s01

海外旅行について英語で言えるようになりましょう。

☐ Have you ever been abroad?	あなたは外国へ行ったことがありますか。 abroad：外国に［へ，で］
☐ No, I haven't.	いいえ，行ったことがありません。
☐ What country do you want to visit?	あなたはどこの国を訪れたいですか。
☐ I want to visit Australia. └ Singapore / China / Peru	私はオーストラリアを訪れたいです。
☐ Why?	なぜですか。
☐ Because I want to visit Uluru. └ see the Merlion / visit the Great Wall / visit Machu Picchu	なぜならウルルを訪れたいからです。 the Merlion：マーライオン the Great Wall：万里の長城 Machu Picchu：マチュピチュ
☐ I see.	わかりました。

📱 チャレンジ

🎵 s02

海外旅行についての英語を会話で身につけましょう。□□に言葉を入れて言いましょう。

A: Have you ever been abroad?

B: No, I haven't.

A: What country do you want to visit?

B: I want to visit ☐ .

A: Why?

B: Because I want to ☐ .

A: I see.

Challenge! SPEAKING❷

遊びに誘う

 ●付録アプリを使って，発音の練習をしましょう。 読書 聞話

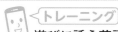

 遊びに誘う英語を言えるようになりましょう。　♪ s03

☐ Do you have any plans for tomorrow?	明日は何か予定がありますか。 plan：予定
☐ No, I'm free tomorrow.	いいえ，明日はひまです。
☐ I have two tickets for a movie. the museum / the aquarium / the amusement park	私は映画のチケットを2枚持っています。 aquarium：水族館 amusement park：遊園地
☐ Why don't we go together?	いっしょに行きませんか。
☐ Wow! Sounds good!	わあ！　いいですね！
☐ What time do you want to meet, and where?	何時にどこで会いたいですか。
☐ How about nine at the theater? one / ten / eight ┘ └ the city hall / the bus stop / the station	映画館に9時ではどうですか。
☐ Got it.	わかりました。

チャレンジ　♪ s04

遊びに誘う英語を会話で身につけましょう。　□に言葉を入れて言いましょう。

A: Do you have any plans for tomorrow?
B: No, I'm free tomorrow.
A: I have two tickets for ☐ .
   Why don't we go together?
B: Wow! Sounds good!
   What time do you want to meet,
   and where?
A: How about ☐ at ☐ ?
B: Got it.

 **Challenge! SPEAKING❸**

ファストフード店で注文

● 付録アプリを使って，発音の練習をしましょう。

読 聞
書 話

 トレーニング

🎵 s05

ファストフード店で注文する英語を言えるようになりましょう。

☐ May I take your order?	ご注文はお決まりですか。 order：注文
☐ Can I have a hamburger and a small French fries, please?	ハンバーガーとＳのフライドポテトをいただけますか。
a cheeseburger and a coffee / a large French fries and a soda / two hamburgers and two orange juices	
☐ All right.	わかりました。
☐ Anything else?	他にご注文はありますか。
☐ That's it.	それだけです。
☐ For here, or to go?	こちらでお召し上がりですか，それともお持ち帰りですか。
☐ For here, please. 　　To go	こちらで食べます。
☐ Your total is 7 dollars. 　　　　　　　　8 / 5 / 14	お会計は７ドルになります。
☐ Here you are.	はい，どうぞ。
☐ Thank you.	ありがとう。

 チャレンジ

🎵 s06

ファストフード店で注文する英語を会話で身につけましょう。□に言葉を入れて言いましょう。

A: May I take your order?
B: Can I have ☐ , please?
A: All right. Anything else?
B: That's it.
A: For here, or to go?
B: ☐ , please.
A: Your total is ☐ dollars.
B: Here you are.
A: Thank you.

Challenge! SPEAKING❹

観光地について

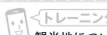 アプリで学習

 ●付録アプリを使って，発音の練習をしましょう。 読聞書話

📱 **◁トレーニング▷** ♪ s07

観光地についての英語を言えるようになりましょう。

☐ What are you going to do during the summer vacation?

あなたは夏休みの間に何をする予定ですか。

☐ I'm thinking of visiting Okinawa.
　　Hokkaido / Nagasaki / Iwate

私は沖縄を訪れることを考えています。

☐ Do you recommend any places there?

そこでおすすめの場所はありますか。

☐ There is a famous aquarium.
　　is a popular farm /
　　are many old churches /
　　are famous mountains

有名な水族館があります。
aquarium：水族館　　farm：農場
church：教会

☐ You can see many sea animals there.
　　enjoy delicious food /
　　see beautiful scenery /
　　see beautiful nature

そこでたくさんの海の動物をみることができます。
scenery：景色　　nature：自然

☐ Sounds great.

いいですね。

📱 **◁チャレンジ▷** ♪ s08

観光地についての英語を会話で身につけましょう。☐に言葉を入れて言いましょう。

A: What are you going to do during the summer vacation?

B: I'm thinking of visiting ☐ .
　Do you recommend any
　places there?

A: There ☐ .
　You can see ☐ there.

B: Sounds great.

Challenge! SPEAKING⑤

ショッピングモールでの案内

  ●付録アプリを使って，発音の練習をしましょう。 読 聞 書 話

トレーニング ♪ s09

ショッピングモールでの案内の英語を言えるようになりましょう。

☐ Excuse me.	すみません。
☐ How can I get to the bookstore? the *sushi* restaurant / the fruit shop / the shoe shop	書店へはどのようにしたら行くことができますか。
☐ Well, you are here.	ええと，あなたはここにいます。
☐ Take the escalator and go up to the third floor. the elevator　fifth / second / fourth	エスカレーターに乗って，3階へ上がってください。 escalator：エスカレーター elevator：エレベーター
☐ OK.	わかりました。
☐ Then turn right, and you can see it. left	それから右に曲がると見つかります。
☐ I see. Thank you.	わかりました。ありがとう。

チャレンジ ♪ s10

ショッピングモールでの案内の英語を会話で身につけましょう。□に言葉を入れて言いましょう。

A: Excuse me.
　 How can I get to ☐ ?
B: Well, you are here.
　 Take the ☐ and go up to
　 the ☐ floor.
A: OK.
B: Then turn ☐ , and you can see it.
A: I see. Thank you.

Challenge! SPEAKING❻

誕生日パーティー

 ●付録アプリを使って，発音の練習をしましょう。

読 聞
書 話

📱 ＜トレーニング ♪ s11

誕生日パーティーでの英語を言えるようになりましょう。

☐ Welcome to my birthday party!	ようこそ私の誕生日パーティーへ！
☐ Thank you for inviting me to the party.	このパーティーに招待してくれてありがとう。
☐ I'm happy to have you here.	ここにお迎えできてうれしいです。
☐ Please make yourself at home.	どうぞ楽にしてください。
☐ Here is a present for you.	これはあなたへのプレゼントです。
☐ Thank you so much!	どうもありがとう！
☐ Can I open it?	開けてもいいですか。
☐ Sure.	もちろんです。
☐ Wow, a beautiful scarf!	わあ，何て美しいマフラーでしょう！
☐ I love it.	とても気に入りました。

 チャレンジ ♪ s12

誕生日パーティーでの英語を会話で身につけましょう。

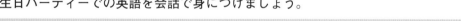

A: Welcome to my birthday party!

B: Thank you for inviting me to the party.

A: I'm happy to have you here.
Please make yourself at home.

B: Here is a present for you.

A: Thank you so much!
Can I open it?

B: Sure.

A: Wow, a beautiful scarf!
I love it.

 Challenge! SPEAKING❼

ディベート

●付録アプリを使って，発音の練習をしましょう。 読 聞 書 話

アプリで学習

 トレーニング

♪ s13

ディベートでの英語を言えるようになりましょう。

☐ Let's start a debate.	ディベートを始めましょう。
☐ Today's topic is "electric energy".	今日の話題は電気エネルギーです。 electric：電気の
☐ I think it's convenient for us to use electric machines.	私は私たちにとって電気機器を使うことは便利だと思います。 machine：機械
☐ You may be right, but saving energy is also important.	あなたは正しいかもしれませんが，エネルギーを節約することも大切です。
☐ It's better to use sustainable energy, such as solar energy.	太陽光エネルギーのような持続可能なエネルギーを使うことがより良いです。 sustainable：持続可能な
☐ I have a question about sustainable energy.	持続可能なエネルギーについて質問があります。
☐ How many countries is it used in?	いくつの国でそれは使われていますか。
☐ According to this article, sustainable energy is now used by many countries.	この記事によると，持続可能なエネルギーは今，多くの国で使われています。

 チャレンジ

♪ s14

ディベートでの英語を会話で身につけましょう。

A: Let's start a debate. Today's topic is "electric energy".
B: I think it's convenient for us to use electric machines.
A: You may be right, but saving energy is also important.
　 It's better to use sustainable energy, such as solar energy.
B: I have a question about sustainable energy.
　 How many countries is it used in?
A: According to this article,
　 sustainable energy is now used
　 by many countries.

● 現在完了形

過去からつながる現在の動作・状態は〈have[has]＋過去分詞〉で表す。この形を現在完了形という。

| 肯 | 主語＋have[has]＋過去分詞 ～. |

| 否 | 主語＋have[has] not＋過去分詞 ～. |

| 疑 | Have＋主語＋過去分詞 ～?
 — Yes, 主語＋have[has]. / No, 主語＋have[has] not.　※答えるときもhave[has]を使う。 |

■ **継続用法**　「ずっと～している」のように過去のあるときに始まった状態が今も続いていることを表す。
I have lived in Tokyo since 2013.　私は 2013 年から東京に住んでいます。

● 継続用法でよく使われるforとsince

・〈for＋期間を表す語句〉　for three days　3 日間
・〈since＋ある一時点〉　since 2020　2020年以来

● 継続用法でよく使われる疑問文

How long ～?　どれくらいの間～
　How long have you lived in Japan?
　どれくらいの間あなたは日本に住んでいますか。

■ **経験用法**　「～したことがある」のように過去から現在までに経験したことを表す。
Yuki has visited America three times.　ユキはアメリカを 3 回訪れたことがあります。

● 経験用法でよく使われる語句

never	一度も～ない	} →過去分詞の前に
ever	これまでに(疑問文で)	} 置く
before	以前に　once 一度，かつて	} →文末
twice	2回　～ times ～回	} に置く

● 経験用法でよく使われる疑問文

Have[Has]＋主語＋ever＋過去分詞 ～?　これまでに～
　Have you ever played *shogi*?
　あなたはこれまでに将棋をしたことがありますか。
How many times[How often] ～?　何回～
　How many times have you visited Kyoto?
　何回あなたは京都を訪れたことがありますか。

■ **完了用法**　「～したところだ」「～してしまった」のように現時点で動作が完了したことを表す。
I have just read the book.　私はちょうどその本を読んだところです。

● 完了用法でよく使われる語句

just　ちょうど / already　すでに，もう →過去分詞の前に
yet　[否定文]まだ～しない　[疑問文]もう →文末

● 完了用法でよく使われる疑問文

Have[Has]＋主語＋過去分詞 ～＋yet?　もう～
　Have you finished your homework yet?
　あなたはもう宿題を終えましたか。

● 現在完了進行形

過去から現在まで継続している動作・行為は〈have[has] been＋動詞の -ing 形〉で表す。この形を現在完了進行形という。
It has been snowing since last Sunday.　先週の日曜日からずっと雪が降り続いています。

● いろいろな文の形

■ 〈call[name]＋～(人)＋…(名前)〉で「～を…と呼ぶ[名づける]」を表す。
〈make＋～(人)＋…(形容詞)〉で「～を…の状態にする」を表す。　⚠ この 2 つの文の形では，the boy=Ken,
We call *the boy* Ken.　私たちはその男の子をケンと呼びます。　me=happy の関係になる。
The news made *me* happy.　そのニュースは私を幸せにしました。

■ 〈tell[show, teach]＋～(人)＋that …〉で「～に…を見せる[伝える，教える]」を表す。
I will tell *Tom* that our team won the game.　私はトムに私たちのチームが試合に勝ったことを伝えるつもりです。

● いろいろな不定詞

■ 〈want[ask, tell]＋人＋to＋動詞の原形〉で「…(人)に～してほしい[するように頼む，言う]」を表す。

want＋人＋to＋動詞の原形 ～	人に～してほしい
ask＋人＋to＋動詞の原形 ～	人に～するように頼む
tell＋人＋to＋動詞の原形 ～	人に～するように言う

⚠ I want to read the book. → 本を読むのは，I
私はその本を読みたいです。
I want you to read the book. → 本を読むのは，you
私はあなたにその本を読んでもらいたいです。

■ 〈It is＋形容詞＋(for …)＋to＋動詞の原形.〉で「(…にとって)〜することは―だ」を表す。
　It is difficult for me to speak English.　英語を話すことは私にとって難しい。

⚠ It は to 〜以下を指す。for のあとに代名詞がくるときは目的格にする。

●〈It is＋形容詞＋(for …)＋to＋動詞の原形.〉でよく使われる形容詞

difficult 難しい	hard 難しい	easy 簡単な	important 重要な

● 間接疑問文

疑問詞で始まる疑問文が別の文の中に組み込まれるとき，
〈疑問詞＋主語＋動詞〉の語順になる。この形を間接疑問という。
〈疑問詞＋主語＋動詞〉は動詞の目的語になる。
　　　　Who is that girl?　あの女の子はだれですか。
I know who that girl is.　私はあの女の子がだれか知っています。

⚠ 疑問詞が主語になる文を間接疑問の文で表すときは，語順は同じ。
Who made this cake?
→ I don't know who made this cake.
私はだれがこのケーキを作ったのか知らない。

● 関係代名詞

2つの文をつなぎ，名詞を後ろから修飾する文を導くものを関係代名詞という。修飾される名詞は先行詞という。関係代名詞には who, which, that があり，先行詞が「人」のときは who，「もの」のときは which を使う。that は先行詞が何であっても使うことができる。

■ 主格の関係代名詞

関係代名詞が主語の働きをし，あとに動詞が続く。〈先行詞＋関係代名詞＋動詞 〜〉の形。

先行詞	関係代名詞	
人	who	I know *a girl* who speaks English well.　私は英語を上手に話す女の子を知っています。
もの	which	*The house* which stands there is Ken's.　そこに立っている家はケンのです。
人・もの	that	I have *a friend* that lives in Osaka.　私には大阪に住んでいる友人がいます。

⚠ 関係代名詞のあとの動詞は先行詞の人称・数に一致させる。
　I have a girl who speaks English well.　※ a girl が 3 人称単数で現在の文なので who のあとの動詞は speaks。

■ 目的格の関係代名詞

関係代名詞が目的語の働きをし，あとに〈主語＋動詞〉が続く。〈先行詞＋関係代名詞＋主語＋動詞 〜〉の形。

先行詞	関係代名詞	
もの	which	*The movie* which I saw was exciting.　私が見たその映画はわくわくしました。
人・もの	that	*The boy* that I met yesterday is Tom.　私が昨日会った男の子はトムです。

⚠ 目的格の関係代名詞は省略できる。※主格の関係代名詞は省略できない。
　This is *the book* (that) I wanted.　これは私が欲しかった本です。

● 後置修飾

現在分詞(動詞の ing 形)や過去分詞が名詞を後ろから修飾して，
「〜している…」「〜された…」という意味を表す。
I have *a friend* living in Kyoto.　私には京都に住んでいる友人がいます。
This is *a letter* written in English.　これは英語で書かれた手紙です。

⚠ 現在分詞や過去分詞が 1 語で名詞を説明するときは，名詞の前に置く。
a crying baby(泣いている赤ちゃん)
a broken window(壊れた窓)

● 仮定法

「〜ならいいのに」と現実とは異なる願望を言うときは，
〈I wish[If 主語＋過去形] 〜, 主語＋過去形 ….〉で表す。
I wish I could speak French.　フランス語を話せればいいのに。
If I had a lot of money, I would buy a car.
もしたくさんお金を持っていれば，車を買うのに。

⚠ 仮定法では，be 動詞は主語に関わらず were を使うことが多い。
I wish I were a bird.
私が鳥ならいいのに。

定期テスト対策

得点アップ！予想問題

1 この「予想問題」で
実力を確かめよう！

　時間も
　はかろう

2 「解答と解説」で
答え合わせをしよう！

3 わからなかった問題は
戻って復習しよう！

この本での
学習ページ

スキマ時間でポイントを確認！
別冊「スピードチェック」も使おう

●予想問題の構成

回数	教科書ページ	教科書の内容	この本での学習ページ
第1回	5〜18	Starter, Lesson 1 〜 文法のまとめ ①	4〜19
第2回	19〜33	Lesson 2 〜 Project 1	20〜33
第3回	35〜50	Lesson 3 〜 文法のまとめ ③	34〜49
第4回	51〜67	Lesson 4 〜 Reading for Fun 1	50〜67
第5回	69〜86	Lesson 5 〜 Project 2	68〜83
第6回	87〜102	Lesson 6 〜 文法のまとめ ⑤	84〜99
第7回	103〜129	Lesson 7 〜 Reading for Fun 3	100〜119

第**1**回
予想問題

Starter, Lesson 1 ～ 文法のまとめ ① 読聞書話

解答 ▶ p.43

/100

1 LISTENING 英語を聞いて，その内容に合うように（　）に適する日本語を書きなさい。

♪ t01　5点×3(15点)

- グリーンさんは，3歳のときからずっと（　（1）　）。
- グリーンさんは，最近（　（2）　）も演奏し始めた。
- グリーンさんは，それを（　（3）　）の間，ずっと練習し続けている。

(1)		(2)	
(3)			

2 次の日本文に合うように，＿＿＿に適する語を書きなさい。　4点×4(16点)

(1) 私の姉は，2時間ずっとジョギングしています。

My sister ＿＿＿＿＿＿ been jogging ＿＿＿＿＿＿ two hours.

(2) 私たちは赤ちゃんのころからお米を食べ続けています。

We ＿＿＿＿＿＿ been eating rice ＿＿＿＿＿＿ we were babies.

(3) 少し休むためにベンチにすわってもいいですよ。

You can sit on the bench ＿＿＿＿＿＿ rest a ＿＿＿＿＿＿.

(4) 10人未満の人々が，その博物館を訪れました。

＿＿＿＿＿＿ ＿＿＿＿＿＿ ten people visited the museum.

(1)		(2)	
(3)		(4)	

3 次の文を（　）内の指示にしたがって書きかえなさい。　5点×4(20点)

(1) I'm studying math <u>now</u>.　（下線部を for three hours にかえて現在完了進行形の文に）

(2) They have been playing outside since ten.　（疑問文にかえて，No で答える）

(3) You have been swimming <u>since this morning</u>.　（下線部をたずねる文に）

(4) Jane has been <u>watching TV</u> for an hour.　（下線部をたずねる文に）

(1)	
(2)	
(3)	
(4)	

4 次の英文を読んで，あとの問いに答えなさい。 (計22点)

One day, my friends from the band ①(come) to my house. We ②~を聞いた the song "Stand by Me" together. ③[into / light / this / back / my life / brought]. ④We realized the song's theme was about a friendship like ours. We ⑤~することを決心した play the song in our graduation concert.

(1) ①の（ ）内の語を適する形にかえなさい。 (4点)

(2) 下線部②，⑤の日本語を，それぞれ2語の英語になおしなさい。 4点×2(8点)

(3) 下線部③の[ ]内の語句を並べかえて，意味の通る英文にしなさい。 (6点)

(4) 下線部④に that を入れる場合，どこに入れるのが適切ですか。下から選び，記号で答えなさい。 (4点)

  We _ア realized _イ the song's theme _ウ was _エ about a friendship _オ like ours.

		ア イ			ウ エ		オ	
(1)			(2) ②				⑤	
(3)								
(4)								

5 [ ]内の語句を並べかえて，日本文に合う英文を書きなさい。 5点×3(15点)

(1) この歌はみんなを幸せにします。

 [makes / happy / song / everyone / this].

(2) あす晴れたら，私は海に行きたいです。

 [want / the sea / if / sunny / to / to / go / I / it's] tomorrow.

(3) マイクは昨夜からずっと鍵を探し続けていますか。

 [Mike / night / been / the key / last / has / for / looking / since]?

(1)	
(2)	tomorrow.
(3)	

6 次の日本文を英語になおしなさい。ただし，been を用いること。 6点×2(12点)

(1) 私はこの本を長い間ずっと読み続けています。

(2) 美紀(Miki)はどれくらい長く彼を待ち続けていますか。

(1)	
(2)	

第**2**回 予想問題　Lesson 2 〜 Project 1　読書／聞話　**30**分　解答 ▶ p.44　/100

1 LISTENING 英語を聞いて，その内容に合う絵を下から選び，記号で答えなさい。 ♪t02

(1) ア　イ　ウ　5点×2(10点)

(2) ア　イ　ウ

(1)		(2)	

2 次の各組の文がほぼ同じ内容を表すように，＿＿に適する語を書きなさい。　5点×3(15点)

(1) Karen sang an English song yesterday.
An English song ＿＿＿＿＿ ＿＿＿＿＿ by Karen yesterday.

(2) The article says that the famous actor came to our town.
＿＿＿＿＿ ＿＿＿＿＿ the article, the famous actor came to our town.

(3) I like history.　I also like math.
I like ＿＿＿＿＿ history ＿＿＿＿＿ math.

(1)		(2)	
(3)			

3 次の文を（ ）内の指示にしたがって書きかえなさい。　6点×4(24点)

(1) My mother buys eggs every week. （受け身形の文に）

(2) These pictures were taken by him. （疑問文にかえて，Yes で答える）

(3) The story was told by the teacher. （否定文に）

(4) Those notebooks are sold at the store over there. （下線部をたずねる疑問文に）

(1)	
(2)	
(3)	
(4)	

4 次の英文を読んで，あとの問いに答えなさい。 (計19点)

> Urdu is another official language. It is mostly ①(speak) in northern India. Its writing system comes from Arabic, so it goes from right to left. ②The language is (　　　) (　　　) its beauty and grace. A lot of great literature and poetry are ③(write) in Urdu.

(1) ①，③の(　)内の語を適する形にかえなさい。 4点×2(8点)

(2) 下線部②が「その言語は美しさと上品さで知られています」という意味になるように，(　)内に適する2語を書きなさい。 (5点)

(3) 本文の内容と合っているものを下から1つ選び，記号を答えなさい。 (6点)

　　ア　Urdu is one of the languages in northern India.

　　イ　People write Urdu from left to right.

　　ウ　People in India don't read literature or poetry.

(1)	①		③	
(2)			(3)	

5 〔　〕内の語句を並べかえて，日本文に合う英文を書きなさい。 6点×3(18点)

(1) 私はどこかおもしろいところに行きたいです。

　　〔 to / somewhere / I / go / interesting / want 〕.

(2) 香奈は疲れていたので，早く寝ました。

　　Kana 〔 early / bed / since / tired / she / to / was / went 〕.

(3) 彼はきっとよい医師になるでしょう。

　　〔 a / sure / he'll / doctor / I'm / be / good 〕.

(1)	
(2)	Kana .
(3)	

6 次の日本文を英語になおしなさい。 7点×2(14点)

(1) 英語はグリーン先生(Ms. Green)に教えられています。

(2) 私はあなたにお会いするのを楽しみに待っています。

(1)	
(2)	

第**3**回
予想問題

Lesson 3 〜 文法のまとめ ③

読 聞
書 話

30分

解答▶p.44

/100

🎧 **1** LISTENING　英語と質問を聞いて，その質問の答えとなる人物を下から選び，記号で答えなさい。

♪ t03　6点×2(12点)

(1)		(2)	

2 次の日本文に合うように，＿＿に適する語を書きなさい。

5点×4(20点)

(1) いすの下にラケットが１本あります。

＿＿＿＿＿＿＿＿＿＿ ＿＿＿＿＿＿＿＿＿＿ a racket under the chair.

(2) あなたは決して遅れてはいけません。

You ＿＿＿＿＿＿＿＿＿＿ ＿＿＿＿＿＿＿＿＿＿ be late.

(3) ミラー先生は仕事のあと疲れました。

Ms. Miller ＿＿＿＿＿＿＿＿＿＿ ＿＿＿＿＿＿＿＿＿＿ after work.

(4) 私はその試合に勝って興奮しています。

I'm excited ＿＿＿＿＿＿＿＿＿＿ ＿＿＿＿＿＿＿＿＿＿ the game.

(1)	·	(2)	
(3)		(4)	

3 次の文の＿＿に，（　）内の語を適する形にかえて書きなさい。ただし，かえる必要がなければそのまま書くこと。

5点×5(25点)

(1) My father ＿＿＿＿＿＿＿＿＿＿ a cold last week. （have）

(2) Please take care of the ＿＿＿＿＿＿＿＿＿＿ baby. （sleep）

(3) It is important for students to ＿＿＿＿＿＿＿＿＿＿ hard. （study）

(4) I want to watch a film ＿＿＿＿＿＿＿＿＿＿ by Lucas. （direct）

(5) I received the letter ＿＿＿＿＿＿＿＿＿＿ in Arabic. （write）

(1)		(2)		(3)	
(4)		(5)			

4　次の英文を読んで，あとの問いに答えなさい。　　　　　　　　　　　　(計19点)

> When Sadako was in elementary school, she especially liked her P.E. class and was good ①(ア　of　　イ　at　　ウ　for) sports.　②She [grew / a P.E. teacher / when / to / she / be / up / wanted].　③Sadako was a fast runner.　In the sixth grade, she was ④(select) as a member of the relay team for the school's sports day.

(1)　①の(　)内から適する語を選び，記号で答えなさい。　　　　　　　　(3点)

(2)　下線部②の[　]内の語句を並べかえて，意味の通る英文にしなさい。　(5点)

(3)　次の文が下線部③とほぼ同じ内容を表すように，＿＿に適する語を書きなさい。　(4点)
　　Sadako could ＿＿＿＿＿ ＿＿＿＿＿ .

(4)　④の(　)内の語を適する形にかえなさい。　　　　　　　　　　　　(3点)

(5)　本文の内容に合うように次の質問に英語で答えるとき，＿＿に適する語を書きなさい。
　　Did Sadako like P.E.?　　　　　　　　　　　　　　　　　　　　(4点)
　　— ＿＿＿＿＿ , she ＿＿＿＿＿ .

(1)	
(2)	She 　　　　　　　　　　　　　　　　　　　　　　.
(3)	(4)
(5)	

5　次の日本文を英語になおしなさい。　　　　　　　　　　　　6点×3(18点)

(1)　テレビを見ている女の子は由佳(Yuka)です。

(2)　これは世界中で歌われている歌です。

(3)　これらの箱はガラスで作られています。

(1)	
(2)	
(3)	

6　次のようなとき，英語でどのように言うか書きなさい。　　　　　　　(6点)
　　相手に，あなたに会えてうれしいと言うとき。

第**4**回
予想問題

Lesson 4 〜 Reading for Fun 1 読書 聞話

解答 ▶ p.45

30分

/100

 1 LISTENING 次の絵についてそれぞれア〜ウの英語を聞いて，絵の内容を最も適切に表しているものを1つ選び，記号で答えなさい。

 t04 5点×3(15点)

(1) (2) (3)

(1)		(2)		(3)	

2 次の日本文に合うように，＿＿に適する語を書きなさい。　4点×4(16点)

(1) クラスメートに自己紹介をしてください。

Please ＿＿＿＿＿＿ yourself ＿＿＿＿＿＿ your classmates.

(2) 百合が丘図書館への行き方を教えていただけますか。

Could you tell me ＿＿＿＿＿＿ ＿＿＿＿＿＿ get to Yurigaoka Library?

(3) 小さな子どもが私の方向を見ていました。

A little child looked ＿＿＿＿＿＿ my ＿＿＿＿＿＿.

(4) たとえ彼がよい人でも，私は彼の考えが気に入りません。

I don't like his idea ＿＿＿＿＿＿ ＿＿＿＿＿＿ he is a good man.

(1)		(2)	
(3)		(4)	

3 次の各組の文がほぼ同じ内容を表すように，＿＿に適する語を書きなさい。　5点×3(15点)

(1) { The person is our father.　He cooks dinner for our family.
　　 The person ＿＿＿＿＿＿ ＿＿＿＿＿＿ dinner for our family is our father.

(2) { I take a bus every morning.　It goes to the station.
　　 I take a bus ＿＿＿＿＿＿ ＿＿＿＿＿＿ to the station every morning.

(3) { To play cricket is interesting.
　　 ＿＿＿＿＿＿ interesting ＿＿＿＿＿＿ play cricket.

(1)		(2)	
(3)			

4　次の英文を読んで，あとの問いに答えなさい。　　　　　　　　　　（計24点）

　People ①世界中の now know and love Japanese anime.　Some characters ②〜によく知られている people （　③　） do not usually read manga or watch anime.　One of the reasons for this success is the adjustments （　④　） were made for viewers overseas.　Three of ⑤them involve titles, characters, and content.

(1)　下線部①，②の日本語を３語の英語になおしなさい。　　　　　　4点×2(8点)

(2)　③，④の（　）に適する関係代名詞を書きなさい。　　　　　　　3点×2(6点)

(3)　下線部⑤が指すものを本文中の１語で書きなさい。　　　　　　　　（5点）

(4)　次の文が本文の内容に合うように，＿＿に適する語を書きなさい。　　（5点）

　　　Japanese anime is popular in foreign countries ＿＿＿＿＿＿　＿＿＿＿＿＿

　　the adjustments for viewers overseas.

(1)	①	
	②	
(2)	③	④
(3)		(4)	

5　次の日本文を英語になおしなさい。　　　　　　　　　　　　　6点×4(24点)

(1)　私たちは青い目をしたネコを１匹飼っています。

(2)　だれがきのう，彼女の世話をしましたか。

(3)　私は大学で勉強したいです。（wouldを用いて）

(4)　画家は絵を描く芸術家です。（paintを用いて）

(1)	
(2)	
(3)	
(4)	

6　次のようなとき，英語でどのように言うか書きなさい。　　　　　　（6点）
　英語を上手に話すことができる男の子を知っているかたずねるとき。

Lesson 5 〜 Project 2　読書/聞話　30分　解答 p.46　/100

1 LISTENING 英語を聞いて，その内容に合うように（　）に適する日本語を書きなさい。　♪ t05　5点×3（15点）

(1)　これは（　　　　　）本です。
(2)　私は（　　　　　）した（　　　　　）を食べました。
(3)　幸は（　　　　　）ができます。

(1)	
(2)	
(3)	

2 次の日本文に合うように，＿＿に適する語を書きなさい。　5点×4（20点）

(1)　サラダはいかがですか。
　　＿＿＿＿＿＿ you ＿＿＿＿＿＿ a salad?
(2)　（(1)に答えて）いただきます。
　　I'd ＿＿＿＿＿＿ ＿＿＿＿＿＿.
(3)　その建物は書店ではなくて，レストランです。
　　That building is ＿＿＿＿＿＿ a bookstore ＿＿＿＿＿＿ a restaurant.
(4)　私たちは長い間おたがいを知っています。
　　We have known ＿＿＿＿＿＿ ＿＿＿＿＿＿ for a long time.

(1)		(2)	
(3)		(4)	

3 次の各組の文がほぼ同じ内容を表すように，＿＿に適する語を書きなさい。　5点×3（15点）

(1){ My father could play the violin when he was young.
　　My father was ＿＿＿＿＿＿ ＿＿＿＿＿＿ play the violin when he was young.
(2){ I gave the cookies to my grandmother.　I baked them.
　　I gave the cookies ＿＿＿＿＿＿ ＿＿＿＿＿＿ to my grandmother.
(3){ These are letters written by Kevin.
　　These are letters ＿＿＿＿＿＿ Kevin ＿＿＿＿＿＿.

(1)		(2)	
(3)			

4 次の英文を読んで，あとの問いに答えなさい。 (計26点)

> Dr. King ①(lead) the people of Montgomery in a fight for justice. They ②(fight) in a peaceful way. They stopped ③(ride) city buses. Some walked to work and school. Others shared cars. Many people supported the Bus Boycott, even some white people. Their fight lasted for more than a year. They finally ④(win) , and ⑤black people 〔 free / the bus / sit / on / were / to / anywhere 〕. This achievement inspired courage in many people. They joined the movement and worked hard to change other unfair laws.

(1) ①～④の（　）内の語を適する形にかえなさい。 3点×4(12点)

(2) 下線部⑤が「黒人たちはバスのどこにでも自由にすわることができました」という意味になるように，〔　〕内の語句を並べかえなさい。 (4点)

(3) 本文の内容に合うように，次の質問に英語で答えなさい。 5点×2(10点)

1. Did some white people support the Bus Boycott?

2. How long did the Bus Boycott last?

(1)	①		②		③		④	
(2)	black people							.
(3)	1							
	2							

5 次の日本文を英語になおしなさい。ただし，（　）内の指示にしたがうこと。 6点×3(18点)

(1) 私は佐藤さん(Mr. Sato)が作るかばんがほしいです。（which を用いて）

(2) 彼はカレン(Karen)が以前好きだった歌手です。（that を用いて）

(3) この本には私たちがその動物園で見た動物たちの写真がのっています。

　　（関係代名詞を用いないで）

(1)	
(2)	
(3)	

6 次の質問に，あなた自身の答えを英語で書きなさい。 (6点)

What is the color you like the best? （8語で）

第6回 予想問題　Lesson 6 〜 文法のまとめ ⑤

読　聞
書　話　30分　/100

解答 p.47

1 LISTENING 健とエマの対話を聞いて，その内容に合うように（　）に適する日本語を書きなさい。

♪ t06　3点×4（12点）

- 健とエマは，もし（　(1)　）があったら何をしたいか話している。
- エマは（　(2)　）のように（　　(3)　　）と思っている。
- エマの話を聞いて，健は（　　(4)　　）いいのになあと言っている。

(1)		(2)	
(3)		(4)	

2 次の日本文に合うように，＿＿に適する語を書きなさい。　5点×4（20点）

(1) もし私がハワイに住んでいたら，私は毎日，海で泳ぐだろうに。

＿＿＿＿＿＿ I ＿＿＿＿＿＿ in Hawaii, I would swim in the sea every day.

(2) もし私があなたなら，私は森先生にアドバイスを求めるでしょう。

If I ＿＿＿＿＿＿ you, I ＿＿＿＿＿＿ ask Mr. Mori for advice.

(3) 彼女は学校に着くとすぐ，ノートを開きました。

＿＿＿＿＿＿ ＿＿＿＿＿＿ as she got to school, she opened her notebook.

(4) トムのために飲みものを買うのはどうですか。

＿＿＿＿＿＿ about ＿＿＿＿＿＿ a drink for Tom?

(1)			(2)		
(3)			(4)		

3 〔　〕内の語句を並べかえて，日本文に合う英文を書きなさい。　5点×3（15点）

(1) 私の祖父はいつもテレビを見ています。

〔 the / TV / my grandfather / time / watches / all 〕.

(2) 私はその試合に勝つために，いっしょうけんめい練習するつもりです。

〔 order / I'll / hard / win / to / the game / practice / in 〕.

(3) もし十分な時間があれば，私は彼に物語を話すだろうに。

〔 enough / tell / the story / if / had / time / would / I / him / I / , 〕.

(1)	
(2)	
(3)	

4 次の英文を読んで，あとの問いに答えなさい。 (計29点)

My dream is to invent a time machine.　If I ①(have) one, I ②(will) visit great inventors across the ages.　It is something I have been ③(think) of for a long time. You might think I am a dreamer, but all new things start as dreams.　I have ④(learn) from past dreamers ⑤[new / create / how / something / to] for the future.

Today nobody thinks about flying.　It is not new or especially exciting.　⑥[not / it / so / always / was].　For centuries the dream of traveling by air interested inventors, like Leonardo da Vinci.　He thought, "⑦I wish I could fly like a bird."　He and others studied birds.

(1)　①〜④の(　)内の語を適する形にかえなさい。 3点×4(12点)

(2)　下線部⑤，⑥がそれぞれ「何か新しいものを作る方法」，「それは必ずしもそうではありませんでした」という意味になるように，〔　〕内の語句を並べかえなさい。 4点×2(8点)

(3)　下線部⑦を日本語にしなさい。 (5点)

(4)　次の文が本文の内容と合っていれば○，異なっていれば×を書きなさい。 (4点)
　　Leonardo da Vinci was interested in flying and studied birds with other people.

(1)	①		②		③		④	
(2)	⑤				⑥			
(3)							(4)	

5 次の日本文を英語になおしなさい。ただし，数字も英語のつづりで書くこと。 6点×3(18点)

(1)　ピアノがひけたらいいのになあ。

(2)　もし私があなたなら，私はそのパーティーに行くでしょう。

(3)　もし私が5,000円持っていれば，私は腕時計を買うことができるだろうに。

(1)	
(2)	
(3)	

6 次の質問に，あなた自身の答えを英語で書きなさい。 (6点)
　　What would you do if you went back to the past?

第**7**回
予想問題

Lesson 7 ～ Reading for Fun 3 読聞書話

 45分

解答 ▶ p.47

/100

1 LISTENING 英文を聞いて，その内容に合う絵を下から選び，記号で答えなさい。

 t07 3点×3（9点）

(1)		(2)		(3)	

---

2 次の日本文に合うように， ＿＿に適する語を書きなさい。　　2点×6（12点）

(1) あなたは将来の自分の生活を想像できますか。

Can you imagine your life ＿＿＿＿＿ the ＿＿＿＿＿?

(2) 彼を公園で遊ばせてください。

＿＿＿＿＿ him ＿＿＿＿＿ in the park.

(3) その看護師は困っている人々を助けます。

The nurse helps people ＿＿＿＿＿ ＿＿＿＿＿.

(4) グリーン先生はその問題にすぐに対処しました。

Ms. Green ＿＿＿＿＿ ＿＿＿＿＿ the problem immediately.

(5) あなたたちは私の報告書を参照することができます。

You can ＿＿＿＿＿ ＿＿＿＿＿ my report.

(6) 私の姉の仕事はお年寄りが運動をするのを手伝うことです。

My sister's job is to ＿＿＿＿＿ old people ＿＿＿＿＿ exercise.

(1)		(2)	
(3)		(4)	
(5)		(6)	

3 次の英文を読んで，あとの問いに答えなさい。 (計17点)

> I own a *ryokan*, a Japanese-style inn. （ ① ）Wakaba City appeared in a popular anime, foreign tourists started coming. I made English brochures for ②them.
>
> My inn was popular at first, but gradually fewer foreigners came. ③I didn't know why. I used English to interview my foreign guests. ④[see / their responses / the matter / helped / clearly / me / more].

(1) ①の（ ）に適する語を下から選び，記号で答えなさい。 (2点)

　ア That　イ If　ウ When

(2) 下線部②の them が指すものを本文中の2語で書きなさい。 (2点)

(3) 下線部③を次のように書きかえるとき，＿＿に適する語を本文中から抜き出して書きなさい。 (3点)

　I didn't know why ＿＿＿＿＿ ＿＿＿＿＿ ＿＿＿＿＿ to my inn.

(4) 下線部④が「彼らの答えは，私が問題をよりはっきり見るのに役に立ちました」という意味になるように，〔 〕内の語句を並べかえなさい。 (4点)

(5) 次の文が本文の内容と合っていれば〇，異なっていれば×を書きなさい。 3点×2(6点)

　1. 筆者の旅館は常に人気である。

　2. 筆者は外国人の泊まり客に対して英語で質問をした。

(1)		(2)		
(3)				
(4)				
(5) 1			2	

4 次の各組の文がほぼ同じ内容を表すように，＿＿に適する語を書きなさい。 4点×3(12点)

(1) ｛ Do you know?　Who went to Kenji's house yesterday?
　　Do you know ＿＿＿＿＿ ＿＿＿＿＿ to Kenji's house yesterday?

(2) ｛ Will you sing a song for us?
　　I ＿＿＿＿＿ ＿＿＿＿＿ to sing a song for us.

(3) ｛ Mao went to Okinawa last summer.　Kevin also went there last summer.
　　＿＿＿＿＿ ＿＿＿＿＿ Mao, Kevin went to Okinawa last summer.

(1)		(2)	
(3)			

144

5　〔　〕内の語句を並べかえて，日本文に合う英文を書きなさい。　　　4点×5（20点）

(1)　彼らはカリフォルニアで楽しい時を過ごしましたか。

〔 California / did / great / time / have / in / they / a 〕?

(2)　私は彼にいつその博物館を訪れたのか聞くつもりです。

〔 ask / when / the museum / I'll / him / visited / he 〕.

(3)　あなたは私にあなたの写真を撮ってほしいと思っていますか。

〔 you / you / a picture / want / do / take / me / to / of 〕?

(4)　今までより多くの人々が日本食に興味を持っています。

〔 ever / interested / people / Japanese food / than / more / in / are 〕 before.

(5)　あなたは自転車を修理してもらわなければなりません。

〔 have / repaired / you / to / your bike / have 〕.

(1)	
(2)	
(3)	
(4)	before.
(5)	

6　次の日本文を英語になおしなさい。　　　6点×4（24点）

(1)　あなたは今，何時か知っていますか。

(2)　私はきのう，母が夕食を作るのを手伝いました。

(3)　私の父は私に一輪車に乗ってほしくありません。

(4)　あなたはそれはよい考えだと思いますか。

(1)	
(2)	
(3)	
(4)	

7　次のようなとき，英語でどのように言うか書きなさい。ただし，（　）内の語を使うこと。

ディスカッションで相手の意見に同意するとき。（so）　　　（6点）

* * *

教科書ワーク 英語 特別ふろく

無料アプリ

どこでもワーク

単語特訓▶

▼文法特訓

重要語句の
暗記に便利

音声つき

文法事項を
三択問題で
確認！

間違えた問題だけを何度も確認できる！

無料ダウンロード

ホームページテスト

文法問題▶

テスト対策や
復習に使おう！

リスニング試験対策に
バッチリ！

▼リスニング問題

中学教科書ワーク

解答と解説

この「解答と解説」は，**取りはずして** 使えます。

三省堂版 ニュークラウン

英語**3**年

Starter / Lesson 1 ～ 文法のまとめ①

p.4～5 ■ステージ**1**

Words チェック (1)最初の，もとの
(2)地震　(3)勇気　(4)(～する)間に
(5) record　(6) hate

❶ (1) want to　(2) wants to have a cat
(3) want to sing well

❷ (1) became　(2) sang　(3) sold
(4) heard

❸ (1) to do　(2) to watch　(3) To, makes her

❹ (1) I like to take pictures.
(2) I'll cook dinner while you walk your dog.
(3) The story made him sad.

❺ (1) have sung　(2) believe in
(3) reminds, of　(4) came out

❻ (1) to encourage　(2) to eliminate
(3) to support

■ 解説 ■

❶ 「～は…したい」は〈want + to 不定詞〉で表す。
(2)は主語が3人称単数なので，wants になる。

❷ すべてつづりが不規則に変化する不規則動詞。

❸ (1) to do が a lot of homework を後ろから修飾
している。(形容詞用法)
(2) to watch TV が came home を修飾している。
(副詞用法)
(3) **ミス注意!** To sing on the stage が文の主語
になっている。(名詞用法)「A を B にする」は
〈make + A + B〉。to 不定詞が主語になる場合は
3人称単数扱いなので，make は makes になる。

❹ (1)「～をすることが好き」は to 不定詞の名詞
用法で〈like to + 動詞の原形〉で表す。
(2)「(～する)間に」while
(3) **ミス注意!**「A を B にする」は〈make + A +
B〉。A に代名詞 him，B に形容詞 sad を入れる。
順番に気をつけること。

❺ (1) **ミス注意!** 〈have[has] + 動詞の過去分詞〉
の現在完了形の形で表す。sing は sing-sang-sung
と変化する。
(2)「～を信頼する」believe in ～
(3)「～に…を思い起こさせる」remind ～ of ...
(4) **ミス注意!**「発表される」は come out。come
の過去形は came。

❻ (1)「私には彼女を勇気づけるためのことばがあ
ります」
(2)「私はすべての問題を取り除きたい」
(3)「私は彼を支持するために何でもします」

ポイント① to 不定詞
〈to + 動詞の原形〉の形
①名詞用法…「～すること」
②副詞用法…「～するために」
③形容詞用法…「～するための」

ポイント②「A を B にする」
・〈make + A + B〉の形
・A には名詞または代名詞，B には形容詞がくる

p.6～7 ■ステージ**1**

Words チェック (1)狭くする，狭くなる
(2)トランペット　(3) discuss　(4) pitcher

❶ (1) have been
(2) has been reading a book for two hours
(3) have been running for two hours

❷ (1) are　(2) has　(3) have been cooking

❸ (1) climbing　(2) making　(3) dancing
(4) swimming

❹ (1) It has been snowing since yesterday.
(2) Kana has been cleaning her room since
this morning.
(3) We have[We've] been practicing judo
for a long time.

❺ (1) has just painted a picture
(2) have been doing my homework for
three hours

2

(3) has been skiing since ten o'clock

⑥ (1) came, with　(2) I see　(3) narrowed, to

⑦ (1) for　(2) since　(3) for less than

(4) since she was

━━━━━━● 解説 ●━━━━━━

❶ (1)主語が I なので have を使う。

(2)主語が Shin(3 人称単数)なので has を使う。read を -ing 形の reading にする。

(3)主語が we なので have を使う。run を -ing 形の running にする。

❷ (1) **ミス注意!** 文末に now(今)があるので現在進行形。

(2)主語が Ms. Green(3 人称単数)なので has を選ぶ。

❸ (1)そのまま ing をつける。

(2)(3)最後の e をとって ing をつける。

(4) **ミス注意!** 最後の子音字を重ねて ing をつける。

❹ (1)主語が it なので have ではなく has を使う。since yesterday「きのうから」

(2)主語が Kana なので have ではなく has を使う。since this morning「今朝から」

(3)主語が we なので have を使う。for a long time「長い間」

❺ (1)「ちょうど〜したところだ」は現在完了形〈have[has] + 動詞の過去分詞〉で表す。just は have[has] の後ろに入れる。

(2)(3)「(ずっと)〜し続けている」は〈have[has] + been + 動詞の -ing 形〉で表す。「〜から」や「〜の間」を表す語句は文末に置く。

(2)「宿題をする」do my homework

(3) skiing は動詞 ski の -ing 形。

❻ (1) **ミス注意!** 「〜を思いつく」は come up with 〜で表す。come の過去形は came。

(2)会話であいづちを打つときの表現。

(3)「〜を…までにしぼる」narrow down 〜 to ...

❼ (1)期間を表す語句の前なので for。

(2)「今朝 9 時」という起点を表す語句の前なので, since を使う。

(3) **ミス注意!** 期間を表す語句の前なので for。「〜未満の, 〜より少ない」less than 〜

(4) **ミス注意!** 「彼女が 8 歳のとき」という起点を表す文の前なので since を使う。

ポイント❶　現在完了進行形

〈have[has] + been + 動詞の -ing 形〉で表す。

・主語が I, you, 複数 → have

・主語が 3 人称単数　→ has

ポイント❷　since と for の使い分け

・起点を表す語句または文　→since

・期間を表す語句　　　　　→for

p.8〜9 ━━ **ステージ❶**

Words チェック (1)友情　(2)荒々しい　(3)鏡

(4)切手　(5) beginning　(6) rest

❶ (1) Has, skating

(2) Has Ryo been using a computer

(3) Have they been playing baseball for a long time

❷ (1) hasn't　(2) How long

❸ (1)あなた(たち)は 1 時から(ずっと)皿を洗い続けていますか。

(2)あなた(たち)のお父さんはどれくらい長く入浴し続けていますか。

❹ (1) Has my sister been collecting stamps since January / she has

(2) Have you been watching TV for fifty minutes / I have not[haven't]

(3) How long have they been taking pictures / Since

(4) How long has Ms. Ito been practicing kendo / For

❺ (1) a little　(2) waiting for　(3) OK

❻ (1) watch　(2) marker　(3) pencil case[box]

━━━━━━● 解説 ●━━━━━━

❶ (1) **ミス注意!** 主語が Yuta なので has を使う。skate を -ing 形にするとき, 最後の e をとって ing をつける。

(2)主語が Ryo なので has を使う。use を -ing 形にする。

(3)主語が they なので have を使う。play を -ing 形にする。

❷ (1) **ミス注意!** 主語が it なので has を使う。解答欄の数より, has not の短縮形 hasn't を入れる。

(2) B が「1 時間です」と期間の長さを答えていることに注目する。継続している期間をたずねるときは, How long を使う。

❸ (1) wash the dishes「お皿を洗う」

(2) take a bath「入浴する」

❹ (1) has を主語の前に置き，答えも has を使う。
(2) have を主語の前に置き，答えも have を使う。
(3)(4) How long を文頭に置いて，そのあとは疑問文の形を続ける。
(3)答えの文では空所の後ろが「今朝10時」と起点を表しているので，since を使う。
(4)答えの文では空所の後ろが「3時間」と時間の長さを表しているので，for を使う。

❺ (1) a little には「少しの」の意味で名詞を修飾する形容詞の用法と，「少し」の意味で形容詞や動詞を修飾する副詞の用法がある。ここでは形容詞 tired を修飾する副詞の用法。
(2)「～を待つ」wait for ～
(3)「よろしい」OK

❻ 「圭はずっとこの筆箱を使い続けています。」

ポイント①　現在完了進行形の疑問文
・「ずっと～し続けていますか」
〈Have[Has] + 主語 + been + 動詞の -ing形 ～?〉
答えるときも have[has] を使う。
・「どれくらい長く～し続けていますか」
〈How long have[has] + been + 動詞の -ing形 ～?〉
答えるときは Since ～. / For ～. で答える。

ポイント②　短縮形
have not → haven't　/ has not → hasn't

p.10～11　ステージ1

Wordsチェック (1)動かす，動く
(2)不幸にも，運悪く　(3)問題(点)，争点
(4)信頼する，信用する　(5)舞台，ステージ
(6)日ごとに　(7) arm　(8) seem　(9) close
(10) argument

❶ (1) was drawing a picture when I went to
(2) If it's clear, let's climb
(3) I know that the book is interesting.

❷ (1) I have been listening to it
(2)② イ　③ ウ
(3) darkness, dangers, troubles

❸ (1) give up　(2) decided to
(3) got[became] tired
(4) Though[Although]

WRITING Plus
(1)例1 I like to play the guitar (when I am[I'm] free).
例2 I like to listen to music (when I am[I'm] free).

(2)例 I want to go to Hokkaido[Hawaii / Kyoto].
(3)例1 I will cook curry and rice for lunch.
例2 I'll play the video game at home.

━━━ 解説 ━━━

❶ (1)接続詞 when のあとは〈主語 + 動詞〉が続く。
(2)接続詞 if（もし～ならば）。
(3)接続詞 that を使って know の内容を表す。

❷ (1)〔　〕内に have と been があるので，現在完了進行形〈have[has] + been + 動詞の -ing形〉の形にすることがわかる。listen to ～は「～を聞く」。
(2)② 空所の前後の関係に注目。空所の直前の文は「歌は暗闇から始まる」という意味で，空所を含む文が「歌詞はそこから先へ進む」と違う状態になることを表しているので，イの However(しかしながら，だが)が適切。
③ if「もし～ならば」と2つの文をつなぐ接続詞。直前の that のうしろが「～ということ」のまとまりになっているので，They say that がないものと考えるとわかりやすい。
(3) ミス注意 最後から2つめの文に注目する。語句を抜き出すときは，複数形の s などつづりの一部を書き落とさないように気をつけること。

❸ (1)「諦める」give up
(2)「～することを決心する」decide to ～
(3) ミス注意 「疲れる」は get tired。get の過去形は got。
(4)接続詞 though「だが，～にもかかわらず」

WRITING Plus (1)「あなたはひまなとき，何をするのが好きですか」
(2)「もし長い休暇があれば，あなたはどこに行きたいですか」
(3)「もしあした雨が降ったら，あなたは何をしますか」

ポイント　いろいろな接続詞
・when「～するとき」
・if「もし～ならば」
・that「(～する)ということ」
・because「(なぜなら)～だから」
・though「だが，～にもかかわらず」
・while「(～する)間に」

4

Wordsチェック (1)訓練 (2)命令，さしず
(3)季節 (4)駐車場 (5) west (6) push

1 (1) Do, recommend / exciting
(2) Do you recommend any places / It's interesting

2 (1) swim (2) any (3) hamburgers
(4) going

3 (1)ウ (2)イ

4 (1) has been (2) many times
(3) What, do (4) push others
(5) in particular (6) in, west of (7) exit to

━━━━━━━━━━ 解説 ━━━━━━━━━━

1 「あなたはどの～をおすすめしますか」は Do you recommend any ～? で表す。

2 (1) can のあとの動詞は原形。
(2)(3) **ミス注意!** 疑問文では any を使う。any のあとの名詞は複数形になる。
(4) recommend の後ろには名詞か動名詞が続く。

3 (1)オーストラリアが訪れるのによい国であると思う理由を付け加える。ウ「カンガルーを見ることができます」が適切。
(2)北海道を訪れるのに夏がいちばんよいと思う理由を付け加える。イ「そこでは夏は，より涼しいです」が適切。

4 (1)「行ったことがある」は been を使って表す。
(2)回数は一度(once)，二度(twice)，三度以上は～times で表す。
(3)「何を」をたずねるので，疑問詞は what。
(4)「ほかの人たち」は，複数形 others を使う。
(5)「特に」in particular
(6)「～の…に」は in the ... of ～で表す。... の部分には方角を表す west が入る。
(7)「～から退出する」exit to ～

1 (1) have (2) Has (3) since (4) for
(5) How long

2 (1) has been, for
(2) Have, for, time / I haven't
(3) How long / Since (4) have been talking

3 (1) Have, been (2) since, has not
(3) How long (4) Since

4 (1)私の母は11時から(ずっと)お皿を洗い続けています。

(2)彼はどれくらい長く彼のイヌを散歩させ続けていますか。

5 (1) I have been reading a book since this morning.
(2) Have they been practicing judo for three hours?
(3) How long has your father been working here?

6 (1) has been growing flowers for a long time
(2) Have Ken and Jane been playing tennis since this afternoon?
(3) has been singing songs for less than an hour
(4) How long have you been taking a bath?

━━━━━━━━━━ ≪ 解説 ≫ ━━━━━━━━━━

1 (1)(2)主語が I, you, 複数なら have，3人称単数なら has を使う。
(3)(4)あとが期間を表す語句なら for，起点を表す語句または文なら since を使う。
(5)継続期間をたずねる疑問文は How long を使う。How many は数をたずねる表現。

2 (1)主語が Yui なので has を使う。two days は期間を表す語句なので for を使う。
(2)主語が you なので have を使うが，疑問文なので主語の前に置く。「長い間」は for a long time。
(3)「どれくらい長く」は How long ～? で表す。this morning は起点を表す語句なので，since を使って答える。
(4)主語が they なので have を使う。「最近」は recently。

3 (1)現在完了進行形の疑問文に。動詞の –ing 形の前に been を置く。
(2) noon(正午)は起点を表す語となるので since を使う。疑問文には has を使って答える。
(3) B が期間を答えているので，継続をたずねる疑問文にする。How long ～?「どれくらい長く～」
(4)継続期間を答える。空所のあとが〈主語＋動詞〉の文になっており，起点を表しているので since を使う。

4 (1)現在完了進行形の肯定文。「…から(ずっと)～し続けています」
(2)継続期間をたずねる現在完了進行形の疑問文。「どれくらい長く～し続けていますか」

5 (1)〈have[has] + been +動詞の -ing 形〉の形にする。

(2)疑問文は have を主語の前に出す。

(3)継続期間をたずねる疑問文にする。〈How long + have[has] + been + 動詞の -ing 形〜?〉の形。

6 (1)(3)肯定文なので〈have[has] + been + 動詞の -ing 形〉の形。

(1)「長い間」for a long time

(2)疑問文なので〈Have[Has] + 主語 + been + 動詞の -ing 形〜?〉の形。「今日の午後から」は since this afternoon で表す。

(3)「 I 時間未満の間」for less than an hour

(4)継続期間をたずねる疑問文。How long のあとは疑問文の形を続ける。「入浴する」は take a bath。

> **ポイント** 現在完了進行形
> ・肯定文
> 〈have[has] + been +動詞の-ing形〉
> ・疑問文
> 〈Have[Has] +主語+ been +動詞の-ing形〜?〉
> ・継続期間をたずねる疑問文
> 〈How long + have[has] + 主語 + been + 動詞の -ing形〜 ?〉

p.16〜17 ステージ2

1 🎧LISTENING ウ

2 (1) I have[I've] been reading a report for an hour.

(2) Have you been watching TV since this morning? / I have not[haven't]

(3) How long has Kevin been skiing?

(4) What has she been doing for an hour?

3 (1) Did Ken come up with any good ideas?

(2) I want to sleep a little.

(3) She decided to become a doctor.

(4) His words made me happy.

(5) Do you recommend any food in particular?

4 (1) haven't, yet

(2)学校祭で(バンドが)何を演奏するか

5 (1) have been studying, for

(2) Has, been swimming since / hasn't

(3) have been riding[using], since

(4) has been, for, long time

6 (1) Has he been playing the guitar for

two hours?

(2) I have[I've] been staying in Tokyo for more than a[one] month.

(3) How long has it been snowing? / Since this morning.

(4) My brother went to the park to play baseball.

━━━━━━━━ 解 説 ━━━━━━━━

1 🎧LISTENING raining から雨が降っているイラストに注目し，For five hours. から時計の経過時間が5時間を表しているイラストを選ぶ。

> 🎵**音声内容**
> A:Oh, it's still raining. How long has it been raining?
> B:For five hours.

2 (1)現在完了進行形は〈have[has] + been + 動詞の -ing 形〉で表す。主語が I なので have を使う。

(2)疑問文は have を主語の前に出す。答えの文でも have を使う。

(3)「どれくらい長く」と継続期間を表す疑問文にする。

(4)「何をし続けているか」をたずねる疑問文にする。「何を」は what を使う。

3 (1)「〜を思いつく」come up with 〜

(2)**ミス注意** 「少し」a little は文末に置く。

(4)**ミス注意** 「A を B にする」は〈make + A + B〉の形。A には名詞または代名詞が，B には形容詞がくるので made me happy と並べる。

4 (1)**ミス注意** 現在完了形〈have[has] + 動詞の過去分詞〉の完了用法。「まだ〜ない」は not 〜 yet の形を使う。主語が we なので have を使うが，空所の数より have not の短縮形 haven't を入れる。

(2) it が指す内容は，ブラウン先生の発言から読み取る。

5 すべて現在完了進行形の文。

(1)主語が they なので have を使う。five hours は期間を表す語句。

(2)**ミス注意** 主語が Emma なので，has を使う。swim の -ing 形は，最後の m を重ねて ing をつける。ten o'clock は起点を表す語句。

(3)主語が I なので have を使う。

(4)主語が Sachi なので has を使う。「長い間」は for a long time。

6

❻ (1)現在完了進行形の疑問文。主語は he なので has を，「2時間」は期間を表すので for を使う。

(2)「～以上」は more than ～．for を使う。

(3)**ミス注意!** 期間をたずねる疑問文。How long のあとは疑問文の形を続ける。主語は天候を表す it を使うことに注意。

(4)**ミス注意!** 「～するために」は to 不定詞の副詞用法で表す。to のあとは動詞の原形。

p.18~19 ステージ3

❶ **LISTENING** (1)ウ (2)イ (3)エ

❷ (1) give up (2) to do (3) in particular
(4) that if

❸ (1) It has been raining since last week.
(2) Has Karen been using this computer since this morning?
(3) How long has Tom been writing fiction?

❹ (1) The news made her excited.
(2) Mr. Green has many things to
(3) eating lunch when I went to her house
(4) How long has Shin been looking for

❺ (1) a little
(2)あなた(たち)はどれくらい長く練習していますか。 (3) Since (4)○

❻ (1) She has been waiting for her friend(s) for thirty minutes.
(2) It has been snowing since yesterday.
(3) I have two caps to wear in (the) summer.
(4) How long have you been running?
(5) It is[It's] getting cold[colder] day by day.
(6) Though he is[he's] young, he gets [becomes] tired easily. / He gets [becomes] tired easily though he is[he's] young.

❼ (1) Yes, I have. / No, I have not[haven't].
(2)例1 (I recommend) Okinawa. You can swim in the beautiful sea.
例2 (I recommend) Lake Biwa. It is[It's] the biggest lake in Japan.

━━ 解説 ━━

❶ **LISTENING** (1)質問は「ジョンは長い間，彼の電話を使い続けていますか」という意味。母親が「3時間使い続けている」と言っている。Has ～? でたずねられているので，has を用いて答える。

(2)質問は「亮はどれくらい長くサッカーをし続けていますか」という意味。亮は「午前8時からサッカーをしている」と言い，メアリーは「今は午後6時」と言っていることから10時間が適切。

(3)質問は「健はどれくらい長く彼の自転車を使い続けていますか」という意味。健の I got it ～ last year. を聞き取る。

♪ 音声内容

(1)A: Stop using the phone, John. You have been using it for three hours.
B: Sorry, Mom. I will.
Question: Has John been using the phone for a long time?

(2)A: Are you still playing soccer, Ryo?
B: Yes, Mary. I have been playing it since 8 a.m. today.
A: Wow! It's 6 p.m. now. You really like soccer.
Question: How long has Ryo been playing soccer?

(3)A: Look at this bicycle, Jane. It's my treasure. I got it for my birthday last year. I've been using it since then, and I like it.
B: It's very nice, Ken.
Question: How long has Ken been using his bicycle?

❷ (1)「諦める」give up

(2)「～するために」は to 不定詞〈to + 動詞の原形〉で表す。do volunteer work は「ボランティア活動をする」という意味。

(3)「特に」in particular

(4)**ミス注意!** この say は「(本・手紙・掲示などに) ～と書いてある」という意味。「～ということ」を表す that を続ける。そのあとに紙に書いてある内容を続けるので，「もし～ならば」を表す if を入れる。2つの接続詞を並べて使うのがポイント。

❸ (1)「先週からずっと雨が降っています」という意味の現在完了進行形〈have[has] + been + 動詞の -ing 形〉の文にする。主語が it なので has を使う。

(2)現在完了進行形の疑問文は，主語の前に have[has] を出す。

(3)継続の期間をたずねる疑問文にするので How long ～? を使う。How long のあとは疑問文の形。

❹ (1)**ミス注意!** make のあとは〈(代)名詞 + 形容

詞〉の語順。「そのニュースは彼女を興奮させました」

(2)不定詞の形容詞用法の文。名詞のあとに〈to ＋動詞の原形〉を続ける。「グリーン先生は教えるべきことがたくさんあります」

(3)接続詞 when を文中に置いた形にする。「私が久美の家に行ったとき，彼女は昼食を食べていました」

(4)〈How long ＋ have[has] ＋ 主語 ＋ been ＋ 動詞の –ing 形〜?〉の形にする。look for 〜「〜をさがす」。「慎は彼のネコをどれくらい長く探していますか」

⑤ (1)「少し」は形容詞の前にも動詞のあとにも置くことができる。

(2)「どれくらい長く〜」と継続している期間をたずねる疑問文。

(3)空所のあとが「今朝の10時」と起点を表す語句なので，Since を入れる。

(4)「ブラウン先生は，陸は長い間練習し続けていると思っています」という意味。陸の声が荒れていて，That long?(そんなに長く?)と言っていることから，本文の内容に合っている。

⑥ (1)(2)(4)現在完了進行形の文にする。

(3)「〜するための…」は to 不定詞の形容詞用法で表す。「(帽子を)かぶる」は「身につけている」という意味の wear を使う。

(5)寒暖を表すときは it を主語に使う。「日ごとに」は day by day。

(6)**ミス注意!**「〜けれども」は though を使って表す。if や when と同様に，文の最初や文の途中に置くことができるが，文の最初に置くときにはコンマを忘れないこと。

⑦ (1)「あなたは何かスポーツをずっとし続けていますか」という意味。Yes, I have.(はい，し続けています)または No, I have not[haven't].(いいえ，し続けていません)で答える。

(2)「あなたは訪れるための日本のどの場所をおすすめしますか。なぜですか」という意味。場所の名前を答えたあとで，理由を付け加える。

Lesson 2 〜 文法のまとめ②

p.20〜21　ステージ1

Wordsチェック (1)配達する　(2)旗　(3) print
(4) meeting

① (1) is played　(2) is studied
(3) These cars are washed

② (1) enjoyed　(2) are sold

③ (1) is used　(2) is watched
(3) are opened

④ (1) Our lunch is cooked at
(2) Two languages are spoken in
(3) The summer festival is held in

⑤ (1) How many flags　(2) depends on

⑥ (1) kettle　(2) fork　(3) soap　(4) blanket
(5) pillow　(6) bedroom　(7) bathroom
(8) living room　(9) dining room

解説

① soccer や English など数えられない名詞は3人称単数の主語として扱う。

(1) play は過去分詞 played にする。

(2)**ミス注意!** study は〈子音字 ＋ y〉で終わる語なので，y を i にかえて ed をつける。

(3)主語が These cars で複数なので，be 動詞は are。wash は過去分詞 washed にする。

② (1)「楽しまれている」は受け身形〈be 動詞 ＋ 動詞の過去分詞〉で表す。

(2)**ミス注意!** 主語が複数なので be 動詞は are になる。sell の過去分詞は sold。

③ (1)主語が Japanese なので be 動詞は is を使う。use は過去分詞 used にする。

(2)主語が The TV program なので be 動詞は is を使う。watch は過去分詞 watched にする。

(3)**ミス注意!** 主語が Those windows と複数なので，be 動詞は are を使う。open は過去分詞 opened にする。

④ 受け身形は〈be 動詞 ＋ 動詞の過去分詞〉の形。

(1) cooked は cook(料理する)の過去分詞。

(2)主語は「2つの言語」two languages。spoken は speak(話す)の過去分詞。

(3) held は hold(催す)の過去分詞。

⑤ (1)**ミス注意!** 数をたずねる疑問文は〈How many ＋ 名詞の複数形 〜?〉を使う。flag を複数形 flags にすることを忘れないように。

8

ポイント**①** 受け身形
〈be動詞＋動詞の過去分詞〉で「～され（てい）ます」
の意味を表す。

ポイント**②** 動詞の過去分詞の作り方
・規則動詞…①そのままedをつける
　　　　　　②dだけをつける
　　　　　　③yをiにかえてedをつける
・不規則動詞…動詞によって形がかわる

p.22～23 〔ステージ**1**〕

Wordsチェック (1)映画 (2)物語，お話
(3) direct (4) compose
❶ (1) was washed (2) was built by
(3) was created by Yui
❷ (1) was (2) were made
❸ (1) was taken (2) was written by
(3) were directed, him
❹ (1) Is Mr. Green liked by (2) Yes, he is.
(3) Was that Indian film released in
(4) No, it was not.
❺ (1) looking forward to visiting
(2) has never climbed (3) sure you'll
❻ (1) uplifting (2) cheerful
(3) sweet[beautiful] melody

━━━━━ 解 説 ━━━━━

❶ 受け身形の過去の文はbe動詞を過去形にし
て，〈was[were]＋動詞の過去分詞〉で表す。
(1)主語が単数なのでbe動詞はwas。washは
過去分詞washedにする。
(2) ミス注意 主語The houseは単数なので
be動詞はwas。buildは過去分詞builtにする。
(3)主語が単数なのでbe動詞はwas。createは
過去分詞createdにする。
❷ (1) yesterday(きのう)があるので過去の文。
主語が単数なのでwasを選ぶ。
(2) last night(昨夜)があるので過去の文。主語
が複数なのでbe動詞はwere。makeの過去分
詞はmade。were makingは「～を作っていた」
という過去進行形の形だが意味が通らない。
❸ (1)もとの文の動詞がtookと過去形になって
いるので過去の文。主語が単数なのでbe動詞
はwasを使う。takeはtake-took-takenと変
化する不規則動詞。
(2)もとの文の動詞がwroteと過去形になって
いるので過去の文。主語が単数なのでbe動詞

はwasを使う。writeはwrite-wrote-written
と変化する不規則動詞。もとの文の主語は，動
作をした人としてbyのあとに続ける。
(3)主語が複数なのでbe動詞はwereを使う。
directは規則動詞で，過去分詞はdirected。by
のあとに代名詞を続ける場合は，「～を［に］」
の形にする。
❹ (1)(3)受け身形の疑問文。be動詞を主語の前
に置く。
(2)(4)受け身形の応答文。
❺ (1) ミス注意 「～を楽しみに待つ」はlook
forward to ～。toのあとは名詞または動名詞
がくる。
(2)「一度も～ない」は現在完了形〈have[has]
＋動詞の過去分詞〉でneverを使って表す。こ
こでは主語がSheなのでhasを使う。climb(登
る)の過去分詞はclimbed。
(3) ミス注意 sureは「確信して」。I'm sure
(that) ～. で「きっと～」という意味になる。
ここでは「賞を受賞する」のは未来のことなの
で，you willの短縮形you'llを入れる。
❻ (1)「気持ちを高揚させる」uplifting
(2)「元気のいい」cheerful
(3)「メロディが美しい」＝「美しいメロディを
持っている」have a sweet[beautiful] melody

ポイント**①** 受け身形の過去の文
〈was[were]＋動詞の過去分詞〉で表す。
・主語がI，または3人称単数→was
・主語がyou，または複数　→were

ポイント**②** by ...
「...によって」と動作をする人を表す場合はbyを使う。

ポイント**③** ふつうの文→受け身形への書きかえ
Jun took the picture.
The picture was taken by Jun.

ポイント**④** 受け身形の疑問文
〈be動詞＋主語＋動詞の過去分詞 ～?〉で「～され
（てい）ますか」を表す。
答えの文でもbe動詞を使う。

p.24~25 ステージ1

Wordsチェック (1)~に位置する (2)文学，文献
(3)多様性 (4)何も書かれていない (5)billion
(6)major (7)system (8)until (9)remain
(10)across

❶ (1)sung
(2)used (3)not visited
(4)not studied

❷ (1)were not sold (2)isn't liked

❸ (1)英国人が来るまで，英語はインドでは話されていませんでした。
(2)India was ruled by them from the
1600s to
(3)English (4)1．× 2．×

❹ (1)known for (2)came across

WRITING Plus✐
(1)例 My room was cleaned last Saturday.
(2)例 Was this[the] cup washed yesterday?
(3)例1 Rugby is enjoyed in my country.
　例2 In my country, rugby is enjoyed.

━━━━ 解 説 ━━━━

❶ 受け身形の否定文は not を be 動詞のあとに置いて表す。
(4)**ミス注意**✐ study の過去分詞は studied。

❷ 否定文は be 動詞のあとに not を入れる。
(2)空所の数より is not の短縮形 isn't を入れる。

❸ (1)受け身形の過去の否定文は「~され(てい)なかった」という意味。until は「~(する)まで(ずっと)」という意味で，後ろには名詞のほかに，〈主語＋動詞〉の文を続けることもできる。
(2)「~から…まで」from ~ to ...

❹ (1)**ミス注意**✐「~で知られている」は be known for ~。by ではなく for を使うことに注意。
(2)「~を偶然見つける」come across ~

WRITING Plus✐ (1)「~された」は受け身形の過去の文〈was[were]＋動詞の過去分詞〉で表す。
(2)「~されましたか」とたずねる文は，受け身形の過去の疑問文〈be 動詞＋主語＋動詞の過去分詞 ~?〉で表す。
(3)「~されている」は受け身形の現在の文〈be 動詞[am, are, is]＋動詞の過去分詞〉で表す。

ポイント 受け身形の否定文
〈be 動詞＋ not ＋動詞の過去分詞〉で「~され(てい)ません」の意味を表す。

p.26 ステージ1

Wordsチェック (1)シカ (2)提案
(3)somewhere (4) through

❶ (1)イ (2)ウ

❷ (1)somewhere new (2)According to

━━━━ 解 説 ━━━━

❶ (1)空所の直後でAがインドに行きたい理由を答えているので，「どうしてですか」と理由をたずねるイが適切。
(2)空所の直前でBが理由をたずねているので，理由を説明するウ「この記事によると，そこでは白いライオンが見られます」が適切。

❷ (1)**ミス注意**✐「どこか」は somewhere。new somewhere としないように気をつけること。
(2)「~によると」according to ~

ポイント 〈some-＋形容詞〉
some- のついた語に修飾語をつけるときは，some- のついた語のあとに修飾語を置く。
(例) something interesting「何かおもしろいもの」
　　somewhere nice「どこかすてきな場所」

p.27 ステージ1

Wordsチェック (1)(アイスクリームを盛る)コーン
(2)含む，入れている (3)海草，のり
(4)食感 (5)プレミアム (6)piece

❶ (1)Since (2)Since
(3)Since the picture is beautiful

❷ (1)both, and (2)I'm sure (3)went, with

━━━━ 解 説 ━━━━

❶ 接続詞 since を使って「~なので」を表す。
(1)「ベンはやさしいので，私は彼が好きです」
(2)「この本はおもしろそうなので，私はそれが読みたいです」
(3)「その絵は美しいので，私はそれが好きです」

❷ (1)「~と…のどちらも」both~and...
(2)「きっと~」I'm sure (that) ~
(3)**ミス注意**✐「~と調和する」go well with ~。ここでは go は過去形 went にする。

ポイント 接続詞 since
・「~なので」と理由を表す。
・when や if などと同様に，since の作るまとまりは文の前半にも後半にも置くことができる。
・文の前半に置くときは，まとまりの最後にコンマ (,) を入れる。

p.28〜29 《 文法のまとめ② 》

1 (1) is washed (2) was written by
(3) Was, found by / it was not
(4) weren't made

2 (1) is used by (2) were supported
(3) Are, read / they are (4) weren't

3 (1) He, her / It (2) It / He (3) She, it

4 (1)富士山はここから見られ(てい)ます。
(2)数学は彼によって教えられていません。
(3)その[あの]歌手は世界中で愛されています。
(4)この建物は彼ら[彼女ら]によって建てられませんでした。
(5)インドは南アジアに位置し(てい)ますか。

5 (1) This TV program is watched in China.
(2) The box was carried by Tom.
(3) Was the restaurant visited by many people?
(4) This breakfast was not made by my mother.
(5) What sports are enjoyed in your country?

《 解説 》

1 主語の人称・数,現在か過去かによって be 動詞の形が決まる。
(1)現在の文で主語が3人称単数なので,be 動詞は is を使う。wash の過去分詞は washed。
(2)過去の文で主語が3人称単数なので,be 動詞は was を使う。write の過去分詞は written。「…によって」は by … で表す。
(3)受け身形の疑問文なので,主語の前に be 動詞を置く。be 動詞は主語が3人称単数で過去の文なので,was を使う。find の過去分詞は found。
(4) ミス注意 「日本で作られたのではありません」＝「日本で作られませんでした」と考える。過去の文で主語が複数なので,be 動詞は were を使う。were not の短縮形は weren't,make の過去分詞は made。

2 (1)〈be 動詞＋過去分詞〉の形にする。動作主を表すには by を使う。
(2)過去を表す文にかえるので,be 動詞を過去形にかえる。
(3)受け身形の疑問文は,be 動詞を主語の前に出す。read はここでは read の過去分詞。read-

read[réd]−read[réd]
(4) ミス注意 否定文なので be 動詞のあとに not を置いて表すが,空所の数より短縮形を使う。were not ＝ weren't

3 前に出た情報は代名詞で表す。代名詞は使われる場所によって形がかわるので気をつけること。
(1)英語の文では「知っている情報→新しい情報」の順番になるので,He bought a nice hat for her. より He bought her a nice hat. の方が自然。

4 (1)(3)肯定文「〜され(てい)ます」
(1) seen は see(見る,見える)の過去分詞。
(2)(4)否定文「〜され(てい)ません」
(2) taught は teach(教える)の過去分詞。
(3) ミス注意 around the world「世界中で」
(4) built は build(建てる)の過去分詞。
(5)疑問文なので「〜され(てい)ますか」という意味。be located in 〜「〜に位置する」

5 (1)(2)肯定文なので〈be 動詞＋動詞の過去分詞〉の形。
(3)疑問文なので〈be 動詞＋主語＋動詞の過去分詞〜?〉の形。
(4)否定文なので〈be 動詞＋not＋動詞の過去分詞〉の形。
(5) ミス注意 「どんな〜」は〈what＋名詞〉で表して文頭に置き,そのあとには〈be 動詞＋動詞の過去分詞〉の形を続ける。

ポイント① 受け身形の文
①肯定文〈be 動詞＋動詞の過去分詞〉
「〜され(てい)ます」
・現在の文→ be 動詞は am, are, is
・過去の文→ be 動詞は was, were
②疑問文〈be 動詞＋主語＋動詞の過去分詞 〜?〉
「〜され(てい)ますか」
・be 動詞を使って答える
③否定文〈be 動詞＋not＋動詞の過去分詞〉
「〜され(てい)ません」

ポイント② by...
「…によって」と動作主を表す場合は by を使う

p.30〜31 ■ステージ2

1 LISTENING (1)〇 (2)× (3)×

2 (1) is liked (2) was written by
(3) Were, attracted by (4) wasn't held

3 (1) Is, included / it isn't (2) wasn't printed
(3) were read by (4) What are collected

4 (1) are used (2)10ルピー紙幣にはたくさん

の言語[ことば]が印刷されています。

(3) is spoken[used]

❺ (1) That school is known for its great teachers.

(2) He likes both dogs and cats.

(3) I'm looking forward to seeing you again.

(4) The plan depends on your schedule.

❻ (1) Kana is loved by everyone[everybody].

(2) Was this picture painted[drawn] last month?

— Yes, it was.

(3) Those pictures were not[weren't] taken by Tom.

(4) What food is eaten on New Year's Day?

◀━━━━━━━━━━ 解説 ━━━━━━━━━━▶

❶ (1)「閉まっているか」をたずねられて,「いいえ」と答えている。レストランが閉まるのは月曜日。

(2)「帽子が売られているか」をたずねられて,「はい」と答えている。イラストでは帽子は見当たらないので×。

(3)「何が勉強されているか」をたずねられて「数学が勉強されている」と答えている。イラストでは英語が勉強されているので×。

┌─── ♪ 音声内容 ──────────────┐
│ (1) A: Is the restaurant closed today?
│   B: No, it is not. It is closed on Mondays.
│ (2) A: Are caps sold here?
│   B: Yes, they are.
│ (3) A: What subject is studied in this class?
│   B: Math is studied there.
└────────────────────────────┘

❷ (1)「私のクラスメートはカレンが好きです」=「カレンは私のクラスメートによって好かれています」

(2)「夏目漱石は『坊ちゃん』を書きました」=「『坊ちゃん』は夏目漱石によって書かれました」

(3)「彼はたくさんの人々を魅了しましたか」=「たくさんの人々は彼によって魅了されましたか」

(4)「彼らはきのうパーティーを催しませんでした」=「パーティーはきのう,催されませんでした」

❸ (1) ミス注意❗ 疑問文は be 動詞を主語の前に出す。答えの文にも be 動詞を使う。空所の数よ

り, is not の短縮形 isn't を使う。

(2) ミス注意❗ 空所の数より was not の短縮形 wasn't を使う。

(3) ミス注意❗ もとの文では主語が 3 人称単数で動詞が read になっている。現在形では reads になるはずなので,この read は過去形であるとわかる。受け身の文では be 動詞は主語が Many books と複数なので were を使う。read は過去分詞も read で形がかわらない。

(4)「何」をたずねるので what を使う。

❹ (1)「使われています」の部分を英語にする。主語の Rupee notes は複数なので,be 動詞は are。

(2) it が指す内容は直前の文の a ten rupee note である。print は「印刷する」という意味。

(3) 本文最終文に「家では家族とマラーティー語を話しています」とあることから,「マラーティー語はディヌーの家で話されています」という文にする。speak(話す)のかわりに use(使う)を使ってもよい。

❺ (1)「～で知られている」be known for ～

(2)「～と…のどちらも」both ～ and ...

(3)「～を楽しみに待つ」look forward to ～

(4)「～次第である」depend on ～

❻ すべて受け身形の形にする。

(1) 〈be 動詞＋動詞の過去分詞〉の形。「愛されている」は love の過去分詞 loved を使って表す。「みんな」は everyone[everybody]。

(2) 受け身形の疑問文〈be 動詞＋主語＋動詞の過去分詞 ～?〉の形。「かく」は paint[draw] で表し,過去分詞 painted[drawn] を使う。

(3) 受け身形の否定文〈be 動詞＋not＋動詞の過去分詞〉の形。「(写真を)撮る」は take で表し,過去分詞 taken を使う。

(4) ミス注意❗ 「どんな食べ物」は what food を文頭に置いて表す。疑問詞のある受け身形は〈疑問詞(＋名詞)＋be 動詞＋過去分詞(＋by ...)～?〉の形になる。

┌─ p.32～33 ═══ ステージ❸ ──
❶ 🎧LISTENING (1)夏 (2)家族

(3)英語を上手に話せない (4)日本語

❷ (1) Try wearing[on] (2) sure that

(3) For example (4) Where in Japan

❸ (1) When something is wasted

(2) Sakurajima is located in Kagoshima.

(3) Was this song composed by a famous musician?

4 (1) is made[cooked] (2) are washed
(3) is cleaned (4) is bought (5) is walked

5 (1)ウ (2)are, released
(3)1. × 2. ○ 3. ×

6 (1) The watch was bought by my brother.
(2) These birds are seen in Australia (by them).

7 (1) Was this letter written by Mai?
(2) The[That] zoo is known for three pandas.
(3) According to this guidebook, the[that] lake is very large.
(4) These windows are opened at nine (o'clock).

8 例1 basketball, it's exciting
例2 running, I can run fast

◆━━━━━━▶ 解説 ◀━━━━━━◆

1 🎧LISTENING (1)は next summer, (2)は with my family を聞き取る。
(3) because は理由を述べるときに使うので，そのあとを注意して聞き取る。
(4)ボブは最後の発言で「ホテルや大きな店では日本語がよく使われています」と言っている。

♪音声内容
A: Hi, Bob. I'm going to go to Hawaii with my family next summer. But I'm worried about going there.
B: Why are you worried, Yui?
A: Because I can't speak English well.
B: Don't worry! Japanese is often used in hotels and big stores.
A: Oh, really? That's good.

2 (1)「～してみる」try ～ing または「試着してみる」try on で表すことができる。
(2)「きっと～」I'm sure that ～
(3)「たとえば」for example
(4) ミス注意 「日本のどこで」は where in Japan の語順になる。

3 (1)この when は接続詞。「何かがむだに使われるとき，人々は『もったいない』と言います」
(2)「桜島は鹿児島に位置します」
(3)文末にクエスチョンマークがあるので be 動詞を文頭に置いて，受け身形の疑問文の形にする。

「この歌は有名な音楽家によって作曲されましたか」

4 (1)「夕食は香奈の父によって作られます」
(2)「衣服は彼女の弟によって洗われます」
clothes は複数扱い。
(3)「浴室は彼女の姉によってそうじされます」
(4)「食べ物は彼女の母によって買われます」
(5)「イヌは香奈によって散歩されます」

5 (1)「AかBかCか」= A, B, or C
(2)ふつうの文を受け身形の文に書きかえる。release を〈be 動詞＋動詞の過去分詞〉にする。be 動詞は主語が複数なので are を使う。release の過去分詞は released。
(3)1.「その映画の中では英語が話されています」。字幕は英語だが，使われている言語はヒンディー語なので×。
2.「人々はその映画の中でマラーティー語を聞くことができません」。使われている言語はヒンディー語で，マラーティー語ではないため○。
3.「人々はその映画の字幕の言語を選ぶことができる」。字幕は英語で，言語が選べるとは言っていないため×。

6 (1)(2)〈be 動詞＋動詞の過去分詞〉で受け身形の文にする。
(2) They はここでは一般的な人々を指しているため，by them は省略できる。

7 (1)受け身形の疑問文〈be 動詞＋主語＋動詞の過去分詞 ～?〉で表す。「舞によって」は by を使う。
(2)「～で知られている」be known for ～
(3)「このガイドブックによると」according to this guidebook
(4)受け身形の文。「～(時)に」は at ～ を使う。

8 好きなスポーツを答え，since のあとにそのスポーツが好きな理由を続ける。

Lesson 3 ～ 文法のまとめ③

p.34～35 ■ステージ**1**

Wordsチェック (1)原子(力)の　(2)爆弾
(3)丸屋根，ドーム　(4)ソファー　(5)destroy
(6)glass

1 (1)playing　(2)the girl running
(3)Do you know the man using

2 (1)ウ　(2)イ　(3)エ　(4)エ　(5)イ

3 (1)riding　(2)singing　(3)swimming

4 (1)Who is the girl writing a letter?
(2)Look at that cooking man.
(3)What happened to them?
(4)We call the clock tower "the Big Ben".

5 (1)was destroyed　(2)hope for
(3)Listen to　(4)Let's play

6 (1)holding　(2)sitting　(3)taking
(4)wearing glasses

■ 解 説 ■

1 「～をしている…」は〈名詞＋動詞の –ing 形
～〉で表す。
(2)**ミス注意!** run は最後の n を重ねて ing をつ
け，running とする。

2 (1)「私はあのほほえんでいる女の子を知ってい
ます」
(2)「向こうに立っている男の子は私の兄［弟］です」
(3)「あなたは踊っている女性が見えますか」
(4)「新聞を読んでいる男性を見なさい」
(5)「日本語を勉強している女の子はカレンです」

3 名詞を後ろから説明する文。すべて –ing 形に。
(3)**ミス注意!** swim は最後の m を重ねて ing をつ
け，swimming にする。

4 (1)「手紙を書いている女の子」は the girl
writing a letter。
(2)**ミス注意!** 「あの男性を見なさい」Look at
that man. と組み立てると，残る語は cooking。
1語で名詞を説明するので，名詞 man の前に置く。
(3)what(何が)が主語の疑問文。
(4)**ミス注意!** 〈call ＋ A ＋ B〉「AをBと呼ぶ」の
形にする。A＝B の関係が成り立つ。

5 (1)受け身形〈be 動詞＋過去分詞〉の形。過去の
文は be 動詞を過去形にする。
(2)「～への希望」the hope for ～
(3)「～しなさい」と命令する文は動詞の原形で文

を始める。「～を聞く」は listen to ～で表す。
(4)「～しよう」と勧誘する文は〈Let's ＋ 動詞の
原形 ～.〉。

6 「～している…」なので，動詞の –ing 形が名詞
を後ろから説明する形。
(1)「(手などでしっかり)持っている」は hold を
使う。
(2)**ミス注意!** sit(すわる)は最後の子音字 t を重
ねて ing をつけ，sitting にする。
(3)「メモをとる」take notes
(4)「眼鏡をかけている」wear glasses

ポイント 「～している…」の文
〈名詞＋動詞の –ing 形 ～〉の形
①動詞の –ing 形が単独で名詞を修飾する
　→名詞の前に置く
②動詞の –ing 形が語句をともなって名詞を修飾する
　→名詞のあとに置く

p.36～37 ■ステージ**1**

Wordsチェック (1)損害[被害]を与える，傷つける
(2)スイス　(3)shock　(4)reality

1 (1)enjoyed　(2)made
(3)caught

2 (1)ウ　(2)エ　(3)エ　(4)イ　(5)オ

3 (1)invited　(2)released　(3)cooking
(4)painted　(5)dancing

4 (1)taken　(2)written　(3)delivered

5 (1)on display　(2)I agree
(3)must never happen　(4)made of
(5)It is, for, to

6 (1)made[created]　(2)designed by
(3)designed for

■ 解 説 ■

1 「～された…」は過去分詞がほかの語句をとも
なう場合〈名詞 ＋ 動詞の過去分詞 ～〉で表す。
(1)enjoy の過去分詞は enjoyed。
(2)make の過去分詞は made。
(3)**ミス注意!** catch は不規則動詞で，過去分詞
は caught。

2 (1)「私はなくしたペンを見つけました」
(2)「これは富士山と呼ばれる山です」
(3)「私はその音楽家によって演奏される音楽が好
きです」
(4)「日本で話されている言語は日本語です」
(5)「あなたはトムと名づけられた男の子を知って

14

❸ (1)「彼らは招待された人々です」。動詞の過去
分詞が適切。

(2)「この夏公開された映画は世界中で人気です」。
動詞の過去分詞が適切。

(3)「台所でカレーを作っている男の子を知ってい
ますか」。動詞の -ing 形が適切。

(4)「私の兄[弟]によってかかれた絵を見てくださ
い」。動詞の過去分詞が適切。

(5)「あの踊っている女の子は久美です」。動詞の
-ing 形が適切。

❹ (1) 2 文目の It は The picture を指す。「慎に
よって撮られた写真」となるようにする。

(2) 2 文目の They は letters を指す。「英語で書か
れた手紙」となるようにする。

(3) 2 文目の It は lunch を指す。「配達された昼食」
となるようにする。

❺ (1)「展示されて」on display

(2)「賛成する」は agree。I agree.((私は)賛成で
す。)は会話で相手の発言に同意するときによく使
う言い回し。

(3) **ミス注意！** must not(〜してはいけない)の
not の位置に，強い否定を表す never(決して〜な
い)を置く。

(4) **ミス注意！**「(材料)で作られている」be made
of 〜。

(5)「(人)にとって [(人)が]…することはーだ」
は〈It is 〜 for ＋ 人 ＋ to 不定詞〉で表す。

❻ すべて語句をともなう動詞の過去分詞が名詞を
後ろから説明する形。

(1)「作られた」は made または created のどちら
でもよい。

(2)(3)「〜によって」は by，「〜のために」は for。

ポイント❶ 「〜された [されている]…」の文
〈名詞 ＋ 動詞の過去分詞 〜〉の形
①動詞の過去分詞が単独で名詞を修飾する
　→名詞の前に置く
②動詞の過去分詞が語句をともなって名詞を修飾する
　→名詞のあとに置く

ポイント❷ 動詞の -ing 形と過去分詞の使い分け
・「〜している…」は動詞の-ing形
・「〜された [されている]…」は動詞の過去分詞

---

p.38〜39 ステージ❶

Wordsチェック (1)閃光，ひらめき
(2)生き残る　(3)走者，走る人
(4)病気　(5)がん　(6)小学校　(7) end
(8) especially　(9) cause　(10) receive

❶ (1) got excited　(2) became sleepy then
(3) got tired then

❷ (1)私はそのニュースを見たとき，腹が立ちま
した[怒りました]。
(2)春には暖かくなるでしょう。

❸ (1)禎子は突然病気になりました。
(2)② At first　③ had a cold
(3)(彼女の)病気が悪くなったから。
(4) She has a kind of cancer caused by

❹ (1) at least　(2) selected[chosen] as
(3) went back　(4) grew up
(5) began[started] to　(6) by the end of
(7) when, years old

━ 解説 ━

❶「〜（の状態)になった」は〈got[became] ＋ 形
容詞〉の形。

❷ (2) **ミス注意！** become warm「暖かくなる」。
寒暖や気温を表す文の主語の It は「それは」と
訳さないこと。

❸ (1) became は become の過去形。
(2)③ **ミス注意！**「かぜをひく」は have a cold。
過去形なので had を使う。
(3)理由は so の前の部分に書かれている。
(4)「爆弾によって引き起こされる」が「一種のが
ん」を後ろから説明する形にする。

❹ (2)〈be 動詞 ＋ 動詞の過去分詞〉（受け身形）の
形にする。
(3) **ミス注意！** go の過去形は went。
(4) **ミス注意！** grow の過去形は grew。

ポイント❶ 「〜（の状態)になる」
・〈get[become] ＋ 形容詞〉の形になる。
・「〜（の状態)になった」と過去のことを表すときは，
get[become] を got[became] にする。

ポイント❷ 寒暖などを表す it
このitは「それは」と訳さない。
①寒暖・気温…It's cold today.（今日は寒いです。)
②天候…It's sunny today.（今日は晴れです。)
③季節…It's spring now.（今は春です。)
④時間…It's seven ten.（7時10分です。)

p.40~41 ■ステージ①

Wordsチェック (1)記念する(物)

(2)女の魔法使い，魔女　(3)journey

(4)herself

❶ (1) There are　(2) There is a man

(3) There are two boys in the river.

❷ (1) were　(2) made　(3) spoken

❸ (1) There is　(2)② standing　③ holding

(3) Sadako's friends did[built it].

❹ (1) There are two big parks in our city.

(2) Let's use the room cleaned yesterday.

(3) People from all around the world visit

Tokyo.

(4) Karen went on a journey with Kana.

WRITING Plus

[例1] (1) I recommend "Harry Potter".

(2) It is a book written by J. K. Rowling.

(3) I recommend it because its story is

exciting and wonderful.

[例2] (1) I recommend "Botchan".

(2) It's a book written by Natsume Soseki.

(3) You will like it because it's easy to read.

■ 解説 ■

❶ 「(場所)に～がある[いる]」は There is[are]

～. で表す。

(1)(3) **ミス注意!** あとの名詞が複数なので There

are ～. を使う。

(2)あとの名詞が単数なので There is ～. を使う。

❷ (1) There is[are] ～. の文。あとの名詞が複数

で過去の文なので，were が適切。

(2)「スイス製のペン」＝「スイスで作られたペ

ン」。動詞の過去分詞が後ろから名詞を説明して

いる形。make の過去分詞は made。

(3)受け身形〈be 動詞＋動詞の過去分詞〉。speak

の過去分詞は spoken。

❸ (1) **ミス注意!** 「～がある」は There is[are]

～. で表す。後ろの名詞が単数なので is を使う。

(2)動詞の -ing 形が後ろから名詞を説明する形。

(3)質問は「だれが女の子の像を建てましたか」と

いう意味。本文最終文参照。

❹ (1)「～がある」There is[are] ～.

(2)「きのうそうじされた部屋」the room cleaned

yesterday

(3)「世界中からの」は from all around the world。

(4)「旅に出る」go on a journey[trip]

WRITING Plus (1) I recommend(私は～をおすす

めします)のあとにおすすめの本のタイトルを続

ける。

(2) It is a book written by(それは～によって書か

れた本です)のあとにその本の作者名を続ける。

It is written by ～. と受け身形で表してもよい。

(3)「～だから，なので」と理由を表すときは，

because や since が使える。

ポイント There is[are] ～. の文の be 動詞の使い分け

・be 動詞のあとの名詞が単数 → is, was

・be 動詞のあとの名詞が複数 → are, were

p.42 ■ステージ①

Wordsチェック (1)さいふ　(2)割引

(3) tonight

❶ ①ウ　②エ　③ア

❷ (1) give me, discount　(2) been into

(3) big fan of

■ 解説 ■

❶ ①Ａは好きな歌手について話しており，Ｂも

同意しているが，空所に続いてコンサートの話に

話題を変えている。ウ「歌と言えば」が適切。

②Ｂはコンサートについて話しており，その流

れで自然な発言となるのはエ「私はそれを待ちき

れません」。

③空所のあとでＢがコンサートについて説明し

ていることから，Ｂはア「どういう意味ですか」

と，自分の知らないことについて確かめたと考え

られる。

❷ (2) **ミス注意!** 「～に熱中する」は be into ～

で表す。現在完了形(継続)の文になっているので，

be は過去分詞 been を使う。

p.43 ■ステージ①

Wordsチェック (1)勝ち抜き戦，トーナメント

(2)得点，点数　(3) shocked　(4) injured

❶ (1) glad to come here

(2) happy to meet her

❷ (1) I am shocked to get injured.

(2) I was surprised to see him.

(3) I'm sad to lose the game.

■ 解説 ■

❶ 「～して…」の文では，to 不定詞(to ＋動詞の

原形)で感情の原因・理由を表すことができる。

❷ (1)「けがをする」get injured

ポイント 「～して…」の文
・〈be 動詞＋形容詞＋ to 不定詞 (to ＋動詞の原形)〉
・形容詞の状態になった原因・理由を to 不定詞以下で表す。

p.44～45　文法のまとめ③

1　(1)泳いでいる少年
　(2)プールで泳いでいる少年
　(3)壊れたラジオ[壊されたラジオ]
　(4)彼女によって壊されたラジオ
2　(1) smiling　(2) locked　(3) watching
　(4) spoken　(5) taken　(6) walking
3　(1) built　(2) cleaning　(3) to see
　(4) to have
4　(1) running　(2) seen　(3) dancing
　(4) to win　(5) to hear
5　(1) I am glad to win a prize.
　(2) This is a bicycle made in France.
　(3) I'm very shocked to lose my mobile phone.
　(4) Mr. Green wants to eat cooked fish.
　(5) Is the woman sitting over there our new teacher?

《 解説 》

1　(1)(2)「～している…」
　(3)(4)「～された [されている]…」
2　(1)(3)(6)「～している」は動詞の -ing 形で表す。
　(2)(4)(5)「～された [されている]」は動詞の過去分詞で表す。
3　(1)「これは家です。それは私のおじによって建てられました」＝「これは私のおじによって建てられた家です」
　(2)「あれらの生徒たちを知っていますか。彼らは通りをそうじしています」＝「通りをそうじしているあれらの生徒たちを知っていますか」
　(3)「私はあなたに会ったので，うれしいです」＝「私はあなたに会えてうれしいです」
　(4)「私は事故にあったのでショックを受けました」＝「私は事故にあってショックを受けました」
4　(1) that running man で「あの走っている男性」。
　(2) **ミス注意！**「ここから見える湖」＝「ここから見られる湖」と考える。see の過去分詞は seen。
　(3) dancing on the stage が The girl を後ろから説明している。The から stage までが主語。

(4)(5)「～して…」は to 不定詞で表せる。
5　(1)(3)「～して…」は〈be 動詞＋形容詞＋ to 不定詞 (to ＋動詞の原形)〉の語順にする。
　(2) **ミス注意！**「フランス製の自転車」＝「フランスで作られた自転車」と考える。a bicycle の後ろに動詞の過去分詞と語句を続ける。
　(4)「～したい」は want to ～。「料理された魚」は cooked fish。
　(5) **ミス注意！**「女性は私たちの新しい先生ですか」Is the woman our new teacher? をまず組み立ててから，woman の後ろに sitting over there を置く。長い文で難しい場合は肯定文の形で作ってから疑問文にかえてもよい。

ポイント 後置修飾 (動詞の -ing 形・動詞の過去分詞)
① 「～している…」〈名詞＋動詞の -ing 形 ～〉
② 「～された [されている]…」
　　　　　　　　〈名詞＋動詞の過去分詞 ～〉
(前置修飾) 動詞の -ing 形または過去分詞が１語
　　　　　　　→前から後ろの名詞を説明
(後置修飾) 動詞の -ing 形または過去分詞がほかの語句をともなう　→後ろから前の名詞を説明

p.46～47　ステージ2

1　**LISTENING**　(1)オ　(2)ウ　(3)イ
2　(1) Who is the woman singing in the kitchen?
　(2) I ate a fish caught by my brother for dinner.
　(3) The student studying math is Jun.
　(4) I know a boy called Jack.
3　(1) Is this bag made of paper?
　(2) There are ten computers in this room.
　(3) I was excited to join the party.
4　(1) It's, for, to　(2)戦争　(3)ウ　(4)イ
5　(1) Speaking of　(2) got worse
　(3) at least
6　(1) We live in the[a] house built in 2000.
　(2) The girl writing the[an] e-mail [e-mails] is Kana.
　(3) I am[I'm] surprised to hear the news.

解説

1　**LISTENING**　(1) The boy washing the dishes (皿を洗っている男の子)を聞き取る。
　(2) a store selling fruit and vegetables(果物と野

菜を売っている店)を聞き取る。

(3) a library built last month(先月建てられた図書館)を聞き取る。先月建てられたので，新しい図書館のイラストを選ぶ。

♪ 音声内容
(1) The boy washing the dishes is Makoto.
(2) This is a store selling fruit and vegetables.
(3) This is a library built last month.

❷ 1文目の下線部のあとに，2文目の説明部分を続ける。

❸ (1)「(材料)で作られている」be made of ～
(2)「～がある」There is[are] ～.
(3)「～して…」(感情の原因)は〈be 動詞＋形容詞 ＋to 不定詞(to ＋動詞の原形)〉で表す。

❹ (1)「(人)が〔(人)にとって〕～することは…だ」は〈It is ～ for ＋人＋ to 不定詞〉で表す。主語の It は訳されない。
(2) it などの指示語はすでに述べられたものを指すので，丘先生の最初の発言の中からさがす。ここでは war(戦争)を指す。
(3)下線部③の raised は名詞を後ろから説明する用法の過去分詞。アは受け身形。イは現在完了形。
(4)丘先生は最後の発言で Let's think about it together.(それについて一緒に考えましょう)と言っているが，it はケイトの発言の What can we do?(私たちは何ができるでしょうか)という質問を指している。

❺ (1)「～と言えば」は Speaking of ～。話題をかえるときの表現。
(2) **ミス注意!** 「～(の状態)になる」と言うときは〈get[become] ＋形容詞〉を使う。形容詞の部分には bad の比較級 worse を入れる。
(3)「少なくとも」at least

❻ (1) build(建てる)の過去分詞 built を使って house(家)を後ろから説明する。
(2) **ミス注意!** write(書く)の –ing 形 writing を使って the girl(女の子)を後ろから説明する。「1通のEメール」と言う場合は a ではなく an を使うことに気をつける。
(3) **ミス注意!** 「～して…」(感情の原因)は〈be 動詞 ＋ 形容詞 ＋ to 不定詞(to ＋動詞の原形)〉の形。「驚いて」は surprised。

p.48～49 **ステージ3**

❶ 🎧 **LISTENING** (1)ウ (2)イ
❷ (1) made of (2) What, mean
(3) At first (4) There are (5) to see
❸ (1) He grew up and became a good tennis player.
(2) This is a present given by my friend.
(3) The boys swimming in the sea are my cousins.
(4) It was interesting for me to read the history book.
❹ (1)① holding, binder ② listen to
(2) world peace (3)1. 〇 2. × 3. ×
❺ (1) painted (2) playing (3) to lose
❻ (1) I became[got] sick when I was ten (years old).
(2) Who is the man washing his face?
(3) My brother thought (that) he had a cold.
(4) Do you know any sports played by eleven players?

解説

❶ 🎧 **LISTENING** (1) the cats sleeping on the bench(ベンチの上で寝ているネコ)を聞き取る。
(2) We call her Shiro.(私たちは彼女をシロと呼んでいます。)と She's big.(彼女は大きいですね。)がポイント。

♪ 音声内容
A: Can you see the cats sleeping on the bench, Judy? They're so cute!
B: Oh, the white one is our cat. We call her Shiro.
A: Really? She's big. I think she's the leader of the cats in this town.

❷ (1) **ミス注意!** 「(材料)で作られる」be made of ～
(2)相手に言われたことを確かめるときの表現。
(4) **ミス注意!** 「(場所)に～があります」は There is[are] ～. で表す。あとの名詞が複数なので，are を使う。
(5)「～して…」の感情の原因・理由を表す部分は to 不定詞(to ＋動詞の原形)で表す。
❸ (1)「成長する」は grow up。grow の過去形は grew。
(2)「私の友達がくれた」＝「私の友達によって与

えられた」と考える。give の過去分詞は given。

(3) ミス注意 「海で泳いでいる男の子たち」は「海で泳いでいる」が「男の子たち」を後ろから説明するように組み立てて，the boys swimming in the sea とする。swim の -ing 形は m を重ねて swimming となる。

(4)〈It is ～ for ＋人＋ to 不定詞(to ＋動詞の原形)〉。is を過去形 was にする。

❹ (1)① 「手に持つ，にぎる」は hold を使う。後ろから person を説明するように，-ing 形にする。
② 「～しよう」は〈Let's ＋動詞の原形 ～.〉。

(2) the hope for world peace 「世界平和への希望」

(3)1. 本文1文目と合っている。
2. 本文1文目より，1996年は原爆ドームが世界遺産になった年とわかるので，×。
3. 本文最終文に「彼がドームについて説明します」とあり，He は3文目よりボランティアガイドを指すとわかるので，×。

❺ (1)「奈々はこの絵をかきましたか」→「これは奈々によってかかれた絵ですか」
(2)「あの女の子は結衣で，彼女はテニスをしています」→「テニスをしているあの女の子は結衣です」
(3)「私はさいふをなくしたので，ショックを受けています」→「私はさいふをなくしてショックを受けています」

❻ (1)「病気になる」は become[get] sick を使う。become[get] の過去形は became[got]。
(2)「(その)男性はだれですか」をまず組み立てて Who is the man? とする。「顔を洗っている」を washing his face として，man のあとに続けて後ろから説明する形にする。
(3) ミス注意 「～と思った」は think の過去形 thought を使って thought (that) ～で表すことができる。「かぜをひいている」は have a cold で，have の過去形は had。
(4)「あなたはスポーツを何か知っていますか」をまず組み立てて，Do you know any sports? とする。「11人の選手によってプレーされる」を played by eleven players として sports のあとに続け，後ろから説明する形にする。

Lesson 4 ～ Reading for Fun 1

p.50～51 ステージ1

Wordsチェック (1)(映画)監督 (2)妖精(のような) (3)(料理などの)作り方，レシピ (4)(鉛筆・ペン・クレヨンなどでかいた)絵，線画，デッサン (5)costume (6)used

❶ (1) that (2) that has many pictures
(3) I have a plant that grows fast.

❷ (1)エ (2)イ

❸ (1) that has (2) that have
(3) which flies (4) which are

❹ (1) I live in the town that has a big park.
(2) These are the buses that go to the station.
(3) Take the train which will arrive there at 8 a.m.
(4) The hospital which stands near the library is new.

❺ (1) by (2) introduced, to (3) Lots of

❻ (1) fairy tales (2) fine essays
(3) good recipes (4) children's drawings

解説

❶ 「～する…」と説明する文をつなぐとき，動詞の形は説明する名詞(先行詞)の数に合わせる。
(1)「動物」が先行詞のとき，関係代名詞は先行詞が「もの」のときと同じ that[which] を使う。
(2) ミス注意 have の3人称単数形は has。

❷ 関係代名詞は，先行詞のあとに続ける。〈名詞＋関係代名詞＋(助)動詞～〉の形になる。
(1) a dog が先行詞なので，そのあとに入れる。
(2) the store が先行詞なので，そのあとに入れる。

❸ (1) ミス注意 「美しい日本の家の写真を載せた」が「雑誌」を説明する形。「～を載せた」は「～を持っている」と考えて have を使う。ここでは先行詞が単数で現在の文なので，have の3人称単数現在形 has を使う。
(2) ミス注意 「高い山がある」が「国々」を説明している。「～がある」＝「～を持っている」と考えて have を使う。先行詞は複数。
(3)「とても速く飛ぶ」が「鳥」を説明している形。fly の3人称単数現在形は flies。
(4)「向こうを歩いている」が「あれらのネコ」を説明している。先行詞は複数。

④ 2文目の代名詞が何を指しているかを考え，その名詞の後ろに関係代名詞を置いて文を続ける。
(1) It は the town を指す。
(2) They は the buses を指す。
(3) It は the train を指す。
(4) It は The hospital を指す。The hospital which stands near the library までが長い主語。

⑤ (2)「～に…を紹介する」introduce … to ～
(3)「たくさんの」lots of。many，a lot of と同じ意味。

⑥ (1) fairy は「妖精（のような）」という意味。fairy tale は「おとぎ話」。
(2) fine「すばらしい，元気な」
(3) good には「おいしい」という意味もある。
(4) **ミス注意!** 不特定多数の「子ども」という意味なので，child の複数形 children を使う。

> **ポイント** 「もの」を説明する関係代名詞（主格）
> ・「～する…」と前の名詞を説明する場合に先行詞が「もの」のときは，that または which を使う。
> ・〈先行詞（名詞）＋関係代名詞＋(助)動詞～〉の形。
> ・関係代名詞のあとの動詞の形は，先行詞の数に合わせる。

p.52～53 ■■ステージ**1**

Wordsチェック (1)才能のある，有能な
(2)どこでも　(3) advice

① (1) who can
(2) a woman who can cook well
(3) I know a man who can build houses.

② (1)ウ　(2)ウ

③ (1) which　(2) who　(3) which　(4) who
(5) that　(6) that

④ (1) Mr. Ito has a daughter who is eight years old.
(2) He is a teacher who comes from the U.K.
(3) Pitchers are baseball players who throw the ball.
(4) I have some friends that help me.
(5) The boy that is the tallest in my class can sing well.

⑤ (1) right　(2) do, tricks
(3) made, more popular
(4) all over, world

⑥ (1) director　(2) painter　(3) pianist
(4) doctor

━━━ **解説** ━━━

① 先行詞が「人」のときは，関係代名詞は who[that] を使う。

② 関係代名詞は，先行詞のあとに続ける。〈名詞＋関係代名詞＋(助)動詞～〉の形。
(1) a friend が先行詞なので，そのあとに入れる。
(2) a teacher が先行詞なので，そのあとに入れる。

③ (1) **ミス注意!** 先行詞は the animals で「動物」。動物のときは「もの」と同じく関係代名詞 which[that] を使う。
(2)(4)(6)先行詞はそれぞれ the singers，The girl，the man で「人」。who または that を使う。
(3)(5)先行詞はそれぞれ The train と a bag で「もの」。that または which を使う。

④ 2文目の代名詞が何を指しているかを考え，その名詞の後ろに関係代名詞を置いて文を続ける。
(1) She は a daughter を指す。
(2) 2文目の He は a teacher を指す。
(3) **ミス注意!** They は baseball players を指す。Pitchers who throw the ball are baseball players.(ボールを投げるピッチャーは野球選手です)は意味がおかしくなる。
(4) They は some friends を指す。
(5) He は The boy を指す。The boy that is the tallest in my class までが長い主語。

⑤ (3) **ミス注意!** 〈make＋A＋B〉「A を B の状態にする」。make の過去形は made。
(4) all over the world(世界中で)は around the world と同じ意味。

⑥ 職業を表す単語は1つ1つ覚える。動詞と形が似ているものもある。(例) dance → dancer，direct → director，paint → painter

> **ポイント①** 「人」を説明する関係代名詞（主格）
> ・「～する…」と前の名詞を説明する場合に先行詞が「人」のときは，who または that を使う。
> ・〈先行詞（名詞）＋関係代名詞＋(助)動詞～〉の形。
> ・関係代名詞のあとの動詞の形は，先行詞の数に合わせる。

> **ポイント②** 関係代名詞 that（主格）
> that は先行詞が「人」のときでも「もの」のときでも使うことができる。

20

Wordsチェック　⑴調節，調整　⑵含む

⑶魅力的な，人を引きつける

⑷もとは，もともと　⑸西洋(風)の　⑹説明

⑺success　⑻content　⑼relate

⑽whole

❶　⑴It, to　⑵It, for, to

⑶It's, for, to understand

❷　⑴It, easy　⑵me to

⑶Is it, to / No, isn't

❸　⑴changed

⑵②主に子ども向けのマンガやアニメ

③子どもたちにとって，なじみのない名前を覚

えているのは難しいです。

⑶For example

⑷子どもたちが物語に集中できるから。

⑸S-a-t-o-s-h-i

❹　⑴that[which]　⑵doesn't, or

⑶Translate, into　⑷familiar to

⑸can be　⑹This way

⑺one of, musicians

━━━━━━━◆ 解説 ◆━━━━━

❶　「(A が [A にとって]) …することは〜です」は

It 〜 (for A) to …. で表す。この It は形式上の

主語で，日本語には訳さないので注意する。

⑴〈for A〉がない形。

⑵⑶〈for A〉は to 不定詞の意味上の主語を表し，

「〜が」「〜にとって」という意味になる。

⑶**ミス注意！** 空所の数より It is の短縮形 It's を

使う。

❷　⑴「エミリーにとって英語を話すのは簡単で

す」

⑵**ミス注意！**「私にとって英語を話すのは難しい

です」。I は目的格の me にする。

⑶「エミリーにとって馬に乗ることは楽しいです

か」「いいえ，楽しくありません」

❸　⑴( )の前に are があることに注目する。「変

えられる」と受け身形の文になるように，過去分

詞 changed にする。

⑵②関係代名詞 that 以下が manga and anime を

説明している形。mainly は「主に」。

③**ミス注意！** It is 〜 for A to …. 「A が [A に

とって]…することは〜です」の文。It は形式的

な主語なので「それは」とは訳さない。unfamiliar

は「なじみのない」で表す。

⑷4 行目に名前を変える理由が書かれている。

focus on 〜は「〜に集中する」という意味。

⑸3 文字を使って Ash となるので，a, s, h の3

文字に下線を引く。

❹　⑴先行詞が the movie で「もの」なので，関係

代名詞は that または which。

⑵**ミス注意！**「A も B も〜ない」は〈not A or B〉

を使う。and としないように注意する。

⑶「〜を…に翻訳する」translate 〜 into …

⑷「〜によく知られている」be familiar to 〜

⑸**ミス注意！** can には「〜でありうる，よく〜

である」という意味もある。

⑹「このようにして」this way

⑺**ミス注意！**「〜の1人 [1つ]」は one of 〜。

of の後ろの名詞は必ず複数形。

━━━━━**ポイント**━━　It 〜 (for A) to ….

・「(A が [A にとって]) …することは〜です」は It 〜

(for A) to …. で表す。

・It は形式上の主語で，日本語には訳さない。本当の主

語は to 不定詞以下になる。

・for A は省略されることもある。

・A が代名詞の場合は目的格にする。

Wordsチェック　⑴設定　⑵プロの　⑶おそらく

⑷変える　⑸おそらく　⑹しばしば，頻繁に

⑺fit　⑻each　⑼therefore

❶　⑴would like　⑵I would like to ask

⑶I would like to have spaghetti.

❷　⑴want to　⑵would like　⑶I'd, to live

❸　① would, to　② have been, around

③ In addition

④ Therefore, explain about

⑤ would like to, attractive

❹　⑴might[may]　⑵In short

⑶because of　⑷a little

WRITING Plus✏

⑴**例1** I want to volunteer at the restaurant.

例2 I want to volunteer at the amusement

park.

⑵Yes, I do. / No, I do not[don't].

⑶**例1** I'm good at singing.

例2 I'm good at speaking English.

━━━━━━━ 解説 ━━━━━━━

❶ 「～したいです」は I would like to ～. を使って表す。

(3)「スパゲッティがほしいです」＝「スパゲッティをください」。would like to ～は飲食店で料理などを注文するときにも使える。

❷ (1) **ミス注意!** 空所の数より，want to を使う。

(3) **ミス注意!** 空所の数より，I would の短縮形 I'd を使う。to のあとは動詞の原形。

❸ ①「私はスタジアムでボランティアをしたいです」。「～したい」は would like to ～で表す。

②「行ったことがある」は現在完了形の経験用法 have been を使う。「～の周り」は around ～。

③ in addition(さらに)は説明をつけ加えるときに使う。

④「それゆえ」は therefore，「～について説明する」は explain about ～。

⑤「～したい」は would like to ～，「A を B にする」は〈make ＋ A ＋ B〉，「魅力的な」は attractive。

❹ (1)「～かもしれない」は might[may] で表す。

(2)「要約すると」in short

(3)「～のために」と原因を表すときは because of ～を使う。

(4)「少し」a little

WRITING Plus (1)「もしあなたの市のお祭りでボランティアをするなら，あなたはどこでしたいですか」という問い。I want to volunteer at ～. とボランティアをしたい場所を答える。

(2)「あなたは人と話すのが好きですか」という問い。Yes か No で答える。

(3)「あなたは何が上手ですか」という問い。I am[I'm] good at ～. で上手なことを答える。at のあとは名詞か動名詞。

ポイント would like to ～

「～したいです」と言う場合に want to ～をよりていねいに言いたいときは，〈would like to ～〉を使う。to のあとは動詞の原形が続く。I would like to have ～. は飲食店で料理などを注文するときに使われる。

---

p.58～59 ステージ1

Wordsチェック (1)大学 (2)種 (3)結論 (4)line

(5) discovery

❶ Could, tell me / take, to

❷ (1)イ (2)ウ

❸ (1) Take the Tozai Line to Yokota Station.

(2) Which bus should I take?

(3) The scientist made a great discovery.

(4) Could you tell me how to get there?

❹ (1) right (2) Have a (3) Get off

(4) Change to (5) Change trains

━━━━━━━ 解説 ━━━━━━━

❶ 道順は Could you tell me how to get to ～? でたずねる。「…まで～に乗ってください」は take ～ to … を使う。

❷ (1) A は行きたい場所を述べ，空所のあとで B が電車での行き方を答えていることから，イ「私はどの電車に乗るべきですか」が適切。

(2) A は美術館への行き方をたずねており，B が行き方を答えている。それに対する応答なので，ウ「わかりました」が適切。

❸ (1)「～まで…に乗っていく」は take ～ to … で表す。

(2)「どのバス」は which bus とし，文頭に置く。

(3)「すばらしい発見をする」make a great discovery

(4)「教えていただけますか」(Could you tell me) に「そこへの行き方」(how to get there)を続ける。〈tell ＋ A ＋ B〉「A に B を教える」の B の部分が how to ～になっている形。

❹ (1)「～ですよね」と念を押すときは，文末にコンマを置いて right? を続ける。

(3)「～で降りる」get off at ～

(4)「～に乗り換える」change to ～

(5) **ミス注意!** 「電車を乗り換える」は change trains。trains と複数になることに注意。

ポイント 道順をたずねる

・Could you tell me how to get to ～?「～への行き方を教えていただけますか」

・Could you ～?はCan you ～?「～してもらえませんか」よりもていねいな言い方。

22

22

p.60〜61　**Try! READING**

Question ⑴ウ

⑵② laid　⑥ died　⑦ found

⑶ take care of　⑷ teach it how to fly

⑸卵の世話をして，子どもに食べ物を与え，飛び方を教えること。

⑹1. He was on a balcony near the port.

　2. She left an[the] egg.

Word Box BIG ① ⑴バルコニー　⑵おおう

⑶油，石油　⑷死んでいる，死んだ

⑸置く，（卵を）産む　⑹体，肉体　⑺land

⑻mom　⑼dirty　⑽mean

② ⑴One morning　⑵When　⑶never

⑷in, direction　⑸In time

⑹attacked, fat rat

③ ⑴The gull kept her eggs warm.

⑵Please tell me when to go there.

⑶Will you take care of this baby?

⑷They have just cleaned their classroom.

⑸Karen promised to see me at the port.

解説

Question ⑴**ミス注意** be covered with 〜で「〜でおおわれている」という意味。受け身形だが，by は使わないので注意。

⑵すべて過去形にする。

⑶「〜の世話をする」は take care of 〜で表す。

⑷〈teach ＋ A ＋ B〉「A に B を教える」の B の部分が how to 〜になっている。

⑸本文 5 行目の Please promise to 以下に注目。

⑹1.「ゾルバはどこにいましたか」という意味。本文 1 行目参照。

2.「そのカモメはゾルバに何を残しましたか」という意味。本文12行目参照。

Word Box BIG ② ⑴「ある〜」は one 〜で表す。one morning「ある朝」，one day「ある日」

⑶「決して〜ない」は never。not よりも強い打ち消しの語。

⑷「〜の方を見る」look in one's direction

⑹「おそう」attack，「太ったネズミ」fat rat

③ ⑴「A を B の状態にしておく」は〈keep ＋ A ＋ B〉で表す。

⑵「A に B を教える」は〈tell ＋ A ＋ B〉で表し，B の部分に when to 〜がくる。

⑶「〜してくれませんか」は Will you 〜？で表す。

⑷**ミス注意** 「ちょうど〜したところだ」は現在完了形（完了用法）で表す。just は have と過去分詞の間に入れる。

⑸「〜することを約束する」promise to 〜

p.62〜63　**Try! READING**

Question ⑴イ　⑵pulled away

⑶fly, fly　／もし本当に飛びたいならば，あなたは飛ぶことができます。

⑷Lucky got back into position　⑸ア

⑹flying　⑺イ　⑻1. ×　2. ○

Word Box BIG ① ⑴飛行，飛ぶ（こと）

⑵失敗する，しくじる　⑶翼　⑷端，へり

⑸得る　⑹風　⑺correct　⑻position

⑼moment　⑽control　⑾wide

② ⑴it's time to

⑵Will[Can / Could / Would] you / Of course

⑶without

③ ⑴Why do I have to do it?

⑵My brother stepped into the world of business.

⑶We enjoy tennis even though he can't come.

解説

Question ⑴下線部①の to 不定詞は名詞用法。アは副詞用法。最初の to は went to 〜で「〜に行った」という意味なので，不定詞ではない。ウは形容詞用法。エは原因・理由を表す副詞用法。

⑵「身を引き離す」pull away

⑶本文は「飛ぶ」ことについて書かれている。それぞれ fly が省略されていると考えると意味が通る。If は「もし〜ならば」という意味。

⑷「位置に戻る」get back into position

⑸下線部⑤の直前の step into 〜は「〜に足を踏み出す」という意味。the air(空中)は 4 文目の the sky(空)と同じ意味で使用されている。

⑹start to do は start 〜ing で書きかえることができる。

⑺fly away「飛び去る」

⑻1.「ゾルバとラッキーが塔に行ったときはくもりでした」。本文3行目の「ある雨の夜」を参照。

2.「ラッキーは最初，上手に飛ぶことができませんでした」。本文 1 〜 3 行目，10 〜 12行目を参照。

Word Box BIG ② ⑴「〜する時間です」は it's

time to ～で表す。

(2)「～してくれませんか」は Will [Can / Could / Would] you ～? で表す。「もちろん」は of course。

(3)「～なしで」without ～

3 (1) why「なぜ」は文頭に置く。「～しなければならないか」は do I have to ～。

(2)「～に足を踏み出す」step into ～

(3)「たとえ～でも」even though

p.64～65 ステージ2

1 🎧LISTENING (1)イ (2)ウ

2 (1) I want to live in the town that[which] has a lot of parks.

(2) I know a boy who[that] plays the guitar well.

(3) The cats that[which] have white hair are often called Shiro.

(4) Do you know the woman who[that] is talking with Kumi?

3 (1) I would like to buy this drawing.

(2) This bag can keep the food warm.

(3) This anime is familiar to people all over the world.

4 (1)イ (2) There were, by

(3)1. × 2. ○

5 (1) because of (2) covered with

(3) Get off (4) took care

6 (1) She is[She's] the[a] woman who[that] can cook well.

(2) I want some[a few] books that[which] have many[a lot of / lots of] pictures.

(3) Could[Can / Will] you tell me how to get[go] to the station?

(4) It is[It's] fun for Ken to swim.

━━━━━━ 解説 ━━━━━━

1 (1)関係代名詞 who 以下で「どんな人か」を述べている。hospital「病院」がポイント。

(2)関係代名詞 that 以下で「どんな動物か」を述べている。long arms「長い腕」がポイント。

♪音声内容
(1)This is a woman who works at a hospital.
(2)This is an animal that has long arms.

2 (1) It は the town を指す。the town は「もの」なので，関係代名詞は that[which] を使う。

(2) He は a boy を指すのでこれが先行詞になる。

先行詞が「人」なので，関係代名詞は who[that] を使う。

(3) They は The cats を指す。「動物」が先行詞なので関係代名詞は「もの」のときと同様に that[which] を使う。

(4) She は the woman を指すのでこれが先行詞になる。先行詞が「人」なので関係代名詞は who[that] を使う。

3 (1)「～したい」は would like to ～で表す。

(2)**ミス注意！**〈keep ＋ A ＋ B〉「A を B の状態に保つ」。the food＝warm の関係になるように並べる。

(3)**ミス注意！**「～によく知られている」は be familiar to ～，「世界中の」は all over the world。

4 (1)下線部①の that は関係代名詞。アとウの that は接続詞。アは「～ということ」，ウは so ～ that ... で「非常に～なので…」という意味。

(2)「～がありました」は There was[were] ～. で表す。ここでは many performances と複数名詞が続くことから，be 動詞は were になる。「～による」は by ～で表す。

(3)1.「ジンはフランスについてのイベントに行きました」。1 行目に「フランスで行われたジャパンエキスポに行った」とあるので×。

2.「ジャパンエキスポは毎年行われます」。2 行目に annual event「毎年の [年 1 回の] イベント」とあるので○。

5 (1)「～のために」because of ～

(2)「～でおおわれている」be covered with ～

(3)「降りる」get off

(4)「～の世話をする」take care of ～

6 (1)先行詞が「人」なので，関係代名詞は who[that]。

(2)先行詞は「数冊の本」で「もの」。関係代名詞は that[which] を使う。

(3)「～への行き方を教えていただけますか」は Could you tell me how to get to ～?。Could you ～ のかわりに Can you ～? や Will you ～?，Would you ～? でも表すことができる。3 つの中では Could you ～? が最もていねいな言い方。

(4) It ～ for 人 to .... を使って「(人)にとって…することは～」を表す。

p.66~67 ステージ3

❶ 🎧LISTENING (1)ア (2)イ

❷ (1) got it (2) off at (3) even though

❸ (1) who[that] is (2) that[which] show

(3) Lots of (4) or

❹ (1) He is the man who[that] built this house.

(2) I saw an animal that[which] has a long neck.

❺ (1) who[that] (2) That's right

(3) made soccer more popular in Japan

(4) No it is not[isn't].

❻ (1) He taught Ken how to speak French.

(2) I would like to translate this book into English.

❼ (1) I know a[one] restaurant that[which] is popular among young people.

(2) That[The] gull was covered with oil.

(3) She is[She's] a[the] nurse who[that] can take care of (the) babies.

━━━━━━━ 解説 ━━━━━━━

❶ 🎧LISTENING (1)ミュージカルのために歌の上手な女の子が必要だと言っており、クラスメートに聞いてみるべきだと言っている。アの「彼らは上手に歌うことができるだれかを見つけたいと思っています」が適切。

(2)最初に、エミリーは健に切手についてたずねている。イの「エミリーは健によって集められた切手に興味があります」が適切。

┌─ ♪音声内容 ─────────────┐
(1)A: We are going to have a musical in fall. So, we need a girl who can sing well. Do you know anyone?

B: No, I don't. We should ask our classmates.

(2)A: Ken, you are collecting stamps, right?

B: Yes, Emily. Look. This is a stamp which was given to me by my uncle. It's my favorite.

A: Wow, it's beautiful.
└────────────────────────┘

❷ (1)「わかりました」I got it.

(2)「~で降りる」get off at ~

(3)「たとえ~でも」even though

❸ (1)先行詞は the actor。「人」なので関係代名詞は who[that] を使う。関係代名詞のあとは動詞

が続く。

(2)先行詞は the books。「もの」なので、関係代名詞は that[which] を使う。

(3)a lot of ~(たくさんの~)は lots of ~とほぼ同じ意味を表す。

(4)「リサはすしを食べません。彼女は納豆も食べません」=「リサはすしも納豆も食べません」。〈not A or B〉「A も B も~ない」

❹ (1)**ミス注意!** 先行詞は the man で「人」。関係代名詞は who[that] を使う。build(建てる)の過去形は built。

(2)**ミス注意!** 先行詞は an animal で「動物」。関係代名詞は that[which] を使う。関係代名詞に続く動詞は先行詞 an animal の数に合わせるので、have の3人称単数現在形の has を使う。

❺ (1)関係代名詞。先行詞は a talented soccer player で「人」。

(2)「その通りです」That's right.

(3)「A を B にする」は〈make + A + B〉。形容詞は B の位置にくるが、比較級を使うこともできる。

(4)「『キャプテン翼』は日本でだけ有名ですか」という質問。本文最終文でジンは「それ(=『キャプテン翼』)はどこでも有名です」と言っていることから、有名なのは日本でだけではないとわかる。

❻ (1)「A に B を教える」は〈teach + A + B〉で表す。B の部分に how to ~ を入れる。

(2)「~したい」は would like to ~、「~を…に翻訳する」は translate ~ into ... で表す。

❼ (1)「私はレストランを1軒、知っています」(I know a[one] restaurant.)をまず組み立てる。a[one] restaurant を先行詞として関係代名詞 that[which] を置き、「若い人の間で人気のある」(is popular among young people)を続ける。

(2)**ミス注意!**「~でおおわれている」は be covered with ~で表す。

(3)「彼女は看護師です」(She is a[the] nurse.)をまず組み立てる。a[the] nurse を先行詞として関係代名詞 who[that] を置き、「赤ちゃんたちの世話をすることができる」(can take care of (the) babies)を続ける。

Lesson 5 ～ Project 2

p.68～69　ステージ1

Wordsチェック (1)アフリカ系アメリカ人(の)
(2)勇ましい，好戦的な　(3)修理する，修繕する
(4) fascinating　(5) martial arts

❶ (1) that[which]　(2) that I saw
(3) This is the singer that we liked.

❷ (1)ウ　(2)イ　(3)ウ

❸ (1) Look at the watch that I bought yesterday.
(2) Is he the actor that you saw on the train?
(3) The picture that Jack painted is by the bed.

❹ (1) The concert which I saw yesterday was
(2) Is this the pen that you got last week?

❺ (1) Sounds　(2) Here　(3) shows[gives]
(4) somewhere interesting

❻ (1) bicycle parking lot
(2) convenience store　(3) tennis court
(4) amusement park

━━━ 解説 ━━━

❶ 目的格の関係代名詞の文。that は先行詞が「もの」でも「人」でも使うことができる。

❷ 先行詞のあとは〈(関係代名詞＋)主語＋動詞～〉の文の形になる。
(1) my mother cooks(私の母が料理する)が先行詞の the curry を後ろから説明している。
(2) All the people(すべての人々)が先行詞。I invited(私が招待した)が後ろから説明している。
(3) the movie(映画)が先行詞で，I've wanted to see(私が見たいと思っていた)が後ろから説明している。

❸ **ミス注意** 下線部の語を先行詞とし，関係代名詞 that でつなぐ。目的格の関係代名詞を使って1文にするとき，関係代名詞以下の文に先行詞を指す代名詞は残さない。(1)の it は the watch を，(2)の him は the actor を，(3)の it は The picture をそれぞれ指す。

❹ (1)「私がきのう見た」が「コンサート」を後ろから説明する形にする。
(2)「先週あなたが手に入れた」が「ペン」を後ろから説明する形にする。

❺ (1) **ミス注意** 「～そうですね」＝「～に聞こえる」は〈sound ＋形容詞〉。ここでは It sounds ～. の It が省略されて，sounds が文頭にきている。s を忘れずにつける。
(2)「そら」は here。
(4) **ミス注意** 形容詞は somewhere のあとに置く。

❻ (1)「駐輪場」bicycle parking lot
(2)「コンビニエンスストア」convenience store
(3)「テニスコート」tennis court
(4)「遊園地」amusement park

ポイント❶ 関係代名詞（目的格）
・先行詞が「もの」でも「人」でも，関係代名詞は that を使う。
・先行詞が「もの」のときは，関係代名詞は which も使うことができる。
・関係代名詞のあとは〈主語＋動詞 ～〉が続く。
・目的格の関係代名詞は省略できる。

ポイント❷ 〈some- ＋形容詞〉
some- のついた語に形容詞をつけて修飾するときは，形容詞は後ろに置いて〈some- ＋形容詞〉の語順にする。

p.70～71　ステージ1

Wordsチェック (1)部分，区域
(2)いっぱいになる，いっぱいにする
(3)逮捕する　(4)努力　(5) public　(6) refuse

❶ (1) I baked　(2) the book I read
(3) This is the fish I caught this morning.

❷ (1) The vegetables this shop sells look fresh.
(2) The color I like the best is blue.

❸ (1) The city they visited last summer
(2) The cat we found in the park
(3) I like the spaghetti my father cooks.
(4) Is he the singer everyone loves?

❹ (1) I want[would like] to climb
(2) The students we met[saw] there

❺ (1) on　(2) was sitting　(3) filled up
(4) gave up　(5) or

❻ (1) courage　(2) creativity　(3) honesty
(4) effort

━━━ 解説 ━━━

❶ 「(人など)が～した…」と言うときは，名詞の直後に〈主語＋動詞 ～〉をつなげる。動詞は過去形にする。
(2)(3) **ミス注意** read の過去形は read。catch の

26

過去形は caught。

❷ ⑴「この店で売っている」が「野菜」を説明しているので，vegetables のあとに入れる。

⑵「私がいちばん好き」が「色」を説明しているので，color のあとに入れる。

❸ ⑴「彼らがこの前の夏に訪れた」が「都市」を後ろから説明している。

⑵「私たちが公園で見つけた」が「ネコ」を後ろから説明している。

⑶「私の父が作る」が「スパゲッティ」を後ろから説明している。

⑷**ミス注意!** 疑問文でも，「みんなが大好き」が「歌手」を後ろから説明するときの形は変わらない。

❹ ⑴「私が登りたい」を英語にして，the mountain(山)を後ろから説明する。

⑵「私たちがそこで会った生徒たちは」を英語にする。The students を説明する。

❺ ⑴**ミス注意!** 公共交通機関(bus)を利用して「乗っている」というときは前置詞は in ではなく on を使う。

⑵**ミス注意!** 過去進行形⟨be 動詞の過去形＋動詞の -ing 形⟩。sit の -ing 形は sitting。

⑶「いっぱいになる」fill up

⑷「～をゆずる」は give up(諦める)で表す。

⑸⟨命令文，or ～⟩を使う。

ポイント❶ 後置修飾
名詞のあとに⟨主語＋動詞 ～⟩をつなげて「(人など)が～する…」を表す。

ポイント❷ 「～に(乗って)」を表す前置詞
・on…公共交通機関，馬など
・in…車，タクシーなど

ポイント❸ 「～しなさい，さもないと…」
・⟨命令文, or ～⟩＝「…しなさい，さもないと～」
参考 ⟨命令文, and ～⟩＝「…しなさい，そうすれば～」

p.72～73 ステージ1

Wordsチェック ⑴洗面所，トイレ
⑵不公平な，不正な ⑶運動
⑷正義，正しさ，公正 ⑸続く
⑹やり遂げたこと，業績，達成 ⑺car
⑻anywhere ⑼kill ⑽death

❶ ⑴didn't, but ⑵was able, inspire
⑶under, law ⑷Some / Others
⑸live on ⑹that

❷ ⑴① nation ② be judged ⑵イ
⑶be able to join hands with ⑷ウ

❸ ⑴彼はギターをひくのをやめました。
⑵彼女は英語の本を読むことができますか。

❹ ⑴I can't eat anymore.
⑵There used to be a big park
⑶We are free to use the computers

解説

❶ ⑴**ミス注意!** 空所の数から did not の短縮形 didn't を入れる。

⑵「～することができる」は be able to ～で表す。主語が He で過去の文なので，be 動詞は過去形の was。「奮い立たせる」は inspire。

⑶「法の下で」under the law

⑷「～もいれば，…もいる」は Some ～, others … で表す。ここでは 2 文に分かれている。

⑸「生き続ける」live on

⑹a report の具体的な内容を that 以下が表している。

❷ ⑴②**ミス注意!** 「～される」は受け身形⟨be 動詞＋動詞の過去分詞⟩で表す。前に助動詞 will があるので，be 動詞は原形の be を使う。

⑵**ミス注意!** 同じ文中(下線部②の直前)に not があることに注目して，not A but B「A ではなくて B」の but を入れる。ここでは by the color of their skin が A，by the content of their character が B となる。

⑷夢の内容は I have a dream that 以下に示されている。

❸ ⑴stop ～ing「～するのをやめる」

⑵be able to ～の疑問文は「～することができますか」という意味になる。

❹ ⑴「これ以上～ない」not ～ anymore

⑵「以前は～であった」used to ～。There was の was が used to be に置きかえられて There used to be になっている。

⑶「自由に～することができる」be free to ～

ポイント❶ not A but B
・「A ではなくて B」という意味。
・A と B は同じ種類の語句（同じ品詞など）が入る。

ポイント❷ be able to ～
・「～することができる」という意味。
・to のあとは動詞の原形が続く。
・can ～と言いかえることができる。

p.74~75 ステージ1

Words チェック (1)少し，少量

(2)子どもサイズの　(3)有名人のサイン

(4)1枚，一切れ　(5)ピクルス

(6)ジェットコースター　(7)teenager

(8)son

1 ① Would, like　② please

③ How about　④ like

2 (1) What, like　(2) based on

(3) Anything else　(4) bit of　(5) At last

3 ①イ　②オ　③ウ　④カ　⑤キ　⑥ア

WRITING Plus

(1)例 Would you like (some) chips?

(2)例 No, thank you.

(3)例1 computer, works very well

例2 present, my aunt gave (to) me

━━━━ 解説 ━━━━

1 ①「ケーキはいかがですか」とていねいに勧める表現にする。④ I'd like to ~ は「~したい」という意味。ここでは I'd like to have a cup of tea. を短く言っている。

2 (1) What would you like ~? は，何がほしいか（＝何が食べたいか）をていねいに聞くときの表現。

(3) Anything else?（ほかに何かありますか）は Do you want anything else? を短くしたもの。教師がほかの生徒に意見を求めたり，飲食店の店員が客に「ほかにご注文はありますか」とたずねる場合によく使う表現。

3 招待状は，宛名(① Dear ~,（親愛なる~))→本文（誘うときに使う表現(②))→具体的な日時や場所(③，④)→結びの言葉(⑤)→自分の名前(⑥)，の順に書くとよい。

② ミス注意! オは「参加しにきてください」と誘う表現。このパーティーは4月生まれの人のためのものなので，エの「誰でも歓迎です」は×。

WRITING Plus (1)食べものをていねいに勧める「~はいかがですか」は Would you like ~? を使う。

(2) ミス注意! 断るときは No と言ったあとに thank you を加えるとていねいな言い回しになる。No, thank you. のあとに I'm full. と断る理由をつけ加えてもよい。

(3)最初の空所に自分の持ち物を表す名詞を入れ，関係代名詞 that 以下にその名詞を説明する文を続ける。

ポイント　食事を勧める・承諾する・断る

Would you like ~?「~はいかがですか。」

・承諾する→Yes, please.「はい，いただきます。」

→I'd like to.「いただきます。」

・断る　→No, thank you.「いいえ，結構です。」

p.76~77 《 文法のまとめ④ 》

1 (1)イ　(2)ア　(3)ア　(4)イ

2 (1) I broke

(2) that[which] he made[created]

(3) who[that] can swim

3 (1) The girl that can play the guitar well

(2) The computer which is used every day

(3) the film that the famous actor directed

(4) the most interesting TV program I've ever watched

4 ア，エ

5 (1) That is[That's] a[the] bus that[which] goes to the library.

(2) Did you eat[have] the apple(s) (that[which]) I bought at that store[shop]?

━━━ 《 解説 》 ━━━

1 関係代名詞は，先行詞と文中での働きによって何を使うかが決まる。that は先行詞が「もの」でも「人」でも使うことができる。

(1)先行詞が「人」で，あとに動詞が続いているので，主格の関係代名詞 who になる。

(2)先行詞が「人」で，あとに〈主語＋動詞 ~〉が続いているので，目的格の関係代名詞は that。

(3)先行詞が「もの」で，あとに〈主語＋動詞 ~〉が続いているので，目的格の関係代名詞は which。

(4)先行詞が「もの」で，あとに動詞が続いているので，主格の関係代名詞 that になる。

2 (1) ミス注意! 空所の数より，関係代名詞のない形。〈主語＋動詞 ~〉の文が名詞を後ろから説明している。

(2) 先行詞は「もの」で，「彼が作った」がそれを説明しているので目的格。関係代名詞は that または which を使う。

(3)先行詞は「人」で，「速く泳ぐことができる」がそれを説明しているので主格。関係代名詞は who または that を使う。

3 (1)「女の子」(the girl)と「ギターを上手にひくことができる」(can play the guitar well)を主格の関係代名詞 that でつなぐ。

28

(2)「コンピューター」(the computer)と「毎日使われている」(is used every day)を，主格の関係代名詞 which でつなぐ。

(3)「映画」(the film)と「その有名な俳優が監督した」(the famous actor directed)を，目的格の関係代名詞 that でつなぐ。

(4) ミス注意! 「いちばんおもしろいテレビ番組」(the most interesting TV program)を「私が今までに見た」(I've ever watched)が後ろから説明する形。関係代名詞は使われていない。

4 ミス注意! 目的格の関係代名詞(ア，エ)は省略できるが，主格の関係代名詞(イ，ウ)は省略できない。

5 (1)「あれはバスです」の「バス」を先行詞として，「図書館に行く」が後ろから説明する。関係代名詞は that または which を使う。

(2)「あなたはリンゴを食べましたか」の「リンゴ」が先行詞。「私があの店で買った」が後ろから説明する。関係代名詞は that または which を使う。

ポイント 関係代名詞の使い分け

格	先行詞	関係代名詞	省略
主格	もの	that/which	できない
	人	who/that	
目的格	もの	that/which	できる
	人	that	

p.78 ステージ1

Wordsチェック (1)発表，プレゼンテーション (2)下(の方)に[の] (3)選ぶこと，選択 (4)委員会 (5)delivery (6)date

1 (1) famous for (2) each other's (3) up to

2 ① known for its[the] beautiful mountains ② used for the dishes in the local restaurant [at local restaurants]

解説

1 (2) ミス注意! each other の other に 's をつけて「おたがいの」という所有の意味を表す。

2 ②「それらの色とりどりの葉(＝紅葉)のいくつかは，地元のレストランで料理のために使われています」という文にする。

ポイント 紹介するときの表現
・be known for ～「～で知られている」
・be famous for ～「～で有名な」
・be used for ～「～のために使われている」

p.80〜81 ステージ2

1 LISTENING (1)ウ (2)イ (3)ア

2 (1)ウ (2)ア (3)イ

3 (1) The man that I met at the station was very kind.
(2) This is the cat that[which] Kumi has to take care of.

4 (1) The watch he bought for me was made
(2) Yui is able to speak English well.
(3) Our area is known for its unique language.

5 (1)これはほとんどのアメリカ人が知っている話です。 (2)② One day ⑤ filled up
(3) on (4) sitting

6 (1) that (2) Others (3) Would you like
(4) each other (5) Drink, or

7 (1) He is[He's] a[the] singer that my sister loves[likes very much].
(2) This is a[the] card which I got[received] on my birthday.
(3) The book she wrote is popular.

解説

1 (1)どんな手紙かを関係代名詞 which 以下に注意して聞き取る。ウ「これは私がきのうトムから受け取った手紙です」が適切。
(2)どんな俳優かを関係代名詞 that 以下に注意して聞き取る。イ「彼は私がテレビで見ることが好きな俳優です」が適切。
(3)どんなケーキかを聞き取る。ア「私の母が作ったケーキはとてもおいしいです」が適切。

♪ 音声内容
(1)ア This is a letter which I have to send.
イ This is a letter which I wrote.
ウ This is a letter which I received from Tom yesterday.
(2)ア He is the actor that I saw in the cafe.
イ He is the actor that I like to watch on TV.
ウ He is the actor that I helped this morning.
(3)ア The cake my mother made is delicious.
イ This is the cake I bought at the store.
ウ I like the cake my brother makes.

2 (1)(2)「名詞」のあとに「名詞(主語)＋動詞」が続いている。その間に目的格の関係代名詞を入れる。

(3)この that は接続詞「〜ということ」。I'm sure that 〜（私は〜ということを確信している）にする。

❸ **ミス注意！** 2文を1文にするときに目的格の関係代名詞を使う場合は、関係代名詞以下の文に先行詞を指す代名詞を残さない。

(1)2文目の him（目的語）は1文目の The man を指す。The man を先行詞として目的格の関係代名詞 that でつなぐ。

(2) **ミス注意！** 2文目の it（目的語）は1文目の the cat を指す。the cat を先行詞として目的格の関係代名詞 that または which でつなぐ。2文目の it は残さないが、前置詞 of は残したままにする。

❹ (1)「彼が私に買ってくれた」が後ろから「腕時計」を説明する文にする。関係代名詞はないので、名詞のあとに直接〈主語＋動詞 〜〉を続ける。

❺ (1)most「たいていの、大部分の」。a story を most Americans know が後ろから説明している。

(3) **ミス注意！** 前置詞は on を使う。

(4)空所の前に was があるので過去進行形〈was[were]＋動詞の -ing 形〉の文。sit の -ing 形は語尾の t を重ねて sitting。

❻ (1)「〜という」は接続詞 that を使う。that 以下が a dream の内容を述べている。

(2)「〜もいれば、…もいる」Some 〜, others …。ここは2文に分かれた形。

(3)「〜はいかがですか」とていねいに食事などを勧めるときは、Would you like 〜? を使う。

(4)「おたがい」each other

(5)〈命令文, or 〜〉「…しなさい、さもないと〜」

❼ (1)「私の姉が大好きな」（my sister loves[likes very much]）が「歌手」（a[the] singer）を説明する文にする。「彼は歌手です」（He is[He's] a[the] singer.）を先に組み立ててから説明する文を入れると作文しやすい。

(2)「これはカードです」（This is a[the] card.）を先に組み立てると作文しやすい。「私が誕生日に受け取った」（I got[received] on my birthday）を a[the] card のあとに which でつなぐ。

(3) **ミス注意！** 「本は人気があります」（The book is popular.）をまず組み立てて、「彼女が書いた」（she wrote）を The book のあとに続ける。語数制限があるので、関係代名詞は使わない文にする。

---

p.82〜83 ステージ3

❶ 🎧LISTENING (1)ア (2)イ

❷ (1)イ (2)ア (3)ア (4)イ (5)イ

❸ (1)Jim is reading a book he borrowed from the library.
(2)The TV program that I watched yesterday was interesting.

❹ (1)Please show me the pictures that[which] you took in Okiawa.
(2)There are many things that[which] I want to tell you[say to you].
(3)She is the woman that I talked[spoke] to yesterday.

❺ (1)Is there somewhere interesting
(2)that[which]
(3)③ lots of ④ fascinating (4)〇

❻ (1)was able to (2)that (3)Run, or

❼ (1)Would you like(to eat) dinner with us?
(2)Is this a[the] book which your father wrote?
(3)The boy (that) I know well is very kind.

◆◆◆ 解説 ◆◆◆

❶ 🎧LISTENING (1)「すてきな腕時計を持っていますね」という発言に、My uncle gave it to me for my birthday. と答えている。ア「彼はおじさんが彼にあげた腕時計を持っています」が適切。

(2)質問は「公園で彼らが会った女性はだれでしたか」という意味。I just remembered that she is a famous tennis player! から、イを選ぶ。

🎵**音声内容**
(1)A: You have a nice watch, Tom.
B: Thank you. My uncle gave it to me for my birthday. It's made in Switzerland.
A: Wonderful.
(2)A: Do you remember the woman we saw in the park yesterday? I just remembered that she is a famous tennis player!
B: Oh, really? How did you know that?
A: I read a magazine last week and she was in it!

❷ (1)(4)先行詞は「もの」。
(2)(3)先行詞は「人」。
(5) be based on 〜「〜をもとにしている」

❸ (1)「図書館から借りた本」a book he borrowed from the library。関係代名詞のない文。

30

(2)「私がきのう見たテレビ番組」the TV program that I watched yesterday

❹ 下線部の語句のあとに関係代名詞と〈主語＋動詞 ～〉を続けて説明する。

(1)「(写真)を撮る」は take を使う。過去形は took。

(2)「言いたい」は want to tell[say]。

(3) ミス注意！「～に話しかける」は talk[speak] to ～なので，to を忘れないようにつける。

❺ (1) ミス注意！ somewhere のような some- のついた語に修飾語をつけるときは，some- のついた語のあとに入れる。

(2)先行詞が a new museum と「もの」で，空所のあとに〈主語＋(助)動詞 ～〉が続くので，目的格の関係代名詞 that または which が入るとわかる。

(4)「ワシントン DC にあるその新しい博物館は，アフリカ系アメリカ人についての多くの物を見せてくれます」。本文 4 ～ 6 行目参照。

❻ (1)「祐二はスケートを上手にすることができました」

(2)「私は長い間会っていない友達に会うつもりです」。先行詞が「人」の場合の目的格の関係代名詞を入れる。

(3) ミス注意！「もしあなたが駅に走っていかなければ，あなたは電車に乗り遅れるでしょう」を「駅に走って行きなさい，さもなければあなたは電車に乗り遅れるでしょう」と書きかえる。

❼ (1)「～はいかがですか」は Would you like ～?。

(2)「あなたのお父さんが書いた」が「本」を後ろから説明する文にする。

(3)「私がよく知っている」が「男の子」を後ろから説明する形。先行詞は「男の子」で「人」なので目的格の関係代名詞 that を使うが，that を省略して先行詞の直後に〈主語＋動詞 ～〉を続けてもよい。

Lesson 6 ～ 文法のまとめ ⑤

p.84～85　ステージ1

Words チェック (1)恐竜　(2)孫　(3)子孫
(4)(コンピューターの)プログラミング(プログラム作成)　(5)imagine　(6)truth
(7)period　(8)grandchildren

❶ (1)If, had　(2)If I had glasses, could
(3)If I had a phone, I could call him.

❷ (1)knew　(2)likes

❸ (1)If, had, could　(2)If, knew, would

❹ (1)If I had more time, I would sleep longer.
(2)If he lived here, we could play together.
(3)What would you do if you had

❺ (1)who[that]　(2)want to study
(3)in the next

❻ (1)know, truth　(2)find, treasure
(3)met, grandchildren
(4)descendant　(5)period

━━━ 解説 ━━━

❶ if のかたまりの文の動詞に had，「私は…することができるだろうに」を表す文の助動詞に could を使う。could は can の過去形。
(1)「もし私が車を持っていれば，私は湖を訪れることができるだろうに」
(2)「もし私がめがねを持っていれば，私はそれをよく見ることができるだろうに」
(3)「もし私が電話を持っていれば，私は彼に電話をかけることができるだろうに」

❷ (1)「私はあの男性を知らない」とわかるので，仮定法の文にする。know の過去形は knew。あとの助動詞に would が使われていることに注意。
(2) ミス注意！ 助動詞 can が使われていて，条件を表しているので，現在形の likes を選ぶ。

❸ ミス注意！ 助動詞は元の文に合わせる。
(1)「健はカメラを持っていません。それで，彼は写真を撮ることができません」→「もし健がカメラを持っていれば，彼は写真を撮ることができるだろうに」。
(2)「私たちはその歌を知りません。それで私たちはあなた(たち)といっしょに歌いません」→「もし私たちがその歌を知っていれば，私たちはあなた(たち)といっしょに歌うだろうに」

④ 〈If＋主語＋動詞の過去形 〜，主語＋助動詞
の過去形＋動詞 ...〉の形にする。
(1)「もっと多い時間」more time，「もっと長く寝
る」sleep longer
(2)「いっしょに遊ぶ」play together
(3)**ミス注意!**「あなたは何をするでしょうか」は
What would you do 〜? で表す。疑問詞の疑問文
では what は必ず文頭に置く。
⑤ (1)空所のあとで the singer を説明している。
関係代名詞が主語の働きをしているので主格。先
行詞が「人」なので，関係代名詞は who または
that。
(2)「留学する」study abroad
(3)「これから〜の間」in the next 〜

ポイント① 仮定法
〈If＋主語＋動詞の過去形 〜，主語＋助動詞の過去
形＋動詞 ...〉で「もし〜であれば…だろうに」を表す。

ポイント②「もし〜ならば何を…でしょうか」
〈What＋助動詞の過去形＋主語＋動詞 ... if＋主語＋
動詞の過去形 〜?〉

ポイント③ 仮定法と条件の if 〜の文の違い
・仮定法…可能性がほとんどないか，まったくない
・条件の if 〜の文…可能性がある

p.86〜87 ■ステージ①

Wordsチェック (1)翻訳者，翻訳機
(2)サイ (3)トド，アシカ
(4)complain (5)communicate
❶ (1)I wish (2)I wish I could
(3)I wish I could sing well.
❷ (1)could (2)lived (3)could
❸ (1)wish, could (2)I wish, could
(3)I wish, had
❹ (1)I wish I had no homework.
(2)I wish I could paint pictures well.
❺ (1)all the time (2)not when
(3)for sure
❻ (1)wish, could, could
(2)wish, had, could walk

━━━━━ 解説 ━━━━━
❶ I wish I could 〜.「〜できればいいのになあ」
❷ (1)(2)I wish のあとは助動詞か動詞の過去形。
(3)**ミス注意!**「(私が)タイムマシーンを持ってい
ればいいのになあ」とあるので，Then(そうすれ

ば)は「もしタイムマシーンを持っていれば」と
いうことを表していると考えられる。if 〜の文が
なくても仮定法の文になるので，助動詞は過去形
could が適切。
❸ (1)「魚のように泳ぐことができればいいのにな
あ」という文にかえる。
(2)「コンピューターを使うことができたらいいの
になあ」という文にかえる。
(3)**ミス注意!**「(私は)ピアノを持っていればいい
のになあ」。have の過去形は had。
❹ それぞれ〈I wish＋主語＋(助)動詞の過去形
〜.〉を使って表す。
(1)I had no homework.「私には宿題がありません」
(2)「上手に絵をかく」paint pictures well
❺ (3)not 〜 for sure「はっきりとは〜ない」
❻ **ミス注意!** 仮定法の文なので，助動詞は過去
形にする。
(1)「(私が)車を運転できればいいのになあ。そう
すれば，祖父母を病院に連れて行くことができる
だろうに」。
(2)「(私は)イヌを飼っていればいいのになあ。そ
うすれば，毎日いっしょに散歩できるだろうに」

ポイント if 〜を使わない仮定の文
・「〜であればいいのになあ」は〈I wish＋主語＋(助)
動詞の過去形 〜〉で表す。可能性がほとんどないか，
まったくないことについて，願望を述べる場合の言
い方。
・文脈から仮定の話であることが明らかな場合は，if
〜は省略することができる。

p.88〜89 ■ステージ①

Wordsチェック (1)羽
(2)だんだんと，徐々に，しだいに (3)航空機
(4)ばかばかしい，こっけいな (5)想像，想像力
(6)思いがけない，予期しない (7)発明家
(8)成功した (9)nobody (10)secret
(11)invention (12)modern
❶ (1)as soon as (2)As soon as
❷ (1)As soon as you see Mao
(2)started studying as soon as he finished
lunch
❸ (1)They tested their ideas over and over
again. (2)Other (3)翼が調子よく動かない
こと。
(4)彼らは問題に気づくとすぐ解決策をさがしま

した。　(5)×

❹ (1) If, had　(2) how to　(3) I wish, could
(4) makes fun　(5) in order to　(6) not always

━━━━━━━ **解説** ━━━━━━━

❶ as soon as ～「～するとすぐ」は，文頭に置くことも文の途中に置くこともできる。

❷ (2)「昼食を食べ終わってすぐ」の部分を文の後半に置く。「勉強し始める」は start studying。

❸ (2) **ミス注意!** 直前の文が Sometimes で始まっており，それに対応して Other times となるようにする。「～のときもある。また，～のときもある」という意味になる。
(3) that 以下の the wings did not work に注目。
(4) look for ～「～をさがす」
(5)「ライト兄弟はたくさんの失敗のあとで彼らの飛行をあきらめました」。1～2行目で「1903年に初めての飛行が成功した」とあり，6行目で「彼らは決してあきらめませんでした」とあるので，×。

❹ (1)「もし～であれば…だろうに」は仮定法〈If + 主語 + 動詞の過去形 ～, …〉で表す。「もし家にプールがあれば」は「もし私が家にプールを持っていれば」と考える。
(2)「～の仕方」how to ～
(3)「～であればいいのになあ」は〈I wish + 主語 +(助)動詞の過去形 ～.〉で表す。
(4)「～をからかう」make fun of ～
(5)「～するために」in order to ～
(6) **ミス注意!** not always で「いつも～とは限らない」と部分的に否定する意味。「いつも～ではない」ではない。

▶ **ポイント** as soon as ～
・as soon as ～ で「～するとすぐ」という意味。
・as soon as ～ を文頭に置く場合は，as soon as に続く文の最後にコンマが必要。

p.90～91 ◤**ステージ1**

✔Words チェック (1)ためらう　(2)黒板　(3)池
(4)永遠に　(5) personal　(6) reach
(7) myself　(8) serious

❶ (1)ウ　(2)エ　(3)イ　(4)ウ　(5)ウ

❷ (1)① to collect　② collecting
(2)① It is　② Singing　③ To sing

❸ (1) This is a chair my father made.
(2) I realized that we should learn it more.

(3) It's better to read books than to play games.

❹ (1) came up with　(2) Starting
(3) First / Second

WRITING Plus✏ (1)① 例1 I would see the dinosaurs.
例2 I would see a real ninja.
②例1 I would write e-mails to my friends.
例2 I would surf the Internet.
(2)例1 I had a dog
例2 I could play basketball like Hachimura Rui

━━━━━━━ **解説** ━━━━━━━

❶ (1) playing baseball「野球をすること」
(2) to study English「英語を勉強するために」。to 不定詞の副詞用法にする。
(3) nothing to eat「食べるためのものが何も～ない」。to 不定詞の形容詞用法にする。
(4)〈It is ～ for A to ….〉を使って，「A が [A にとって]…するのは～です」の文にする。
(5)「数学を教えること」という意味になるように，teach の前に to を入れる。to 不定詞の名詞用法。

❷「～すること」は to 不定詞と動名詞のどちらでも表すことができる。

❸ (1)「いす」を「私の父が作った」が後ろから説明する文にする。関係代名詞は語句にないので，a chair のあとに直接〈主語 + 動詞〉を続ける。
(2)「～ということを理解する」は realize that ～。that のあとは〈主語 + 動詞 ～〉の文の形が続く。
(3) **ミス注意!**「ゲームをすること」(to play games)と「本を読むこと」(to read books)を比べている。よいほうは「本を読むこと」の方なので，to read books は than の前に置く。

❹ (2) **ミス注意!** 動名詞 Starting にして「出発すること」を表す。

WRITING Plus✏ (1)①「もしあなたが過去に行ったならば，あなたは何をするでしょうか」。助動詞 would を使って答える。I would ～ if I went to the past.[If I went to the past, I would ～.] と if ～の文をつけて答えてもよい。
②「もしあなたがコンピューターを持っていたら，あなたは何をするでしょうか」。助動詞 would を使って答える。(1)と同様，if ～の文をつけて答えてもよい。

(2)「～であればいいのになあ」〈I wish ＋ 主語 ＋ (助)動詞の過去形 ～.〉の文で書く。

ポイント❶ 動名詞

動詞の -ing 形で「～すること」という意味を表す。

ポイント❷ to 不定詞

〈to ＋ 動詞の原形〉を to 不定詞といい，次の用法がある。
・名詞用法「～すること」
・副詞用法「～するために」
・形容詞用法「～するための」
・It is ～（for A）to ....

p.92　■●ステージ❶■●

Ｗｏｒｄｓチェック (1)中央の　(2)大農場

(3) rainforest　(4) recover

❶ ① What　② How about　③ idea, What
④ don't

❷ (1) proud that　(2) plenty of

━━━━━━ 解 説 ━━━━━━

❶ **ミス注意！** ②は「どうですか」につられて How is ～? などとしないようにする。④は「私は賛成ではありません」と意見を述べている。

❷ (1)「～ということを誇りに思っている」は be proud that ～で，誇りに思っている内容は that 以下で示す。

p.93　■●ステージ❶■●

Ｗｏｒｄｓチェック (1)平等　(2)絶滅寸前の

(3) pollution　(4) gender　(5) human

❶ (1) If, were　(2) If I were you

(3) If I were you, I would take an umbrella.

❷ (1) I don't know what to do for him.

(2) If I were you, I would run to the station.

(3) I would take the test if I were you.

━━━━━━ 解 説 ━━━━━━

❶ 「もし私があなたなら～だろう」は If I were you, I would ～. で表す。

❷ (1) I don't know.（私はわかりません）に対して，what to do for him（彼のために何をしたらよいか）が know の目的語になっている。

(2)「～に走って行く」run to ～

(3) **ミス注意！** 語句にコンマがないので，if I were you は文の後半に置く。

ポイント 「もし私があなたなら～だろう」

・If I were you, I would ～. の形。
・主語が何でも were を使うことが多いが，会話では was が使われることもある。

p.94~95　《 文法のまとめ⑤ 》

❶ (1)ウ　(2)ア　(3)イ　(4)イ　(5)ウ

❷ (1) If, read　(2) If, had, would

(3) I wish, could, could

(4) If, were[was], would

(5) What would / would

❸ (1) see　(2) hear　(3) had　(4) has

(5) killed

❹ (1)その歌を聞いて私は幸せになりました。

(2)ここはどこですか。

❺ (1) If I were you, I would practice it more.

(2) I wish I could speak English well.

(3) If I had a cat, I would play with it all the time.

(4) I would watch more movies if I had enough time.

❻ (1) If I had time, I would go camping.

(2) I wish I could swim fast.

(3) If I were[was] you, I would write him a letter[write a letter to him].

《 解 説 》

❶ (1) would があるので仮定法の文。have の過去形 had を選ぶ。

(2) **ミス注意！**「もしあす晴れたら，私は川に行くつもりです」。晴れる可能性があるので，仮定法ではなく条件の文。if のあとの文の動詞は未来のことでも現在形で表す。

(3)仮定法の文。助動詞は過去形になるので，will の過去形 would を選ぶ。

(4) I wish ～は仮定法の文。過去形 could を選ぶ。

❷ (1) **ミス注意！** read の過去形は read[red]。

(3) **ミス注意！** 2文目は if ～の代わりに then があると考える。仮定法の文なので，助動詞は過去形になる。

(5) **ミス注意！**「もし～なら，あなたは何をするでしょうか」は What would you do if ～? で表す。答えの文でも would を使う。

❸ (1)(2) 英語では主語を明確に示す。日本語訳は自然な日本語になるように意訳されている場合があるので，英語になおすときは主語に気をつける。

(3)(4)「～がある，～がいる」は have[has] で表す。

(5) strong wind（強風）という「もの」が主語。直訳は「強風が私たちの庭の花を殺しました」。

❹ (1)「もの」が主語の文。直訳は「その歌が私を

34

幸せにしました」という意味。

(2)直訳は「私はどこにいるでしょうか」。

⑤ (1)「もし私があなたなら～だろう」は If I were you, I would ～ で表す。

(2)「～であればいいのになあ」は〈I wish ＋ 主語 ＋(助)動詞の過去形 ～.〉。

(3)「もし～であれば…だろうに」は〈If ＋ 主語 ＋ 動詞の過去形 ～，主語 ＋ 助動詞の過去形 ＋ 動詞 ～.〉。「いつも」は all the time。

(4) ミス注意 コンマがないので，if ～は文の後半に置く。

⑥ (1) I would go camping if I had time. でもよい。

(3) I would write him a letter[write a letter to him] if I were[was] you. でもよい。

p.96～97　ステージ2

❶ 🎧LISTENING　(1)イ　(2)ウ

❷ (1) If, knew, would

(2) If, understood, could

❸ (1) I wish I were a bird.

(2) If I were you, I would give her a present.

(3) Wash your hands as soon as you get home.

(4) Visiting new places is interesting to me.

❹ (1) would, if　(2)もし私がタイムマシーンを持っていたら，私は過去に行くだろうに。

(3) to see

❺ (1) for sure　(2) What, think / agree, but

(3) If, would　(4) made, of　(5) in order to

(6) to, than to

❻ (1) I wish I could cook well.

(2) If I had more time, I would watch TV more.

(3) If I were[was] you, I would go there by bus.

━━━ 解説 ━━━

❶ (1) I wish のあとに願望を述べている。

(2)最初に「買い物にいっしょに行くという願望」，次に「買い物に行ければできること」を話している。〈help（人）with ～〉は「（人）の～を手伝う」。

🎵 音声内容

(1) I wish I had a brother or a sister.

(2) I wish I could go shopping with you. Then I could help you with choosing your clothes.

❷ ミス注意 「もし～であれば…だろうに」の文にする。「…だろうに」の部分に入る助動詞は元

の文の助動詞に合わせる。過去形にするのを忘れないこと。

(1)「私はあの女の子を知りません。それで，私は彼女に話しかけません」→「もし私があの女の子を知っていれば，彼女に話しかけるだろうに」

(2)「結衣はフランス語がわかりません。それで，彼女はその本を読むことができません」→「もし結衣がフランス語がわかっていれば，その本を読むことができるだろうに」

❸ (2)「もし私があなたなら～だろう」は If I were you, I would ～. で表す。

(3) ミス注意 as soon as ～は文と文をつなぐ接続詞と同じような働きをする。あとには〈主語 ＋ 動詞～〉の文の形が続く。

(4)「新しい場所を訪れること」が主語。

❹ (1)「もし～ならば何を…でしょうか」は仮定法で表す。〈What ＋ 助動詞の過去形 ＋ 主語 ＋ 動詞 … if ＋ 主語 ＋ 動詞の過去形 ～?〉

(2)〈If ＋ 主語 ＋ 動詞の過去形 ～，主語 ＋ 助動詞の過去形 ＋ 動詞 ～.〉「もし～であれば…だろうに」

(3)陸の発言を1文にする。「もし陸がタイムマシーンを持っていたら，彼は恐竜を見るために過去に行くでしょう」となるように to see を入れる。

❺ (2) ミス注意 「どう思いますか」は how ではなく what を使う。「～ですが，…」と自分の意見をつけ足すときは but を使う。

(3)「もし私があなたなら～だろう」の文では，助動詞は would を使う。

(4) ミス注意 日本語が「からかわれる」となっていることと be 動詞が使われていることから，受け身形の文にする。make の過去分詞は made。

(5)「～するために」は in order to ～。We went to bed early to get up early the next morning. と同じ意味を表す。

(6)「川で泳ぐこと」と「湖で泳ぐこと」を比べるので，動詞の前に to を入れる。「～よりも」は than。

❻ (1)「～であればいいのになあ」は〈I wish ＋ 主語 ＋(助)動詞の過去形 ～.〉で表す。

(2)「もし～であれば…だろうに」は〈If ＋ 主語 ＋ 動詞の過去形 ～，主語 ＋ 助動詞の過去形 ＋ 動詞 ….〉。I would watch TV more if I had more time. としてもよい。

(3)「もし私があなたなら～だろう」は If I were

[was] you, I would 〜.。I would go there by bus if I were[was] you. としてもよい。

p.98〜99 ステージ3

❶ ①LISTENING ①コンピューター
②情報を検索する [探す]
③友達に E メールを送る
④友達とオンラインで話す

❷ ⑴ how to ⑵ finished eating[having]
⑶ all the time ⑷ aren't always
⑸ If, were[was], would not

❸ ⑴ If she knew Tom's phone number, she would call him.
⑵ If he had something to write with, he could write it down.

❹ ⑴ I wish I could dance well like Sachi.
⑵ I wish I had a bicycle.

❺ ⑴翻訳アプリを作ることができればいいのになあ。 ⑵② could ③ could
⑶1. × 2. ◯

❻ ⑴ Yui came up with an interesting idea then.
⑵ If she studied harder, she could get a good score.
⑶ What would you do if you lost your house key?

❼ ⑴ As soon as Emily comes here, we will[are going to] play soccer.
⑵ If I were[was] you, I would live in Hokkaido.
⑶ If I had more time, I would learn Spanish.

━━━━━━ 解 説 ━━━━━━

❶ ①LISTENING ① I wishのあとをしっかり聞く。
②③ If I had one, に続く文がポイント。search for informationと send e-mails to my friendsの２つを答える。
④ ジェーンの最後の発言の talk with your friends online を答える。

♪ **音声内容**
A: I wish I had a computer, Jane.
B: Why, Ken?
A: If I had one, I could search for information or send e-mails to my friends.
B: Also, you could talk with your friends online.
A: That's right!

❷ ⑴「〜の仕方」how to 〜を使う。
⑵ finish 〜ing「〜し終える」
⑷ミス注意！「いつも〜とは限らない」は not always。空所の数より，are not の短縮形 aren't。
⑸ミス注意！「もし私があなたなら〜だろう」は If I were[was] you, I would 〜。ここでは「しないでしょう」なので，would のあとに not を入れる。

❸ ⑴「彼女はトムの電話番号を知りません。それで，彼女は彼に電話をしません」→「トムの電話番号を知っていれば，彼女は彼に電話をするだろうに」
⑵ミス注意！「彼は書くものを何も持っていません。それで，彼はそれを書き留めることができません」→「書くものを何か持っていれば，彼はそれを書き留めることができるだろうに」。肯定文の形になるので, anything は something にかえる。

❹ ⑴「幸のように上手に踊れたらいいのになあ」
⑵「（私が）自転車を持っていればいいのになあ」

❺ ⑴〈I wish ＋主語 ＋(助)動詞の過去形 〜.〉は「〜であればいいのになあ」という意味。
⑵ Then(そうすれば)は「もし翻訳アプリを作ることができれば」ということを表しているので仮定法の文。過去形 could にかえる。
⑶1.「ジンはすでに翻訳アプリを手に入れています」。1行目で「作ることができればいいのになあ」と願望を述べているので，×。
2.「ジンは彼女のネコとよりよいコミュニケーションをとるために，翻訳アプリがほしいと思っています」。in order to 〜は「〜するために」という意味。

❻ ⑴「〜を思いつく」は come up with。come の過去形は came。
⑵ 動詞 study と助動詞 can を過去形にする。
⑶ミス注意！ 助動詞 will と動詞 lose を過去形にする。what(何を)は必ず文頭に置く。

❼ ⑴「〜するとすぐ」は as soon as 〜。We will[are going to] play soccer as soon as Emily comes here. としてもよい。
⑵「もし私があなたなら〜だろう」は If I were[was] you, I would 〜. で表す。I would live in Hokkaido if I were[was] you. としてもよい。
⑶「もし〜であれば…だろうに」は〈If ＋主語 ＋動詞の過去形 〜，主語 ＋助動詞の過去形 ＋動詞 ....〉。I would learn Spanish if I had more time. としてもよい。

Lesson 7 ～ Reading for Fun 3

p.100～101 ステージ**1**

Words チェック (1)思う　(2)月　(3)speaker

(4) company

1 (1) what　(2) why she is crying

(3) I know where he is going.

2 (1)エ　(2)ウ

3 (1) where Mary is

(2) when he will visit us

(3) how you cook the curry

(4) who bought so many tomatoes

4 (1) I wonder why he didn't come yesterday.

(2) Ask him when he is going to leave.

(3) Do you know what we should do now?

5 (1) had, time　(2) in, future　(3) in need

(4) figure out　(5) put, into　(6) out of

(7) researching on　(8) To tell, truth

━━━ 解説 ━━━

1 I know「私は～を知っている」のあとに間接疑問〈疑問詞 + 主語 +(助)動詞〉を続ける。ここでは進行形の文を間接疑問にするので，〈疑問詞 + 主語 + be 動詞 + 動詞の -ing 形〉の形になる。

(1)「私は彼女が何を作っているのか知っています」

(2)「私は彼女がなぜ泣いているのか知っています」

(3)「私は彼がどこへ行くのか知っています」

2 (1) what she wanted to do で「彼女が何をしたいのか」という意味。Ken asked の 2 つ目の目的語として Emily のあとに間接疑問を続ける。

(2) **ミス注意!** 「私はだれが鏡を割ったのか知らない」という文にする。who が間接疑問の主語になるので，I don't know のあとは〈疑問詞 +(助)動詞〉の語順になる。

3 疑問詞のある疑問文を間接疑問〈疑問詞 + 主語 +(助)動詞〉にして続ける。

(1)「私はメアリーがどこにいるか知りません」

(2)「私は，彼がいつ私たちを訪ねるだろうか知りたいです」

(3)「あなたがどのようにそのカレーを作るのか教えて」

(4) **ミス注意!** 疑問詞が主語の疑問文を間接疑問にする。〈疑問詞 +(助)動詞〉の形にして，「あなたはだれがそんなにたくさんのトマトを買ったのか知っていますか」という文にする。

4 (1) I wonder ～.「～かしら(と思う)」のあとに間接疑問を続ける。間接疑問の語順は〈疑問詞 + 主語 +(助)動詞〉。I wonder ～. はよく使われる表現なので，そのまま覚えておくとよい。

(2) **ミス注意!** when he is going to leave「いつ出発するつもりか」という間接疑問にする。ask は目的語に〈人 + もの〉を並べることができる。

(3) what we should do now で「私たちは今，何をするべきか」という意味。

5 (1) have の過去形は had。

(4) couldn't のあとなので原形 figure を入れる。

(7) be 動詞のあとなので，research は -ing 形。

(8) to tell the truth は文頭でよく用いられる。

ポイント　間接疑問

・〈疑問詞 + 主語 +(助)動詞〉の形で文の中に入れる。

・疑問詞が主語の文を入れる場合は〈疑問詞 +(助)動詞〉の形になる。

・tell など目的語を 2 つとる動詞では，2 番目の目的語の部分に間接疑問を使うことができる。

p.102～103 ステージ**1**

Words チェック (1)決心　(2)犬小屋　(3)舞台芸術

(4) apart　(5) seriously

1 (1) helped, do

(2) helped me (to) carry the boxes

(3) helped me (to) look for my eraser

2 (1)イ　(2)ウ　(3)エ

3 (1)私の姉〔妹〕は私がパンを焼くのを手伝ってくれました。

(2)私はエミリーが着物を身に着ける〔着る〕のを手伝いました。

4 (1) Ms. Green helped me read the English letter.

(2) Help your father paint the wall.

(3) Can you help me water the plants?

5 (1) made, decision　(2) ready to

(3) deal with　(4) keep in touch

(5) miss you　(6) on, side　(7) even when

6 (1) in myself　(2) decided, in, future

(3) made up with

━━━ 解説 ━━━

1 「A(人)が～するのを手伝う」は〈help + A + 動詞の原形〉で表す。

2 (1)〈help + A〉のあとは動詞の原形がくる。

(2) **ミス注意!** A の部分に代名詞がくるときは，

目的格(「～を [に]」の形)になる。

(3) 〈help ＋ A ＋ 動詞の原形〉の形にあてはめて考える。A が代名詞の場合は目的格を使う。

❸ (2) put on ～「～を身に着ける [着る]」。

❹ (1) Ms. Green helped のあとに,「私が」(me)「英語の手紙を読むのを」(read the English letter)と続ける。

(2) **ミス注意!** 命令文なので動詞の原形で始める。

(3)「水をやる [まく]」は動詞 water で表す。

❺ (1) make の過去分詞は made。

(2)「～する準備ができた」be ready to ～

(3)「～に対処する」deal with ～

(4)「連絡を取り合う」keep in touch

(5)「～がいなくて寂しく思う」miss

(6) side はここでは「(敵・味方の)側, 派」という意味。

(7)「～のときでさえ」even when

❻ (1) believe in myself「自分を信じる」

(2)「決めた」は decide(決める)を過去形にして使う。「未来の」は in the future。

(3)「～と仲直りする」は make up with ～。make の過去形は made。

> **ポイント** 「A が～するのを手伝う」
> ・「A(人)が～するのを手伝う」は〈help ＋ A ＋ 動詞の原形〉で表す。
> ・A の部分に代名詞がくるときは,目的格を使う。
> ・〈help ＋ A ＋ to ＋ 動詞の原形〉の形を使うこともある。

p.104～105 ■ **ステージ1**

Words チェック (1)組織,団体 (2)理解
(3)注意,注意力,関心 (4)人工の
(5)知性,知能 (6)研究者 (7)within
(8) clearly (9) communication (10) refer

❶ (1)ウ (2)ウ (3)エ (4)イ

❷ (1) countries (2) helps the local doctors learn medical treatments
(3)彼らは患者たちに必要なものを私たちが知るのを手伝ってくれます。 (4)ウ
(5)チーム内や地域の医者たちと,意思や考えなどを伝達するため(に使われている)

❸ (1) with (2) belongs to
(3) that[which] has (4) Refer to
(5) in mind (6) have been to
(7) around the world (8) In addition

━━━━━ **解説** ━━━━━

❶ (1)(3)(4)関係代名詞をそれぞれ先行詞となる名詞の直後に入れる。(1)(3)は主格,(4)は目的格。
(2)接続詞の that(～ということ)を入れる。think that の後ろに〈主語＋動詞 ～〉が続くようにする。

❷ (1)「いろいろな,様々な」という意味の different の後ろにくる名詞は,複数形にする。country の複数形は,y を i にかえて es をつける。

(2) **ミス注意!** 〈help ＋ A ＋ 動詞の原形〉の形にする。ここでは A が the local doctors になる。medical treatments は learn の目的語。

(3) patients' needs「患者たちに必要なもの」

(4)空所のあとに学んだ内容が続いていることから,「～ということ」を表す that が適切。ア when「～するとき」,イ because「(なぜなら)～だから」

(5) 2 ～ 3 行目の to communicate within the team and with local doctors を答える。

❸ (1)「注意して」は with care。この with は「～を伴って」という意味。with care and attention でも同じ意味。

(2)「～に所属する」belong to ～

(3) **ミス注意!** 「長い耳を持つイヌ」と考えて,関係代名詞 that[which] で表す。先行詞が単数形なので,動詞は 3 人称単数現在形の has になる。

(4)「～を参照する」refer to ～

(5)「心に～を持つ」have ～ in mind

(6)「～に行ったことがある」は have been to ～。現在完了形の経験用法。

(7)「世界中を」around the world

(8)「さらに」は in addition。情報を付け足すときに使う表現。

> **ポイント** that (関係代名詞・接続詞)
> ・関係代名詞の用法(主格・目的格)がある。先行詞が「もの」でも「人」でも使うことができる。
> ・「～ということ」という意味の接続詞の用法もある。
> ・目的格の関係代名詞 that も接続詞 that も,文中では省略することができる。

38

p.106〜107 ■■■ ステージ**1**

Wordsチェック (1)宿屋 (2)出る (3)小冊子
(4)インタビューをする (5)満足した (6)洗濯機
(7)foreigner (8)response (9)customer
(10)separate

❶ (1)ウ (2)イ (3)ウ

❷ (1)more satisfied (2)broaden, more
(3)More than (4)than before

❸ ① how my life will be in the future
② Do you still keep in touch with her?
③ See you in five years!

❹ (1)know why (2)Not only (3)In, way
(4)At first

WRITING Plus

(1)例1 I don't[do not] know why Karen is
crying.
例2 I don't[do not] know what made
Karen cry.
(2)例1 Can you help me (to) clean my room?
例2 Help me (to) clean my room, please.
[Please help me (to) clean my room.]
(3)例 Do you know (that) Takuya is[comes]
from Tokyo?

━━━━ 解 説 ━━━━

❶ (1)比較する表現 than があるので，「もっと多
くの[多い]」を表す more を選ぶ。
(2)「横井さんは佐川さんよりも有名です」という
意味。famous の比較級は more famous。
(3)than ever before「これまでより」

❷ (1)「満足する」は satisfied。more が前から修
飾して「より満足する」という意味になる。
(2)more は動詞 broaden(広げる)を修飾している。
その場合は文末に置く。
(4)than before「以前より」

❸ ①I can't imagine のあとは間接疑問。〈疑問詞
＋ 主語 ＋(助)動詞〉の語順にする。「将来」は in
the future。
② still「まだ」はふつう一般動詞の前に置く。
③ in は「時の経過」を表す。in five years で「5
年後に」という意味。

❹ (1) **ミス注意** why などの疑問詞 1 語で，動
詞の目的語になることができる。
(2)「〜だけでなく」not only 〜
(3)way は「方法，やり方」という意味。

WRITING Plus (1) Why is Karen crying? I
don't[do not] know (why).(なぜカレンは泣いて
いるのですか。(なぜかは)私は知りません)と伝
えてもよいが，間接疑問の文にすると 1 文で伝え
ることができる。
(2)「〜してもらえませんか」と依頼するときは
Can you 〜? や Will you 〜?, Would you 〜? を
使う。Could you 〜?「〜してくださいませんか」
を使ってもよい。
(3)「〜ということを知っていますか」は Do you
know (that) 〜? で表す。

ポイント 〈more ＋ 名詞 〜 than ...〉の文
・「...よりもっと多くの[多い]〜」という意味を表す。
・than ever before は「これまでより」という意味。
・more には形容詞や副詞，比較級を作るなど，いろ
いろな用法がある。

p.108 ■■■ ステージ**1**

Wordsチェック (1)招待 (2)decorate

❶ (1)wants, to (2)told him
(3)asked, to teach

❷ (1)He wants her to walk his dog.
(2)I'd like you to play the guitar.
(3)Yui asked Ken to open the door.

━━━━ 解 説 ━━━━

❶ (2)tell の過去形は told。A の部分に代名詞がく
る場合は目的格(「〜を，〜に」の形)になる。

❷ (2)I'd は I would の短縮形。

ポイント 〈動詞 ＋ A ＋ to ＋ 動詞の原形〉の文
・〈want ＋ A ＋ to ＋ 動詞の原形〉
「A に〜してもらいたい」(ていねいに言うときは
want のかわりに would like を使う)
・〈tell ＋ A ＋ to ＋ 動詞の原形〉
「A に〜するように言う」
・〈ask ＋ A ＋ to ＋ 動詞の原形〉
「A に〜するように頼む」

p.109 《 文法のまとめ⑥ 》

1 (1)where, is (2)me when she
(3)what, told

2 (1)I asked her why she was laughing.
(2)I'll tell you who that man is.
(3)Do you want to know who won the game?

《 解 説 》

1 (2) **ミス注意** tell で後ろに〈人 ＋ もの〉を続け
るときは，「もの」の部分に間接疑問を入れるこ
とができる。「人」が代名詞の場合は目的格にする。

(3)「何と」なので，疑問詞は what を使う。tell の過去形は told。

2 (1) ask は後ろに〈人＋もの〉を続けることができる。why she was laughing「なぜ彼女が笑っているのか」は，「もの」の部分に入れる。聞いた時点で笑っていたので日本語では現在の文になるが英語では過去進行形。

(2)「あの男性がだれなのか」は who that man is。

(3) ミス注意 「だれがそのゲームに勝ったのか」は who won the game。疑問詞が主語なので who の直後に動詞が続く。

p.110　《 文法のまとめ⑥ 》

1 (1) **Will you help me make a doghouse?**

(2) **I want Yui to come here.**

(3) **The news made them excited.**

2 (1)② (2)③ (3)④ (4)① (5)⑥ (6)⑤

《 解説 》

1 (1) Will you ～?「～してくれませんか」のあとは〈help ＋ A ＋ 動詞の原形〉の語順にする。

(3) SVOC の文。O に代名詞 them，C に形容詞 excited が入る。

2 (1) My cat sleeps on the sofa.
　　　 S　　 V　　 M

(2) It's getting dark.
　 S　 V　　 C

(3) My brother bought a nice watch.
　　　 S　　　 V　　　 O

(4) We swim well.
　 S　 V

(5) Yui showed him how to bake cookies.
　 S　 V　 O　　　 O

(6) He plays baseball on Saturday.
　 S　 V　　 O　　　 M

p.111 ステージ1

Words チェック (1)備品，用具 (2)年配の
(3)例外 (4)聴衆，観客 (5)**remove**
(6)**handle**

1 (1) **these days** (2) **different from**
(3) **came together**

2 ①オ ②イ ③ウ ④エ ⑤ア

解説

1 (2)「～と違っている」be different from ～
(3)「集まる」は come together。come の過去形は came。

2 ①②「まず，あなたの意見を伝えてくださいませんか，幸」。という意味。Could you ～? はていねいに依頼する表現。

③「私は制服がよりよいと思います」という意味。自分の意見や考えは I think (that) ～.(～だと思う)で伝えることができる。

④⑤「なぜそう思うのですか」「私もそう思います」

p.112～113　Try! READING

Question (1)① is there anything to sell
⑦ **Let me look at it.**
(2)②ア ④ウ (3) **dealt in**
(4)⑤私の髪の毛を買ってくれませんか。
⑥帽子を取りなさい。
(5)1. **to sell** 2. **long, shiny**

Word Box BIG 1 (1)灰色(の)
(2)(家などの周りの)庭，中庭，裏庭
(3)探す (4)(光がなくて)暗い (5)涙，泣くこと
(6)沈黙した，無言の，無音の (7)**husband**
(8)**accept** (9)**marry** (10)**wife**

2 (1)ア (2)ウ (3)イ (4)ウ

3 (1) **It grew[became / got]** (2) **don't you**
(3) **came back, Christmas** (4) **cut, off**
(5) **a set of** (6) **for, while** (7) **at last**

4 (1) **He needed a lot of money to buy the jewel.**
(2) **You'll have to see the reality.**
(3) **He had his broken computer repaired.**

解説

Question (1)① There is[are] ～.(～がある)の疑問文。anything to sell「売るための何か」＝「何か売るもの」

⑦ ミス注意 「A に～させる」は〈let ＋ A ＋ 動詞の原形〉で表す。命令文なので主語はない。

(2)② think の過去形 thought のあとで，考えた内容が続いているので，接続詞 that が入る。

④主格の関係代名詞の文。「人」が先行詞なので，ア that かウ who が答えになる。同じ語は二度使えないので，ウ who が適切。

(3)「～を扱う」は deal in ～。deal の過去形は dealt。

(4)⑤ Will you ～?「～してくれませんか」

⑥ take off は「外す」。Take your hat off. でも Take off your hat. でも同じ意味。

(5)1.「デラは彼女の髪の毛を売ることを決心しました」

2.「デラの髪の毛は長くて輝いていました」

40

WordBox BIG **2** (1)「～にほほえむ」の smile の
あとの前置詞は at を使う。

(2) take out「取り出す」

(3) knock ～ off ...「…から～を払い落とす」

(4) say to oneself「ひとりごとを言う」

3 (1) **ミス注意！** 寒暖や天気を表す文では主語は
it を使うが，日本語で「それは」とは訳さない。
grow の過去形は grew。

(2)「～ですよね」の部分は前の動詞が一般動詞の
場合は〈～，do / does / did の否定形 + 主語の代
名詞 ?〉。ここでは speak なので do の否定形
don't を入れる。

(3)「帰る」は come back。come の過去形は came。

(4) **ミス注意！** 「切る」は cut off。cut の過去形
は cut で形がかわらない。

4 (1)「～するために」（不定詞の副詞用法）は to
のあとに動詞の原形を続けて表す。

(2) will と have to を同時に使用した文。will have
to ～で「～しなければならなくなるでしょう」
という意味。

(3) **ミス注意！** 〈have[has] + A + 動詞の過去分詞〉
で「A（もの）を～してもらう」という意味になる。
「壊れたコンピューター」は broken computer，「修
理する」は repair。

p.114～115 Try! READING

Question (1) thought of flying like a bird
(2) observed, carefully (3) 鳥の翼の動き
(4) ア (5) getting, technologies
(6) 方法［方式］ (7) ×

WordBox BIG **1** (1) 突然の，急な (2) 減らす
(3) もたらす (4) 発達させる (5) 種 (6) 知恵
(7) pressure (8) ahead (9) manage
(10) specific

2 (1) himself (2) adaptation
(3) Swiss (4) living

3 (1) resulted in (2) entered, at, speed
(3) sticking to, fur
(4) Hundreds of travelers[tourists]
(5) Because of, noise

4 (1) Kana takes a walk before dinner.
(2) The camp area was closed due to bad
weather.
(3) Communication helps us understand
each other well.

(4) **The driver slowed down the bus to turn
right.**

解説

Question (1) 下線部①を含む文は前文の質問を受
けているので，前文のくりかえしになる部分が省
略されていると考える。

(2)「観察する」は observe，「注意深く」は carefully。

(3) 下線部③の直後の関係代名詞 that 以下が，
flying machines を後ろから説明している。

(4) **ミス注意！** ア others「ほかの人［もの］」，イ
the other「（2つの中で）もう一方（のもの）」，ウ
another「もう1人の人［もう1つのもの］」

(5) 下線部⑤を含む文は「この学問分野は生体模倣
技術と呼ばれている」という意味だが，その具体
的な内容は直前の文に示されている。

(7) 5～6行目の His designs did not work に注目。

WordBox BIG **2** (1) say to oneself で「ひとりご
とを言う」。oneself は he に合わせてかえる。

(2) 動詞 adapt（[～向きに] 変える）の名詞形は
adaptation（適応，順応）。

(3)「スイス（人）の」は Swiss。

(4) people を後ろから修飾している形なので，動
詞は –ing 形にする。people living nearby で「近
くに住んでいる人々」という意味。

3 (1)「～という結果になる」result in ～

(2)「入る」は enter，「高［低］速度で」は at high
[low] speed で表す。

(3)「～にくっつく」stick to ～，「毛」fur

(4)「何百人もの」は hundreds of ～。s を忘れな
いこと。「旅行者」は traveler。

(5)「～のために」because of ～，「騒音」noise。

4 (1)「散歩をする」take a walk

(2)「～のため（に）」due to ～

(3)「A が～するのを手伝う」は〈help + A + 動詞
の原形〉で表す。

(4)「速度を落とす」は slow down。「～するため
に」は〈to + 動詞の原形〉で表し，文の最後に置く。

p.116〜117 ■**ステージ2**

❶ **LISTENING** (1)ウ (2)ア

❷ (1) I want to know how I can use this.

(2) I don't know how long this river is.

(3) Please tell me what time you got up.

❸ (1) I want him to cook something.

(2) She's a teacher that can speak English well.

(3) Do you know how many books she wrote?

❹ (1)ウ (2) made a decision

(3) helped me deal with problems

(4) She will study performing arts.

❺ (1) Why, so (2) said to himself

(3) Let me introduce

(4) than ever before

❻ (1) I don't[do not] remember when I used that computer.

(2) My father helped me (to) wash the dishes.

■■■■■■■■■ 解 説 ■■■■■■■■■

❶ **LISTENING** (1)病院への行き方をたずねる女性に対して，男の子は知らないと答えている。ウ「男の子は病院がどこにあるかを知りません」が適切。(2)母親は Take an umbrella with you.「かさを持っていきなさい」と言っているので，ア「ジャックの母は彼にかさを持っていくように言いました」を選ぶ。

♪**音声内容**

(1)A: Excuse me. Could you tell me how to get to Midori Hospital?

B: I'm sorry, I don't know.

(2)A: I'm leaving, Mom.

B: Wait, Jack. Take an umbrella with you. It's going to rain today.

❷ 2文目を間接疑問〈疑問詞＋主語＋(助)動詞〉にして1文目に続ける。

(2)**ミス注意！** how long を疑問詞のまとまりと考えて，how long this river is の語順にする。

(3)**ミス注意！** what time を疑問詞のまとまりと考えて，what time you got up の語順にする。過去形の文を間接疑問にするので，get を過去形 got にするのを忘れないこと。

❸ (1)「A(人など)に〜してもらいたい」は〈want＋A＋to＋動詞の原形〉で表す。A=him

の位置に注意。

(2) teacher の後ろに関係代名詞 that を置き，can speak English well(英語を上手に話すことができる)を続けて teacher を説明する。

(3)「本を何冊」how many books までをひとつのまとまりと考える。

❹ (1)下線部①の to は to 不定詞の名詞用法。アは「桜は今日，するべきことがたくさんあります」という意味で，形容詞用法。イは「私は何冊か本を借りるために図書館へ行きました」という意味で，副詞用法。ウは「亮は留学することを計画しています」という意味で，名詞用法。

(2)「決断する」は make a decision。decide と同じ意味。make は過去形 made にする。

(3)〈help＋A＋動詞の原形〉の語順にする。

(4)質問の意味は「ジンはアメリカで何を勉強するでしょうか」。1行目を参照。

❺ (1)理由をたずねるときは why(なぜ)を使う。「そう，そのように」は so で表す。

(2)主語が he なので，oneself は himself にする。say は発言そのものや発言の内容を表す語句とともに使う。

(3)「A(人)に〜させる」は〈let＋A＋動詞の原形〉で表す。「自己紹介する」は introduce oneself。

(4)「これまでより」than ever before

❻ (1) I don't[do not] remember「私は覚えていません」。remember の目的語に間接疑問 when I used that computer(いつあのコンピューターを使ったか)を入れる。

(2)「A(人)が〜するのを手伝う」は〈help＋A＋動詞の原形〉。「皿を洗う」は wash the dishes。

p.118〜119 ■**ステージ3**

❶ **LISTENING** (1)イ (2)ア (3)ウ

❷ (1)ウ (2)イ (3)ア

❸ (1) Take, off (2) different from (3) up to

❹ (1) had a, time (2) what, should do

(3) had, cut off

❺ (1)①ウ ③イ (2) To tell the truth

(3)私は人々が何を言っているのか理解できませんでした。 (4)1.○ 2.○

❻ (1) why we have war

(2) when her son started climbing mountains

(3) how long it takes to the station

❼ (1) I want to be a researcher in the future.

42

(2) **Kana wants[would like] him to go to the zoo with her.**

(3) **I wonder why she was there.**

(4) **Shall I help you (to) clean the bathroom?**

◀▶ 解説 ◀▶

❶ 🎧**LISTENING** (1)質問は「健二は次に何をするでしょうか」という意味。メアリーがペンをさがすのを手伝ってほしいと頼み，健二が Sure.(もちろん)と答えているので，イ「彼はメアリーが彼女のペンをさがすのを手伝うでしょう」を選ぶ。

(2)質問は「エミリーは，拓に何をしてほしいと思っていますか」という意味。エミリーが発言の3文目で「パーティーでそれ(＝ギター)をひいてください」と言っていることから，ア「彼女は拓にパーティーでギターをひいてほしいと思っています」が適切。

(3)質問は「香奈は明日，何を持っていくでしょうか」という意味。香奈は「小さないすは持っていない」と言い，ジョンが最後に「かわりに軽食を持ってきて」と言っているので，ウ「彼女は何か食べるものを持っていくでしょう」を選ぶ。

♪**音声内容**

(1) A: Are you free now, Kenji?
　B: Yes, Mary. What's up?
　A: I'm looking for my pen, but I can't find it. Can you help me?
　B: Sure.
　Question: What will Kenji do next?

(2) A: I'm looking forward to the party next Sunday, Emily.
　B: Me, too, Taku. Oh, you can play the guitar, can't you? Please play it at the party. We will sing if you play the guitar.
　A: That's nice.
　Question: What does Emily want Taku to do?

(3) A: Tell me what I should bring for fishing tomorrow, John.
　B: You should bring a small chair to sit on.
　A: Oh, I don't have one.
　B: No problem, Kana. I will bring one for you. Can you bring some snacks for us instead?
　Question: What will Kana bring tomorrow?

❷ (1)⟨want ＋ A ＋ to ＋動詞の原形⟩で「A(人など)に～してもらいたい」という意味。

(2)間接疑問は⟨疑問詞＋主語＋動詞⟩の語順。how many magazines はひとつのまとまりと考える。

(3)**ミス注意!** 過去形の文の中に間接疑問を入れるときは，間接疑問の動詞も過去形になる。

❸ (1)「取り外す」take off

(2)「～と違っている」be different from ～

(3)「～のところまで行く」go up to ～

❹ (1)「私たちはパーティーを楽しみました」→「私たちはパーティーで楽しい時を過ごしました」

(2)「私は今，何をしたらよいかわかりません」＝「私は今，何をすべきかわかりません」

(3)**ミス注意!**「彼女はだれかに彼女の髪の毛を切るように頼み，彼女の髪の毛は切られました」＝「彼女は髪の毛を切ってもらいました」。⟨have[has] ＋ A ＋動詞の過去分詞⟩で「A(もの)を～してもらう」という意味。cut の過去分詞は cut。

❺ (1)① How did you like ～？で「～はいかがでしたか」という意味になる。

③ at first「最初は」。アは「最後に」，ウは「少なくとも」という意味。

(3) figure out「解く，理解する」。what 以下は間接疑問。

(4) 1.「陸はケイトはいっしょうけんめい勉強してきたと思っています」。陸の最後の発言の1文目参照。

2.「陸はケイトは日本語を上手に話すことができると思っています」。陸の最後の発言の2文目参照。

❻ 間接疑問にして与えられた書き出しに続ける。

(3)**ミス注意!** how long を疑問詞のまとまりと考える。take に s をつけることを忘れないこと。

❼ (1)「～になりたい」want to be ～，「将来」in the future，「研究者」researcher。

(2)「A(人など)に～してもらいたい」は⟨want ＋ A ＋ to ＋動詞の原形⟩で表す。want のかわりに would like を使うとていねいな言い回しになる。

(3)「～かしら」は I wonder ～. を使う。「なぜそこにいたのか」は間接疑問にして表す。

(4)「～しましょうか」と申し出るときは Shall I ～？を使う。「A(人)が～するのを手伝う」は⟨help ＋ A ＋動詞の原形⟩で表す。動詞の原形の前に to を入れてもよい。「浴室」は bathroom。

定期テスト対策 得点アップ! 予想問題

1 🎧LISTENING (1)バイオリンを演奏し続けている (2)トランペット (3)2か月

2 (1) has, for (2) have, since
(3) to, little (4) Less than

3 (1) I have[I've] been studying math for three hours.
(2) Have they been playing outside since ten? / No, they have not[haven't].
(3) How long have you been swimming?
(4) What has Jane been doing for an hour?

4 (1) came
(2)② listened to ⑤ decided to
(3) This brought light back into my life.
(4)イ

5 (1) This song makes everyone happy.
(2) I want to go to the sea if it's sunny
(3) Has Mike been looking for the key since last night?

6 (1) I have[I've] been reading this book for a long time.
(2) How long has Miki been waiting for him?

▶ 解説 ◀

1 🎧LISTENING I've been playing it ～. の it はバイオリンを指す。後半ではトランペットの演奏について話していて，期間については for two months と言っている。

♪音声内容
A: Mr. Green, you're good at playing the violin. How long have you been playing it?
B: Well, I've been playing it since I was three years old.
A: Wow.
B: Recently, I've also started playing the trumpet. I've been practicing it for two months.
A: That's great!

2 (1)(2) 主語が I, you, 複数の場合は have を，3人称単数の場合は has を使う。
(1) two hours は期間を表す語句なので，for を使う。

(2) ミス注意 主語＋動詞の文 we were babies は起点を表しているので，since を使う。文の前には for は使えないので注意。
(3)「～するために」は to 不定詞〈to＋動詞の原形〉を使って表す。「少し」は a little。
(4)「～未満の」less than ～

3 (1)現在完了進行形〈have[has]＋been＋動詞の-ing 形〉の形に。主語が I なので have を使う。
(2)現在完了進行形の疑問文にするので，have を主語の前に出す。答えの文でも have を使う。
(3)「どれくらい長く」と継続期間をたずねるので，How long を使った疑問文にする。
(4)「何をし続けているか」をたずねるので，What を使った疑問文にする。

4 (1) ミス注意 文全体が過去形で表されていることに注意する。come の過去形は came。
(2)それぞれ過去形で書く。
(3) ミス注意 This は主語で前の文章全体の内容を指している。bring back「呼び戻す」，into ～「～の中へ(に)」。
(4)接続詞 that(～ということ)は文と文をつなぐので，〈主語＋動詞〉のあとに〈主語＋動詞〉の形が続いているところに入れる。

5 (1) ミス注意 「A を B にする」は，make のあとに〈A(名詞・代名詞)＋B(形容詞)〉の語順で続ける。
(2)「あす晴れたら」を接続詞 if を使って表す。if it's sunny (tomorrow)は文の後半に置く。
(3)現在完了進行形の疑問文なので，Has で文を始める。「～を探す」は look for ～。

6 (1)〈have[has]＋been＋動詞の-ing 形〉の形にする。主語が「私」＝I なので，have を使う。「長い間」は for a long time。
(2)継続期間をたずねる疑問文なので，How long を使い，現在完了進行形の疑問文の形を続ける。主語は美紀(Miki)なので，has を使う。

44

1 🎧LISTENING (1)ア (2)ウ

2 (1) was sung (2) According to
(3) both, and

3 (1) Eggs are bought by my mother every week.
(2) Were these pictures taken by him? / Yes, they were.
(3) The story was not[wasn't] told by the teacher.
(4) Where are those notebooks sold?

4 (1)① spoken ③ written
(2) known for (3)ア

5 (1) I want to go somewhere interesting.
(2) went to bed early since she was tired
(3) I'm sure he'll be a good doctor.

6 (1) English is taught by Ms. Green.
(2) I am[I'm] looking forward to seeing[meeting] you.

▶ 解説 ◀

1 🎧LISTENING (1) in the kitchen「台所で」, cut something「何かを切る」を聞き取る。
(2) played by nine players「9人でプレーされる」がポイント。

> ♪音声内容
> (1) This is used in the kitchen when we cut something.
> (2) This is played by nine players. It is one of the most popular sports in Japan.

2 (1) sang は sing の過去形で, 過去分詞は sung。主語は単数なので, be動詞は was を使う。
(2) The article says ～「その記事には～と書いてある」は According to the article「記事によると」とほぼ同じ意味。
(3)「私は歴史が好きです。私は数学も好きです」＝「私は歴史と数学のどちらも好きです」。「～と…のどちらも」は both ～ and ... を使う。

3 (1)まず, もとの文の目的語 eggs を受け身形の文の主語にする。次に buys を〈be動詞＋過去分詞〉にするが, 主語が eggs と複数で現在の文なので, are bought にする。もとの文の主語 my mother は動作主を表す by のあとに続ける。
(2)受け身形の疑問文は, 主語の前に be動詞を出す。答えの文でも be動詞を使い, these

pictures は they で受ける。
(3) be動詞のあとに not を置く。
(4) ミス注意！〈疑問詞＋be動詞＋主語＋動詞の過去分詞～?〉。where を使って場所をたずねる。

4 (1) be動詞があるので受け身形の文。それぞれ過去分詞にかえる。
(2) ミス注意！「～で知られている」は be known for ～。by ではなく for を使うことに注意。
(3)ア「ウルドゥ語は北インドの言語のひとつです」。本文1行目の内容と合っている。
イ「人々はウルドゥ語を左から右に書きます」。2行目に from right to left「右から左に」とある。
ウ「インドの人々は文学や詩を読みません」。本文にそのような記述はない。

5 (1) ミス注意！形容詞を後ろに置いて,「どこかおもしろいところ」somewhere interesting とする。
(2)理由を表す since(～なので)を使った文。「寝る」は go to bed。
(3)「きっと～」I'm sure のあとに文の形を続ける。

6 (1)受け身形〈be動詞＋動詞の過去分詞〉で表す。teach の過去分詞は taught。
(2) ミス注意！「～を楽しみに待つ」は looking forward to ～。～の部分には名詞または動名詞が続くので, seeing[meeting]。see[meet] としないように気をつける。

1 🎧LISTENING (1)エ (2)ア

2 (1) There is (2) must never
(3) got[became] tired (4) to win

3 (1) had (2) sleeping (3) study
(4) directed (5) written

4 (1)イ
(2) wanted to be a P.E. teacher when she grew up
(3) run fast (4) selected (5) Yes, did

5 (1) The girl watching TV is Yuka.
(2) This is the[a] song sung around[all over] the world.
(3) These boxes are made of glass.

6 I am[I'm] happy[glad] to see[meet] you.

▶ 解説 ◀

1 🎧LISTENING (1)「美紀はどれですか」という質

問を聞きとる。

(2)「トムはどれですか」という質問。

> ♪ **音声内容**
>   The girl singing with her dog is Ann. The girl wearing glasses is Miki. The boy wearing a cap is Ken. The boy playing the guitar by Ann is Tom.
> (1) Which is Miki?
> (2) Which is Tom?

2 (1)「～がある」は There is[are] ～. を使う。ラケットは1本で単数なので，be 動詞は is。

(2) **ミス注意!** 「決して～してはいけない」は must not(～してはいけない)より強い否定を表す must never を使う。

(3)「～(の状態)になる」は〈get[become] ＋ 形容詞〉の形。「疲れました」なので過去形にする。

(4)「～して…」と，感情の原因・理由を表すときは，to 不定詞(to ＋ 動詞の原形)を使う。

3 (1)「かぜをひいている」は have a cold。last week があるので過去の文。have の過去形は had。

(2)動詞の –ing 形が1語で名詞を説明して「眠っている赤ちゃん」という意味になる文。

(3) **ミス注意!** 〈It is ～ (for ＋ 人) ＋ to 不定詞〉の文。to のあとは動詞の原形なので，そのまま書く。

(4)(5)動詞の過去分詞が語句をともなって後ろから名詞を説明する文。

(4)「ルーカスによって監督された映画」。direct の過去分詞は directed。

(5) **ミス注意!** 「アラビア語で書かれた手紙」。write の過去分詞は written。

4 (1)be good at ～「～が得意である」

(2)wanted to be ～「～になりたかった」，grew up「成長した」というかたまりを先に作るとよい。

(3)「禎子は速い走者でした」を「禎子は速く走ることができました」と書きかえる。

(4)直前に be 動詞があるので受け身形〈be 動詞 ＋ 過去分詞〉で「選ばれた」という意味になるようにする。select の過去分詞は selected。

(5)「禎子は体育が好きでしたか」。本文1文目参照。

5 (1)「～している…」は〈名詞 ＋ 動詞の –ing 形〉。

(2) **ミス注意!** 「～されている…」は〈be 動詞 ＋ 動詞の過去分詞〉で表す。sing の過去分詞は sung。「世界中で」は around the world / all

over the world。

(3) **ミス注意!** 「(材料)で作られている」は be made of ～ で表す。

6 「～して…」と感情の原因・理由を表す文は〈be 動詞 ＋ 形容詞 ＋ to 不定詞〉の形で表す。

▶ **p.136～137** 第 **4** 回 Lesson 4~Reading for Fun 1

1 🎧 **LISTENING** (1)イ (2)ウ (3)ア

2 (1) introduce, to (2) how to
(3) in, direction (4) even though

3 (1) who[that] cooks
(2) that[which] goes (3) It's, to

4 (1)① around the world ② are familiar to
(2)③ who[that] ④ which[that]
(3) adjustments (4) because of

5 (1) We have a[one] cat that[which] has blue eyes.
(2) Who took care of her yesterday?
(3) I would like to study at (a/the) university.
(4) The[A] painter is an artist who[that] paints (the) pictures. [(The) Painters are artists who[that] paint (the) pictures.]

6 Do you know a boy who[that] can speak English well? [Do you know any boys that [who] can speak English well?]

▶ **解 説** ◀

1 🎧 **LISTENING** 関係代名詞 who, that, which のあとにそれぞれの説明が続いている。
(3)ア plant「植物」, ウ clouds「雲」

> ♪ **音声内容**
> (1)ア Mao is a girl who is wearing glasses.
>   イ Mao is a girl who has long hair.
>   ウ Mao is a girl who is reading a book.
> (2)ア I want a book that has many recipes.
>   イ I want a book that has many pictures of costumes.
>   ウ I want a book that has many pictures of animals.
> (3)ア Look at the house which is covered with plants.
>   イ Look at the house which is covered with snow.
>   ウ Look at the house which is covered with clouds.

2 (1)「～に…を紹介する」introduce ... to ～, yourself「あなた自身」

(3)「～の方向を見る」look in one's direction

3 (1)(2)関係代名詞は先行詞が「人」なら who [that]，「もの」なら that[which] を使う。関係代名詞のあとの動詞の形は先行詞に合わせる。

(1)先行詞は「人」で，our father。

(2)先行詞は「もの」で，a bus。

(3)「クリケットをすることはおもしろいです」。

4 (1)①「世界中の」around the world。

(2)③先行詞は people で「人」who，④先行詞は adjustments で「もの」which。

(3)代名詞が指す内容は前の文に書かれている。adjustment は「調節，調整」という意味。

(4)「日本のアニメは海外の視聴者のための調節のために，外国で人気です」

5 (1) ミス注意！「青い目をした」が「ネコ」を説明するようにするには，「ネコ」を先行詞として関係代名詞を置き，「青い目をした」をそのあとに続ける。「～をした」は「～を持った」と考える。

(2) ミス注意！「～の世話をする」は take care of ～。take の過去形は took。「だれが」が主語になっているので Who のあとは動詞が続く。

(3) would like to ～（～したい）を使う。

(4)「画家は芸術家です」が文の骨組み。「絵をかく」が「芸術家」を説明するようにするには，「芸術家」を先行詞として関係代名詞を置き，「絵をかく」をそのあとに続ける。

6 「あなたは英語を上手に話すことができる男の子を知っていますか」という文を作る。

p.138〜139 第5回 Lesson 5~Project 2

1 🎧LISTENING (1)私の友達から借りた

(2)父が料理 / カレーライス

(3)上手に泳ぐこと

2 (1)Would，like (2)like to (3)not，but

(4)each other

3 (1)able to (2)I baked

(3)that[which]，wrote

4 (1)① led ② fought ③ riding ④ won

(2)were free to sit anywhere on the bus

(3)1.Yes, they did.

2.It lasted for more than a year.

5 (1)I want a[the] bag[bags] which Mr. Sato makes[creates].

(2)He is[He's] a[the] singer that Karen used to like.

(3)This book has[This book shows] the pictures of the animals we saw at[in] the[that] zoo.

6 例 Red is the color I like the best.

◆━━━━ 解 説 ━━━━◆

1 🎧LISTENING (1)「これは私の友達から借りた本です」

(2)「私は父が料理したカレーライスを食べました」

> ♪音声内容
> (1) This is the book which I borrowed from my friend.
> (2) I ate the curry and rice my father cooked.
> (3) Sachi is able to swim well.

2 (1)(2)Would you like ～? と I'd like to. はセットで覚えるとよい。

(3)「A ではなくて B」not A but B

3 (1)「私の父は若いころバイオリンを演奏できました」。could と was able to はほぼ同じ意味。

(2)「私は祖母にクッキーをあげました」「私はそれらを焼きました」を1文で「私は私が焼いたクッキーを祖母にあげました」と表す。

(3)「これらはケビンによって書かれた手紙です」を「これらはケビンが書いた手紙です」にかえる。

4 (1) ミス注意！ ①②④は過去形にする。③は -ing 形にして，stop ～ing「～することをやめる」となるようにする。

(2)「自由に～することができる」は be free to ～。「どこにでも」は anywhere。

(3)1.「何人かの白人たちはバス・ボイコットを支持しましたか」。本文3〜4行目参照。

2.「バス・ボイコットはどれくらい長く続きましたか」。本文4行目参照。

5 (1)「かばん」（a[the] bag[bags]）を先行詞として「佐藤さんが作る」（Mr. Sato makes[creates]）を which でつなぐ。

(2) ミス注意！「歌手」（a[the] singer）と「カレンが以前好きだった」（Karen used to like）を that でつなぐ。「以前～であった」は used to ～。

(3) ミス注意！「動物たち」（the animals）の直後

に「その動物園で見た」(we saw at[in] the[that] zoo)をつなぐ。「この本には～がのっている」は This book has ～（この本は～を持っている)や This book shows ～（この本は～を見せている［示している］)で表すことができる。

6 「あなたがいちばん好きな色は何ですか」「～が私のいちばん好きな色です」

---

p.140～141　第6回 Lesson 6~文法のまとめ⑤

1 🎧LISTENING　(1)翼　(2)鳥　(3)空を飛びたい　(4)雲にさわれたら

2 (1)If, lived　(2)were[was], would　(3)As soon　(4)How, buying[getting]

3 (1)My grandfather watches TV all the time.

(2)I'll practice hard in order to win the game.

(3)If I had enough time, I would tell him the story.

4 (1)① had　② would　③ thinking　④ learned

(2)⑤ how to create something new

⑥ It was not always so.

(3)鳥のように飛べればいいのになあ。　(4)○

5 (1)I wish I could play the piano.

(2)If I were[was] you, I would go to the[that] party.

(3)If I had five thousand yen, I could buy a watch.

6 例(If I went back to the past,) I would meet my ancestors[see my hometown in the Edo period].

━━━ 解説 ━━━

1 🎧LISTENING　「翼があったら鳥のように空を飛びたい」「雲にさわれたらいいのになあ」を聞き取るのがポイント。

♪音声内容
A: Emma, what would you do if you had wings?
B: If I had wings, I would fly in the sky like a bird.
A: Oh, that's nice. I wish I could touch the clouds.

2 (1)「もし～であれば」は〈If ＋主語＋動詞の過去形 ～〉で表す。live の過去形は lived。

(2)「もし私があなたなら～だろう」は If I were you, I would ～. で表す。were は会話では was が使われることもある。

(4)「～はどうですか」は How about ～? で表す。～の部分には名詞か動名詞がくる。

3 (1)「いつも」all the time。ふつう文末に置く。

(2)「～するために」in order to ～

(3)**ミス注意!**〈tell ＋人＋もの〉の語順がポイント。「もし～であれば…だろうに」は〈If ＋主語＋動詞の過去形 ～, 主語＋助動詞の過去形＋動詞 ～〉。

4 (1)①②仮定法の文なので過去形にする。

③現在完了進行形。-ing 形にする。

④現在完了形。過去分詞にする。

(2)⑤**ミス注意!** 目的語が how to ～（～をする方法)になっている文。something new のように, some- のついた語に修飾語をつけるときは some- のついた語の後ろにつける。

⑥「必ずしも～ない」not always ～

(3)〈I wish ＋主語＋(助)動詞の過去形 ～〉は「～であればいいのになあ」と訳す。この like は前置詞で「～のように」という意味。

5 (1)**ミス注意!**〈I wish ＋主語＋(助)動詞の過去形 ～〉を使う。「ピアノをひく」は play the piano。the を書き忘れないように気をつけること。

(2)「もし私があなたなら～だろう」は If I were [was] you, I would ～. で表す。I would go to the[that] party if I were[was] you. も可。

(3)「もし～であれば…だろうに」は〈If ＋主語＋動詞の過去形 ～, 主語＋助動詞の過去形＋動詞 ～〉を使う。I could buy a watch if I had five thousand yen. としてもよい。

6 質問は「もし過去に行ったならば, あなたは何をするでしょうか」という意味。would を使って答える。if ～は文の後半に置いてもよい。

---

p.142～144　第7回 Lesson 7~Reading for Fun 3

1 🎧LISTENING　(1)カ　(2)エ　(3)ア

2 (1)in, future　(2)Let, play　(3)in need　(4)dealt with　(5)refer to　(6)help, do

3 (1)ウ　(2)foreign tourists

(3)fewer foreigners came

(4)Their responses helped me see the matter more clearly.

48

(5) 1. × 2. ○

4 (1) who went　(2) want you　(3) Not only

5 (1) Did they have a great time in California?

(2) I'll ask him when he visited the museum.

(3) Do you want me to take a picture of you?

(4) More people are interested in Japanese food than ever

(5) You have to have your bike repaired.

6 (1) Do you know what time it is (now)?

(2) I helped my mother (to) make[cook] dinner yesterday.

(3) My father doesn't[does not] want me to ride a unicycle.

(4) Do you think (that) it's[it is] a good idea?

7 例 I think so, too.

▶ 解説 ◀

1 🔊LISTENING　(1) she didn't know where she should sit in the classroom「彼女は教室のどこにすわるべきかわかりませんでした」

(2) Mr. Ogawa asked us to decorate the classroom for it.「小川先生は私たちにそのために教室を飾ってほしいと頼みました」

(3) I helped her carry the new books and put them in the bookshelf「私は彼女が新しい本を運んで本棚にそれらを入れるのを手伝いました」

♪音声内容
(1) Jane is a new student from America. On the first day of school, she didn't know where she should sit in the classroom.
(2) Tomorrow we will have a party for Kevin. He will go back to Australia next week. Mr. Ogawa asked us to decorate the classroom for it.
(3) Ms. Ito is a woman working in a small library in our town. I sometimes go there to help her. I helped her carry the new books and put them in the bookshelf yesterday.

2 (2)「Aに〜させる」〈let + A + 動詞の原形〉

(4)「〜に対処する」は deal with 〜。deal の過去形は dealt。

(6)「A(人)が〜するのを手伝う」は〈help + A + 動詞の原形〉。「運動する」は do exercise。

3 (1)「若葉市が人気アニメに出たとき,外国人観光客が来始めました」という意味になる。

(3) ミス注意! why のあとは間接疑問の形になるので,〈主語＋動詞〉の形を続ける。疑問文の形ではないので気をつけること。

(4)「A(人)が〜するのを手伝う[に役に立つ]」は〈help + A + 動詞の原形〉。more clearly「よりはっきり」

(5) 1. 本文4行目参照。few は「少しの(〜しかない)」という意味で,「最初は人気があったが,だんだんとより少しの外国人しか来なくなった」と書かれているので,×。

2. 本文5行目参照。「インタビューするのに英語を使った」と書かれているので,○。

4 (1)「あなたは知っていますか。だれがきのう,健二の家に行きましたか」→「あなたはだれがきのう,健二の家に行ったか知っていますか」

(2)「私たちのために歌を歌ってくれませんか」→「私はあなたに,私たちのために歌を歌ってもらいたいです」

(3)「真央はこの前の夏に沖縄に行きました。ケビンもこの前の夏にそこに行きました」→「真央だけでなく,ケビンもこの前の夏に沖縄に行きました」

5 (1)「楽しい時を過ごす」have a great time

(2) ミス注意! 〈ask + 人 + もの〉の語順。「もの」に「いつその博物館を訪れたのか」を間接疑問 when he visited the museum にして入れる。

(3)「A(人など)に〜してもらいたい」は〈want + A + to + 動詞の原形〉で表す。「写真を撮る」は take a picture。

(4)「今までより」than ever before,「〜に興味を持っている」be interested in 〜。

6 (1)「今,何時ですか」は What time is it (now)? だが,その文を間接疑問にして Do you know 〜? の中に入れる。

(2)「A(人)が〜するのを手伝う」は〈help + A + 動詞の原形〉。

(3)「A(人など)に〜してもらいたい」〈want + A + to + 動詞の原形〉を否定文にする。主語が3人称単数なので,doesn't[does not] を使う。

(4)「あなたは〜だと思いますか」は Do you think (that) 〜?。この that は省略できる。

7 「私もそう思います」で同意を表す。